本书是国家社科基金项目：
"资本第二性、土地资本化与产业升级的财富极化效应研究"
（11BJY002）的最终研究成果。

土地、资本第二性
与财富极化效应

TUDIZIBENDIERXING
YUCAIFUJIHUAXIAOYING

孙国峰◎著

中国社会科学出版社

图书在版编目(CIP)数据

土地、资本第二性与财富极化效应/孙国峰著. —北京：中国社会
科学出版社，2014.6

ISBN 978 - 7 - 5161 - 4324 - 7

Ⅰ.①土… Ⅱ.①孙… Ⅲ.①土地资本—关系—国民收入分配—
研究—中国 Ⅳ.①F321.1②F124.7

中国版本图书馆 CIP 数据核字(2014)第 106303 号

出 版 人	赵剑英	
责任编辑	郭晓鸿	
特约编辑	王 彬	
责任校对	王立峰	
责任印制	戴 宽	

出 版	中国社会科学出版社	
社 址	北京鼓楼西大街甲 158 号 （邮编 100720）	
网 址	http://www.csspw.cn	
	中文域名：中国社科网 010 - 64070619	
发 行 部	010 - 84083685	
门 市 部	010 - 84029450	
经 销	新华书店及其他书店	

印 刷	北京君升印刷有限公司	
装 订	廊坊市广阳区广增装订厂	
版 次	2014 年 6 月第 1 版	
印 次	2014 年 6 月第 1 次印刷	

开 本	710×1000 1/16	
印 张	16.75	
插 页	2	
字 数	283 千字	
定 价	48.00 元	

凡购买中国社会科学出版社图书，如有质量问题请与本社联系调换
电话:010 - 64009791

目　录

引　论

第一节　问题的提出及研究目的

在复杂的经济现象中，厘清和把握土地、劳动和资本的关系是深入经济本质的关键。威廉·配第的"土地乃财富之母，劳动乃财富之父"是关于土地和劳动关系的最好表述，亚当·斯密正是在这个基础上提出了劳动价值论的思想，但他并没有将这一思想贯穿始终。尽管马克思后来完成了对劳动价值论的科学发展，但萨伊同样在"斯密教条"①的基础上提出了"三位一体"公式②，之后的边际学派、新古典主义、后凯恩斯主义经济学，从

① 斯密关于价值有三个规定。一是决定商品价值的是生产商品所耗费的劳动，但是他又把这种决定商品价值的劳动仅局限于有形的物质生产领域。二是商品的价值由商品所能购买到的或所能支配的劳动决定。"对于占有财富并愿意用以交换一些新产品的人来说，它的价值，恰恰等于它使他们能够购买到或支配的劳动量"（亚当·斯密：《国民财富的性质和原因的研究》，中文版，上卷，商务印书馆 1974 年版，第 26 页）。也就是说，斯密又认为商品价值来源于交换或流通领域，可以看出，这一规定与前一个规定自相矛盾。三是"无论在什么社会，商品的价格归根到底都可分解为三个组成部分或其中之一。在进步社会，这三者都或多或少成为绝大部分商品价格的组成部分"（亚当·斯密：《国民财富的性质和原因的研究》，中文版，上卷，商务印书馆 1974 年版，第 45 页）。这样，工资、利润和地租就不仅成为一切商品收入的源泉，而且成为"一切可交换价值的三个根本源"（亚当·斯密：《国民财富的性质和原因的研究》，中文版，上卷，商务印书馆 1974 年版，第 46 页）。这就是经济学说史上的"斯密教条"。因此，从整体内容来看，斯密的劳动价值论虽然包括了某些科学成分，但它是混乱和自相矛盾的，这也使斯密的理论体系陷入困境。参阅潘志强、陈银娥《关于斯密与李嘉图劳动价值论的比较分析》，《经济评论》2006 年第 1 期。

② 萨伊从"斯密教条"出发，创立了效用价值论，提出了三要素论或"三位一体"公式。萨伊认为，生产过程可归结为一般的物质资料生产过程，这个过程有三个一般要素：劳动、资本和土地。物质资料生产过程就是通过各种要素协同活动使自然界本身所有的各种物质适宜于用来满足人们需要的过程。"生产，不是创造物质，而是创造效用。"三个生产要素的所有者都提供服务，因而都创造效用，都是劳动者。萨伊还指出，生产不仅创造效用，也创造价值。萨伊说："创造具有任何效用的物品，就等于创造财富。这是因为物品的效用就是物品价值的基础，（转下页）

形式上修正和完成了按生产要素分配理论①。国内外不同学派对土地、劳动和资本关系的看法实际上就包含在他们各自所认同的分配理论之中。改革开放以来我经济学界围绕分配理论的争论，始终是和价值理论的争论紧密联系在一起的（卫兴华，1986；何伟、韩志国，1986；谷书堂、蔡继明，1988；何炼成，1994；于光远，1998；张卓元，1999；王珏，2000；蔡继明，2009；等）②。十六大确立了按生产要素贡献分配的原则，要素资

（接上页）而物品的价值就是财富所构成的。""当人们承认某东西有价值时，所根据的总是它的有用性。这是千真万确的，没用的东西，谁也不肯给予其价值。"由此，他提出价值取决于效用的结论。"价值是劳动（或不如说人类的勤劳）的作用、自然所提供的各种要素的作用和资本的作用联合产生的成果。"萨伊认为，既然三个生产要素都创造了效用和价值，那么就都是价值的源泉，因此每一个生产要素的所有者都应得到他们的收入，工人应该得到工资，资本家应该得到利息，土地所有者应该得到地租。工人、资本家、土地所有者的收入都是各自应该得到的公平合理的报酬。参阅朱春燕《西方主流收入分配理论与马克思收入分配理论比较》，《山东社会科学》2005 年第 2 期。

① "边际革命"之后，萨伊的三要素论发展为完善的要素分配论。19 世纪末 20 世纪初，美国经济学家克拉克以其边际生产力理论为基础，对萨伊的效用价值论及要素分配论作了创新性的说明。克拉克首先继承了萨伊的效用价值论，认为商品的价值是由各种生产要素共同创造的，然后以生产要素共同创造价值为前提，先由土地收益递减规律引出生产力递减规律，接着把生产力递减规律应用到劳动和资本两个生产要素上去，得出劳动生产力递减规律和资本生产力递减规律。最后，他用劳动生产力递减和资本生产力递减两个规律引出劳动和资本的边际生产力，从而得出，在所谓静态经济条件下，三个生产要素在生产中的贡献正好等于它们各自的边际产量，它们在分配中的收入正好等于它们各自边际产量的结论。在论证过程中克拉克还把资本家与企业家分离开来，前者为资本所有者，后者为企业的组织者和领导者，资本所有者得到利息，企业家得到工资，企业家的工资与劳动者的工资一样，都取决于他们各自的边际生产力。参阅朱春燕《西方主流收入分配理论与马克思收入分配理论比较》，《山东社会科学》2005 年第 2 期。

② 卫兴华教授不同意社会主义条件下劳动力是商品的说法（参阅卫兴华《简评社会主义劳动力商品论》，《光明日报》1986 年 9 月 27 日）。卫兴华认为，为了准确理解和科学把握十六大报告提出的"确立劳动、资本、技术和管理等生产要素按贡献参与分配的原则"，需要弄清一个理论问题：生产要素按贡献参与分配，这里的贡献是指什么？有人认为是指各种要素都创造价值，都作为价值源泉所做出的贡献，这种认识是不对的（参阅卫兴华《我国现阶段的个人收入分配制度问题》，《中国流通经济》2003 年第 17 卷第 12 期；《按贡献参与分配的贡献是什么》，《政治课教学》2003 年第 5 期）。何伟、韩志国等人则认为在社会主义条件下，劳动力成为商品具有必然性，让劳动力作为商品自由流动，不但不违反按劳分配原则，恰恰相反，它正是商品经济条件下按劳分配借以实现的条件和形式（参见何伟、韩志国《试论中国社会主义市场经济的全方位开放》，《中国社会科学》1986 年第 2 期）。根据蔡继明和谷书堂教授的分析，在社会主义实践中，按劳分配原则从来都没有得到真正的贯彻和落实。这是因为马克思所设想的按劳分配原则有其特定的内涵，这就是在生产资料全社会共同占有的条件下，社会总产品在做了各项必要扣除后，以劳动为唯一尺度在社会全体成员之间进行分配。而这一原则的全面实现至少以下述基本条件为前提：1. 在全社会范围内实现生产资料公有制；2. 劳动者的劳动必须具有直接的社会性；3. 复杂劳动与简单劳动的折算必须简单易行；4. 生产资料的数量必须足以保证劳动者能够各尽所能。（转下页）

本化也就自然出现了。由于我国城市和农村特殊的土地产权和管理制度（温铁军，2000；林毅夫，1992，2000；周其仁，2002；文贯中，2006；等)①，土地资本化犹为引人关注（德·索托，2006；刘守英，2008；等）。

_____

（接上页）显然，上述条件至少在社会主义初级阶段尚不完全具备。如果说在传统计划经济体制中，按劳分配原则借以实现的条件都不完全具备，那么，在社会主义市场经济条件下，单一的按劳分配原则就更难以实现了。如果片面地强调按劳分配，最终只能导致平均主义和效率降低，这是由历史所充分证明了的（参阅谷书堂、蔡继明《按劳分配理论与现实》，《中国社会科学》1988年第2期；蔡继明《马克思的按劳分配理论与社会主义实践的矛盾》，《南开经济研究》1988年第3期）。于光远认为，现阶段的各种非按劳分配原则，并不是孤立地起作用的，而是与按劳分配原则结合在一起起作用的，而且起着比较次要的作用，所有这些消费品分配原则，在地位上都不能与按劳分配原则并列，按劳分配原则是社会主义所有制中主要的、基本的原则（参见于光远《中国社会主义初级阶段的经济》中的相关论述，广东经济出版社1998年版）。一些学者认为按生产要素贡献分配的理论是对按劳分配理论的突破，是社会主义经济理论的创新（参见张卓元主编《论争与发展：中国经济理论50年》，云南人民出版社1999年版，第402页；柳欣主编《中国经济学30年》，中国财政经济出版社2008年版，第352页；陈东琪主编《中国经济学史纲（1900—2000)》，中国青年出版社2004年版，第17页）。有的学者认为，现实社会主义的按劳分配与经典意义上的按劳分配有不同的内涵，社会主义现阶段的按劳分配只能是按劳动力价值分配（王珏：《劳者有其股与收入分配》，《中国工业经济》2000年第2期；钱世明：《按劳分配市场化》，《上海经济研究》1998年第12期）。1992年苏星在《中国社会科学》上发表了题为《劳动价值论一元论》的文章（见苏星《劳动价值论一元论》，《中国社会科学》1992年第6期），对蔡继明在谷书堂教授主编的《社会主义经济学通论》中所提出的各种生产要素共同创造价值、两种社会必要劳动共同决定价值及非物质生产领域同样形成价值的观点提出了批评，之后，谷书堂、柳欣给予了答复（见谷书堂、柳欣《新劳动价值论一元论》，《中国社会科学》1993年第6期），何炼成对"苏谷"之争进行了评论（见何炼成《也谈劳动价值一元论——简评苏、谷之争及其他》，《中国社会科学》1994年第6期）。蔡继明在2009年系统回顾了我国经济学界改革开放以来有关分配理论的争论，分析按劳分配理论是如何演变到按生产要素贡献分配理论的历史，阐明分配理论创新对分配制度改革的指导意义，特别是按生产要素贡献分配原则的确立，对于保护私人财产和发展非公有制经济的重大意义（蔡继明：《按生产要素贡献分配理论：争论和发展》，《山东大学学报》（社会科学版）2009年第6期）。

① 国外对中国土地问题的相关研究主要表现在以下几个方面。(1)资料介绍。如长野朗（1933）的《中国土地制度研究》收集了河北省二十县的实际调查及南京金陵大学农林科的统计材料；R. H. Tawney（1931，1964）的《关于中国农业与工业的备忘录》(A Memorandum on Agriculture and Industry in China)和《中国的土地与劳力》(Land and Labour in China)中提到了当时中国的土地占有状况并详尽论述了近代中国的土地问题。(2)权利与土地所有制。如张五常（2000）在《佃农理论》中认为私产包括使用权（或决定使用权）、自由转让权和不受干预的收入享受权，有了这三种权利，所有权是不需要的；仁井田升（1960）在《中国法制史研究》中着重从法制史的角度来研究中国的土地所有制等问题，后来的日本学者，如滋贺秀三、寺田浩明、岸本美绪、夫马进等继承了这一学术传统。(3)对制度演进的解释。如Michael R. Carter（1999）和杨小凯（2001）认为村干部对责任田的配置权和村组织对责任田的承包费的支配权影响了土地的利用效率，打击了农民对土地的投资信心；Robin Burgess（2000）指出土地的频繁调整使得很多农民拥有很多块土地，实证分析显示这影响了土地的利用效率；Prosterman（2001）指出由于（转下页）

它不仅涉及土地巨额级差收益的分配，而且与产业升级和城市化模式息息相关（刘守英，2008）。由于资本的通约性，产业升级正在日益摆脱要素束缚，从"结构调整"转向"价值链升级"（Gereffi，G. 1999；Rodrik，D. 2006；姚洋、张晔，2008）。这一过程突破了土地和劳动的时空限制，不仅是对存量要素的事前分配，而且更引致了产业升级过程及事后的财富极化效应。

本书通过对土地和劳动自然性、社会性的辨析，尝试提出资本第二性的理论观点，并以此重新审视分配理论，认为资本对土地和劳动的主导应该是对联合生产的主导而非对剩余分配的主导，当前理论界和实践中对土

（接上页）土地会被定期或不定期的调整，农民只是进行一年内就能收回的投入，产量不会进一步提高；文贯中（1994，2002）认为中国农村土地制度变迁始终在公平和效率之间进行选择。（4）对农户行为的研究。主要有三个流派：一是以俄国的 A. 恰亚诺夫（1996）为代表的组织生产流派，二是以西奥金·舒尔茨（1999）为代表的理性行为流派，三是以黄宗智（1986）为代表的历史流派。

目前我国农地制度安排的理论研究主要体现在以下三个方面。（1）环境、资源禀赋与经济系统的自我积累。温铁军（2000）从这个角度为农村制度的研究提供了新的视角，他认为"中国的问题是一个资源禀赋较差的、发展中的农民国家，通过内向性自我积累追求被西方主导的工业化的发展问题"。（2）公平与效率的内在要求。邓大才（2001）对效率和公平在农村土地制度变迁过程中的博弈及其对制度变迁的影响进行了全新的研究；冯继康和何芳（2001）认为中国农村土地制度的变迁经历了效率和公平的选择过程；（3）利益博弈和诱致性变迁。这方面的代表学者非常多，他们主要是从利益配置的角度出发，将激励问题、利益主体博弈和诱致性制度变迁等看作导致我国农村土地产权制度演进的主要原因。如林毅夫（1992，2000）认为生产队中每个劳动者努力的边际报酬是监督的函数，监督是保持劳动激励和合作社生产率水平的关键；周其仁（2002）运用产权经济学的有关理论对农村土地制度变迁进行了分析并得出了基本结论；党国英（1998）认为应从长期和短期两个角度考察国家与所有权的关系；谭秋成（2001）分析了公社、大队和生产队干部在变迁过程中的立场；刘守英（1999）利用村庄调查的第一手资料分析了农村土地制度改革后的现状及变迁的实际路径；曲福田（1997）运用产权经济学的基本理论，提出我国土地制度变迁中土地产权选择的基本原则是产权结构的收益成本比较；钱忠好（1999）运用制度变迁理论建立了一个用于分析中国农村土地制度变迁的经济学理论模型；王小映（2001）认为家庭经营制度中存在着制度改进的收益来源和获利机会，对这些潜在收益的追求导致了土地制度创新；张红宇（2002）认为一方面家庭承包经营是最有效率的制度安排，具有很强的适应能力，另一方面其制度变迁采取了一种渐进的方式，降低了交易成本。他还特别强调了决策者（政府）在这一制度确立过程中的重要作用。

从我国经济改革的历史特点来看，农村一直都充当着城市产权改革的社会稳定器，这种特殊性进而限制了农村产权改革理论和实践上的创新空间，使得农村和城市产权改革处于一个非平衡的演进状态。对于以土地为主导生产要素的农业产业而言，这种非平衡可能诱致城乡统筹发展过程中对农地的非农化侵占。除了少数质疑农地集体所有的学者（文贯中，2006）之外，绝大部分学者都是在既定的所有权框架下研究农村产权改革。即使是质疑者，也没有从城市和农村产权改革非平衡的视角系统性地看待这一问题。

地、劳动和资本的关系存在着不同程度的曲解；通过对财富和资本关系的分析，论证产业升级的财富极化效应，认为城乡、区域和国家之间差距的加大与资本对土地和劳动的主导性息息相关；在对以上经济理论综合反思的基础上，从城市和农村产权改革非平衡、"两位一体"的管理体制和土地所有权双轨制的视角对中国土地可持续利用展开深入研究，并以中国土地资本化和世界范围内产业升级过程中财富极化为实证对象，考察资本主导下产业升级与收入分配、土地可持续之间的深层关系，从而揭示居民收入、城乡、区域和国家之间差距加大的理论问题和制度本质，为理论反思和重构中国土地社会性的可持续和世界范围的财富共享提供可信的理论和实证支持。

第二节　研究方法和思路

本书从土地、劳动和资本的关系分析入手，揭示了资本的第二性及其异化和主导过程；探讨了产业升级的财富极化效应，以及土地、劳动和资本在这一过程中的作用；分析了中国城市和农村产权改革非平衡背景下土地资本化的特殊性，并对中国土地资本化和世界范围内产业升级的财富极化问题进行了实证分析。本书遵循逻辑和历史相一致的研究路径，在理论分析方面主要运用文献述评、抽象思维和计量分析等方法，在对中国土地资本化特殊性的分析和相关的实证分析方面，综合运用产权理论、委托代理理论、博弈论和公共选择理论等的方法，从抽象到具体，以理论经济分析、应用经济分析、宏观分析、中微观分析和实证分析等为环环相扣逐层深入的研究体系，力求从理论和实践两个层面为破解土地资本化、产业升级和土地可持续之间的矛盾，从而为缩小居民收入、城乡、区域和国家间差距等提供可信答案。

本书的重点在于通过对土地、劳动和资本关系的分析，揭示出资本的第二性及其异化和主导过程，并在此基础上以财富为纽带剖析产业升级的财富极化效应。难点在于从城市和农村产权改革非平衡的视角对中国土地资本化特殊性的分析及相关的实证分析，从而尝试为中国土地社会性的可持续寻找理论和实践的可行路径。

具体如下页图所示：

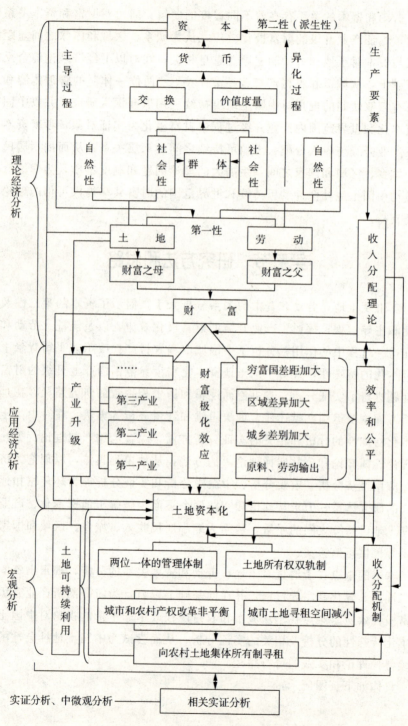

第三节　几个基本概念

一　资本

资本的概念早在 15 世纪和 16 时世纪就已经开始使用了。最初，资本一词用来表示和贷款利息相对应的本金，与"生息金额"同义，人们把经商的本钱叫资本。后来在关于贷款利息合法与不合法的争论中，人们逐渐明白，产生利息的真正的'本钱'，或称为原本，不是货币，而是可用以得到利息的财货。早在前资本主义社会，资本就已经出现并有一定的发展。但具有逐利的资本运动形式，却是进入资本主义社会后才占据统治地位，并在社会商品经济中取得普遍存在的形式。

古典政治经济学家亚当·斯密在《国民财富的性质与原因的研究》（俗称"国富论"）第二章中谈到资本的性质、积累和用途，认为资财可以划分为两大部分，一部分供居民目前消费，另一部分保留起来以取得收入。即资本是人们保留起来希望取得收入的那部分资财[①]。一个国家或一个社会的总资财，就是其全体居民的资财。它可划分为三个部分：一是提供目前消费的消费基金，特点是不必提供收入或利润；二是固定资本，特点是不必流通，即可提供收入和利润；三是流动资本，特点是要经过流通，更换主人才能提供收入和利润。同时指出，固定资本都是由流动资本变成的，要不断地由流动资本予以补充。他还将生产资本这一范畴从农业推广到工业和商业中，资本可以用来生产、制造或购买商品，然后卖出去以取得利润。生产成本范畴的普遍化，就为"利润是剩余价值的一种形式，而创造价值的源泉是一般社会劳动"在理论上迈出了重要一步。在此基础上，他提出资本是占有工人创造的利润的手段。一旦资本在某些特殊人物手中积累起来，他们当中某些人就会自然而然地将其用于雇佣勤劳人民、提供原料和生产费用，使勤劳人民从事劳动，以便从他们的产品售卖中，或者从他们的劳动中再把新的价值添加到原料价值上面。因而他提出了资本积累的概念[②]。李嘉图同意斯密关于资本是国

[①]　李沛新：《文化资本论》，中央民族大学博士学位论文，2006 年。
[②]　王柯敬、洪亮：《对资本的再认识》，《财政研究》1999 年第 10 期。

家财富中用于生产的部分这一说法，认为资本是能够带来利润的积累。同时他更多地把资本看成积累起来供人们劳动使用的手段，他把资本分成固定资本和流动资本。19 世纪的苏格兰经济学家麦克鲁德曾认为："资本是用于利殖目的的经济量，任何经济量均可用为资本。凡可获取利润之物都是资本。"麦克鲁德所用的经济量是指其价值可以用货币计量并可用于买卖、交换之物。庞巴维克认为："一般来说，我们把那些用来作为获得财货手段的产品叫做资本。"萨缪尔森认为："资本是一种不同形式的生产要素。资本（或资本品）是一种生产出来的生产要素，一种本身就是经济的产出的耐用投入品。"根据《经济学百科全书》对资本的解释：就工商企业而言，资本由房屋、建筑物、工具、机械设备及库存等构成。稍广一点的含义还包括住房（不论是租赁的还是住户私有的）、运输设施和设备，资本还包括人力和非买物，它包括了用于研究和开发的经费所产生的知识，通过教育培训取得的熟练技术、增加工人保健费而提高的生产能力，以及因采取诸如修整山林、改良土壤、开发矿山，以及为了对周围的水和空气进行保养和改善而进行投资等措施而提高土地和自然资源的价值等[①]。

对资本的论述最充分的当然是马克思。他在《资本论》中将资本定义为能够带来剩余价值的价值。指出"商品流通是资本的起点，商品生产和发达的商品流通，即贸易，是资本产生的历史前提"[②]，"资本只有处于不断更新的商品流通中才有价值的增殖，因此，资本的运动是没有限度的"[③]。我国《辞海》（上海辞书出版社）中将资本定义为：（1）带来剩余价值的价值。作为资本物质载体的生产资料和货币本身并不是资本，只有当它们被资本家占有，并用作剥削手段时，才成为资本。资本不是物，而是通过物来表现的资本家对工人的剥削关系。（2）社会主义市场经济条件下，投于企业生产和经营活动的固定资产和流动资产的价值形态。在我国社会主义经济中，资本、资金和资产这三个范畴常常是通用的。

从《辞海》中对资本的定义不难看出，长期以来，我国将资本、资金和资产混为一谈。资本、资金和资产是马克思为资本主义发达的商品生产

---

① 孙文军：《乡镇企业资本经营研究》，西南财经大学博士学位论文，2000 年。
② 马克思《资本论》第 1 卷，第 167 页。
③ 马克思《资本论》1975 年，第 1 卷，第 174 页。

提出的最基本的一组概念。它们之间的联系，首先表现在它们共同具有的价值形态上，无论是资本、资金还是资产都可以通过价值来计量，并表现为一定的价格。这样，它们具有了统一的外衣而并列在一起。然而，它们并不等同。区分资本、资金和资产概念之间的差别，是马克思科学的资本、剩余价值学说体系中的应有之义。根据马克思的论述可以概括为如下几点。(1) 它们的本质规定有所不同。尽管资本、资金和资产都可以通过价值形态来表现，但资本包含着带来剩余价值这一层更深刻的含义，资金和资产只有当它给自己的所有者带来收入或利润的时候，才被叫做资本。(2) 从它们的运动内容及其目的上看也有所不同。资本是一个不断运动着的价值，而且也只有在不断的运动中才能显示出自己的活力，它的唯一目的也就在于使自己不断增值；但对资金、资产来说却并非一定如此。资金是一个被凝固起来的东西，作为潜在的货币资本积累，"对于剩余价值转化为实际执行职能的资本来说，是一个资本循环之外进行的，职能上确定的预备阶段"。就它执行准备金的职能来说，它不是执行职能的货币资本的组成部分，而是尚未转化为职能资本的剩余价值。尽管它以后可以加入资本的循环过程，但它在这里的作用并没有使资本的再生产过程扩大。因此它和严格意义上的资本，即带来剩余价值的价值相比，仍有重大区别。从资产的运动内容和目的来看，区别同样存在。资产作为一种财产和债权，只能反映一个人或一个企业的富有程度，并不能直接反映它和剩余价值运动的关系。一个人或一个企业若不把它的资产当作资本使用，那它就永远不能从运动中为自己带来更多的价值。(3) 它们的存在形式也不相同。资金和资本都是一种价值，但资金只能是货币，它只能通过黄金或钞票的形式表现出来。资产以具体的物质形态存在，如机器、厂房，但资本却有着诸多不同的表现方式。作为带来剩余价值的价值，资本可以表现为货币，也可以表现为机器、厂房，还可以表现为一大堆待售的商品。在高度发达的资本主义社会里，资本甚至以虚拟的形式表现出来，无论是股票还是期票、汇票或其他有价证券，只要能给它的所有者带来一定的收入，它便被看作资本。(4) 从认识论的角度看，认识资金、资产是较容易的。资金作为财产的货币形式，表现为一定数量的黄金或与黄金有联系的纸币，是不要求增值的价值，资产的表现也是具体的，机器、厂房等都是直接可以看到的。但认识资本则是不容易的，因为它要经过一系列科学抽象的表述才能概括出来。尽管资本可以表现为货币、商品、生产资料，却不能反过来说货币是资本、商品是资本、生产资料是资本，等等。我们需要从商品资本、借贷资本、生产资本等诸多种运动形态中抽象出带有共性的资本一般公式，并加以科学分析，才能认识到资本的本质，即认识到不管它有多少种不同的具体形式，但根本的属性只有一个——带来更多的价值，而这一价值原本不过是工人生产的、超出劳动力价值以外的剩余价值。我国在计划经济时代，正是由于对这三个不同概念的混淆，给我国的经济发展造成了种种不良的后果，主要反映在以下几个方面。(1)它立刻在政治经济学的大厦中动摇了马克思经典的关于资本—剩余价值学说的科学性，使政治经济学（社会主义部分）体系陷入了根本无法克服的自相矛盾之中。我们已经确立了利润（剩余价值的转化形式）和资本相连的科学观念，但又否定了前者而将它和资金连在一起，这种前后不一、有始无终的做法，显然难以建立起科学的政治经济学大厦。(2)它将马克思主义经典的资本、剩余价值学说隔绝于社会主义经济理论之外，从而从根本上丧失了利用这一宝贵财富的机会。马克思毕生从事研究的资本—剩余价值学说，不仅仅是对资本家的控诉，它同时也是对人类社会生产发展规律的高度概括和总结。目前我们还存在商品、价值及超出维持劳动者生存之外的剩余劳动，理应合理地利用马克思关于资本—剩余价值学说来为社会主义建设服务，比如，在公有制的前提下，鼓励私人资本发展及让各类企业在一定的条件下参与资本竞争并受资本转移规律的制约，等等。然而，用资金取代资本，从根本上否定了这些做法，使它丧失了存在的理论依据，造成了理论工作的重大遗憾。(3)它也为现实的经济改革理论研究设置了重重障碍。由于资金取代资本成为社会主义的基本经济范畴，面对经济改革中出现的纷繁复杂的现象，人们疑虑重重。例如，有的资金带来剩余价值（或利润），如企业资金；有的资金则不带来剩余价值（或利润），如社会公益事业的开支。舍弃"资本"，如何界定一个准确的范畴对三者进行区别？这是一个十分困难的学术和实践课题。总之，用资金取代资本的做法，使现实的经济改革理论研究举步维艰，困难重重[1]。

二 制度及制度变迁

关于制度（institution）的定义各种各样。道格拉斯·诺斯认为制度

---

[1] 转引自靳共元《试论资本和资金、资产概念的区别和使用——学习〈资本论〉札记》，《山西大学学报》（哲学社会科学版）1991年第4期。

是"人为设计出来构建政治的、经济的和社会的互动关系的约束，由正式的约束（奖惩、禁忌、习俗、传统及行为规则）和正式的规则（宪法、法律、产权）组成"①。他还说："制度由一系列规则形式的和规章形式的行为约束组成；而且，制度最终是又一系列道德的、伦理的和行为的规范组成的，这些规范限定着行为的界限，并且制约着具体制定和实施各种规则、规章的方式"②。诺斯对制度的最新的观点来自他在 1994 年获诺贝尔经济学奖之后，在北京大学中国经济研究中心成立大会上的讲演："制度是社会博弈的规则，是人所创造的用以限制人们相互交往的行为的框架。如果说制度是社会博弈的规则，组织就是社会博弈的玩者"③。阿兰·施米德则把制度定义为"人们之间的多组安排好的关系，这些关系规定着人们的权利，使人们面对他人的权利、特权和义务"④；丹尼尔·布罗姆利主张将制度分为两类：惯例与规则或权利⑤；安德鲁·肖特视制度为"社会全体成员一致同意的行为规则，这些规则具体规定了在特定的反复出现的情境中的特定行为"⑥。而按照埃里克·福鲁博顿和鲁道夫·里奇特的说法，"现代制度经济学关注于财产制度和支配着产权的获取与转让的规范体系"⑦。更进一步，奥利弗·E. 威廉姆森则认为上面有关"制度的这些定义主要在制度环境层次，即所谓的博弈规则层次上生效，而制度经济学发挥作用的第二种更为微观的分析层次是治理制度层次（市场、混合经济、等级制与官僚制）"⑧。柯武刚和史漫飞有一段话则具有总结

①　North, Douglass (1991). "Institutions". *Journal of Economic Perspectives* 5 (Winter)：97.

②　North, Douglass (1984). "Transaction Costs, Institutions, and Economic History". *Journal of Institutional and Theoretical Economics* 140 (March)：97.

③　转引自韦森《社会制序的经济分析导论》，上海三联书店 2001 年版，第 84 页。另见 North, Douglass《制度变迁理论纲要》，载北京大学中国经济研究中心《经济学与中国经济改革》，上海人民出版社 1995 年版，第 1—10 页。

④　Allan Schmid, 1992, p. 93. 转引自 ［美］奥利弗·E. 威廉姆森《治理机制》，中国社会科学出版社 2001 年版，第 3 页。

⑤　Daniel Bromley, 1989, p. 41. 转引自 ［美］奥利弗·E. 威廉姆森《治理机制》，中国社会科学出版社 2001 年版，第 3 页。

⑥　Andrew Schotter, 1981, p. 9. 转引自 ［美］奥利弗·E. 威廉姆森《治理机制》，中国社会科学出版社 2001 年版，第 3 页。

⑦　Eirik Furubotn and Rudolf Richter, 1991, p. 3. 转引自 ［美］奥利弗·E. 威廉姆森《治理机制》，中国社会科学出版社 2001 年版，第 3 页。

⑧　［美］奥利弗·E. 威廉姆森：《治理机制》，中国社会科学出版社 2001 年版，第 3 页。

性的意义："总的假说是，制度对人们能在多大程度上实现其经济上和其他方面的目标有着巨大的影响，人们通常偏好能增进其选择自由和经济福祉的制度。但是制度并不总是有助于这样的目标。某些类型的规则可以对一般物质福利、自由和其他人类价值产生不利影响，规则体系的衰败会导致经济和社会的衰落。因此，有必要分析制度对于选择和繁荣的涵义和影响。"[1]

制度变迁（institutional change）是指对现行制度安排的变更或替代，或是新制度安排的创新。之所以这样，是因为有许多外在性变化促成了利润的形成，但是，又由于对规模经济的要求，将外部性内在化的困难，这些潜在的外部利润无法在现有的制度安排结构内实现，因而在原有的制度安排下的某些人为了获取潜在利润，就会率先来克服这些障碍，从而导致一种新的制度安排（或变更旧有制度安排）的形成。一项新制度安排只有在创新的预期净收益大于预期的成本时，才会被做出。因此，尽管在历史上可能存在许多可以获取的潜在利润，但只有在以下两种情形下才会发生制度创新：（1）创新改变了潜在的利润；（2）创新成本的降低使制度安排的变迁变得合算了[2]。制度安排的创新到底会选择哪一种形式，取决于每一形式的成本与收益，以及受影响团体的相对市场和非市场力量。戴维斯和诺斯还讨论了对潜在利润的认识与新安排的创新之间存在的时滞。他们将其分为：（1）从辨识外部利润到组织最初创新团体所需要的时间；（2）发明一种将外部利润内部化的技术所需要的时间；（3）从各种可选安排中选出一个最能满足创新者利润最大化的安排所需要的时间；（4）从可选择的最佳安排到实际经营之间所需要的时间[3]。诺斯等人的研究引起了很大的反响，并在许多方面得到更系统的阐述和深化。如V. W. 拉坦在其论文《诱致性制度变迁理论》中运用技术变迁的方法来研究制度变迁，将舒尔茨和诺斯等的理论推进了一步。他认为，制度变迁不仅是由舒尔茨和诺斯讨论的对更为有效的制度绩效的需求所引致的，而且也是关于社会与经济行为及组织与变迁的知识供给进步的结果。正

---

[1]　Wolfgang Kasper and Manfred Streit：《制度经济学——社会秩序与公共政策》（中译本），商务印书馆 2000 年版，第 33 页。

[2]　参阅 R. 科斯、A. 阿钦、D. 诺斯等《财产权利与制度变迁——产权学派与新制度学派译文集》，上海三联书店 1994 年版，第 296 页。

[3]　同上书，第 316 页。

如科学和技术知识的进步会使技术变迁的供给曲线右移一样，社会科学知识与商业、法律、社会服务、计划等方面的知识进步，也会使制度变迁的供给曲线右移，而且这些方面知识的进步降低了制度创新的成本①。林毅夫在《关于制度变迁的理论：诱致性创新与强制性变迁》一文中认为，人之所以需要制度，是因为一个理性人能力的有限性，他在做决策时要支付信息费用，以及人生活环境与生产中的不确定性。因而，一方面人需要用制度来确保生命期的安全，另一方面又需要它来促进他与其他人的合作，将外部效应内部化。林毅夫将制度变迁分为两种类型：诱致性变迁与强制性变迁。前者是指一群（个）人在响应由制度不均衡引致的获利机会时所进行的自发性变迁；后者是由政府法令引致的变迁。他认为虽然意识形态信念能起到弱化搭便车、道德危险和偷懒的功能，但无论是制度企业家还是意识形态，都不可能使这方面消除。因此，诱致性制度变迁就不能满足一个社会中制度安排的最优供给。而国家干预可以补救制度供给的不足②。

三　所有权与产权

所有权概念的建立始于公元前 2 世纪的罗马法，它向来就是一个受到限制和承担义务的权利。所有权不是占有、使用、收益、处分等各种权能在量上的总和，而是一个浑然一体的权利。所有权受法令的限制，负有义务，以维护社会公益。这是所有权本身具有的约束，自由与限制相伴相生，构成了所有权的内容。19 世纪以来关于所有权起源和基础的学说很多，有神授说、法定说、自然权说、先占说、劳力说、社会说等不同理论，涉及政治、社会、经济、哲学等多层面问题。所有权与经济制度、社会秩序及人格伦理等都有着十分密切的关系。所有权的积极权能主要表现在占有、使用、收益和处分等方面；其消极权能表现为对他人干涉的排除，这是所有权作为一种绝对权的特色。而积极权能和消极权能都应该受到法令的限制。其目的主要在于保障个人利益（如民法上的相邻关系、"公寓大厦管理条例"）、国家公共利益、社会共同生活（如

　　①　参阅 R. 科斯、A. 阿钦、D. 诺斯等《财产权利与制度变迁——产权学派与新制度学派译文集》，上海三联书店 1994 年版，第 327—354 页。
　　②　同上书，第 371—403 页。

枪炮、弹药、刀械管制条例），以及保全自然生态和文化资产（如"野生动物保护法"）①。

上面是从法律的角度对所有权的一个概览。从经济角度对所有权理解的一个最好的例子就是对土地所有权的分析：假设土地是共有的，每个人都可以在这块土地上耕种、打猎或采矿，但这种所有权的形式使人们并不承担由此造成的全部成本。这样的话，就有可能导致动物保有量和土地丰度的急剧下降。如果谈判成本和保卫成本为零，社区成员就完全有可能达成协议，降低其利用土地的程度。但是，问题就在于谈判成本和保卫成本将非常之高，以致无法达成这种协议。如果土地归个人拥有，他就会像经纪人那样行事。经纪人财富的大小，取决于他能否很好地考虑目前和未来的净价要求。这有利于解决当代人和后代人对土地索取权（claims）的分配权重问题。而这在共有财产制度下是无法实现的。从土地所有权的例子中，我们可以看到共有财产制度导致了巨大的外部性。任何人的行为都能对自己周围的人或后代人产生影响，但这种后果却没有被充分考虑过。私人土地所有权能够使共同所有权造成的很多外部成本内部化，原因就在于私人所有权者可以使用所有权的排他性权利。他们通常都能计算出畜牧业能得到多少收益，土地肥力能提高多少。这样，成本和收益都集中于所有者一人，就会激励他更有效地去利用资源。但是，私人所有权仍然存在着外部性问题，只不过相对于共有所有权而言其谈判成本将大大降低。所有权要归个人掌握，而个人所有权的建立又取决于它能在什么程度上与全部成本最小化相一致。所有权的这种双重倾向，在土地所有权的例子中表现得极为明显。

其实，上面对所有权从经济角度的分析，已经属于产权的范畴了，也就是说，所有权是产权一般概念的一类。产权是一种社会工具，其重要性就在于能够帮助人形成一个与他人打交道时的合理预期。阿尔钦认为，产权是一个社会所强制实施的选择一种经济物品使用的权利②。德姆塞茨则认为，产权包括一个人或其他人受益或受损的权利。产权界定了人们如何

---

① 参阅王泽鉴《民法物权——通则·所有权》（1），中国政法大学出版社 2001 年版，第 149—163 页。

② Alchian, A. (1969). "Information Cost, Pricing and Resource Unemployment". *Western Economic Jouranl*. 7：pp. 109—128.

受益与如何受损，从而能够修正人们所采取的行动①。因此，产权不是指人与物之间的关系，而是指由于物的存在及关于它们的使用所引起的人们相互认可的行为关系。产权安排确定了每个人相应于物时的行为规范，每个人都必须遵守他与其他人之间的相互关系或承担不遵守这种关系的成本②。可见，产权界定和规范的是人们之间的行为关系，但表现为人们所拥有的一项或一组权利（权利束）。在经济生活中，产权则主要包括人们所拥有的对资产的使用权、收益权与变更资产的形式及内容的处置权③。因此，完整的产权实际上是由多种权利构成的权利束。这些权利可以分割开来进行交易。由于经济物品往往具有多方面的属性，要完全精确地度量这些属性对于有限理性、信息不完备的人来说成本极大，甚至不可能。这样，有关经济物品的产权的界定因交易成本的存在而变得不完整，在产权交易中就必然有一部分财富溢出，进入公共领域（public domain），供愿花费资源的个人去攫取④。

从上面的论述中可以看到，所有权是一个相对静态的概念，它是产权得以优化的基础。而产权由于未被界定清楚所产生的在排他性上的模糊状态，导致了外部经济或不经济。从这种意义上而言，产权的本质也就是所有权的一种运动状态，它更适合于作为成本—收益分析的工具。所以，从制度演进的角度来说，对产权的分析显然更加具有可操作性。

四　土地制度

土地制度首先是一种经济制度，是人们在一定社会制度下以土地为标的所形成的经济关系的总和。因此，在生产力发展的不同阶段，应该有不同的土地制度与之相适应。同时从产权的角度来审视土地制度，应将其区分为土地经济制度和土地法权制度。土地经济制度体现为对土地的物权安排，即所有权、使用权及处置权。土地法权制度是在上述三种权利的基础

---

①　Demsetz, H. H. (1967). "Towards a Theory of Property Rights". *American Economic Review*. 57: pp. 347—359.

②　Furubotn, E. G. and Pejovich, S. (1972). "Property Rights and Economic Theory: A Survey of Recent Literature". *Journal of Economic Literature*. 10: pp. 1137—1162.

③　Furubotn, E. G. and Pejovich, S. (1974). *The Economics of Property Rights*, Boston: Ballinger. p. 4.

④　参阅［美］Y. 巴泽尔《产权的经济分析》，费方域等译，上海三联书店、上海人民出版社 1997 年版，第 4 页。

上所衍生的一切权利。同时，土地经济制度决定土地法权制度，反过来，土地法权制度又反映、规范、保护、强化土地经济制度。有的学者认为："完整的土地制度，包括土地所有制、土地使用制度与土地管理制度。"[①] 丁泽霁认为："土地制度表现了人们利用土地进行农业生产活动所结成的社会关系。"[②] 他特别强调：按照马克思主义政治经济学的方法研究土地制度，包括土地所有权、土地经营权及它们在经济上的实现等问题，必须放到一定的社会经济制度中去做具体的研究。因为不存在超越各种社会经济制度的土地制度[③]。也有学者认为：土地制度是指人们占有、支配和使用土地的过程中所结成的各种关系的总和，包括土地所有权关系和土地使用权关系两大方面。它的核心是产权，本质是土地所有制。

五 土地产权

土地产权是指存在于土地之中的排他性的各项权利，包括土地所有权、土地使用权、土地租赁权、土地抵押权、土地继承权、土地赠与权和地役权等权利。后五项实际就是土地收益权和处分权。土地所有权是对土地完全支配的全部权力，土地的其他权力都是由土地所有权派生出来的。土地产权有如下两层含义。（1）法律意义。即产权的各种权利是由法律规定的。如我国城市土地归国家所有，农村土地除国家规定的外为集体所有，土地的所有权不准买卖，土地使用权可以出让和转让等。因此，土地产权受法律保护，任何单位和个人不得侵犯。依法改变土地权属关系时，必须办理土地权属变更手续，变更权属证书。（2）经济意义。即产权关系，也满足经济利益关系，如利用土地应获得的利益，使产权主体利益充分实现等。

土地产权的权利构成是土地产权的重要内容。根据产权理论，土地产权不是一项的权利，而是很多权利的集合，即权利束。从土地的使用价值形态来看，土地产权包含土地所有权和土地使用权两项权能。这里的土地使用权是指对土地资源的实际经营和利用权，它还可以进一步细分，如生产经营权、居住权、开发权、部分处分权等。使用权分为所有

---

① 毕宝德：《土地经济学》，中国人民大学出版社 2001 年第三版，第 209 页。
② 丁泽霁：《农业经济学基本理论探索》，中国农业出版社 2002 年版，第 221 页。
③ 同上书，第 225 页。

者和非所有者两种，前者为土地所有人在法律规定的范围内，按自身愿望对土地的使用，并取得土地收益，非土地所有者的土地使用权，可根据法律规定、合同和所有者的意愿产生，土地使用权的转移，可以是有偿的，也可以是无偿的。从土地的价值形态来看，土地产权包含土地所有权和土地支配权两项基本权利。这里的土地支配权是指对土地资产进行市场交易活动的直接支配的权利，又可称为土地市场处置权，它也可以进一步细分，如转让权、转租权、入股权、担保权、回收权、赠予权等。由于土地有使用价值和价值，具有资源、资产二重性，所以土地产权由土地所有权、土地市场经营权和土地使用权这三项基本权利构成其完整结构。这三项基本权利的不同分离与结合，就构成了不同类型的土地产权结构。

土地产权具有排他性、有限性、可分解性、可交易性和行为性五个方面的基本属性。土地产权的排他性是指土地产权主体对外排斥性或对待土地产权客体的垄断性；土地产权的有限性是指任何一项土地产权同别的土地产权之间，必须有清晰的界限，任何一项产权都具有一定数量大小或范围；土地产权的可分解性是指对土地的各项产权可以分属于不同主体的性质，它包括权能的分解和利益的分割两个方面——土地产权的不同权能由同一主体行使转变为由不同主体分工行使，就是权能的分解，相应的利益分属于不同的权能行使者，就是利益的分割；土地产权的可交易性是指土地产权在不同主体之间的转手和让渡，按时限或产权让渡的时间，它又可分为土地产权的永久让渡（无限期交易）和土地产权的有限期让渡（有限期交易）；土地产权的行为性是指土地产权主体在其权利的界区内有权做什么、有权不做什么或有权阻止别人做什么等性质[①]。

六　土地产权制度

土地产权制度是指维护和保障所有权及其各项土地产权权能和利益关系如何实现的制度，是土地产权关系与产权结构的总和。土地产权制度与本国土地制度相吻合，并与经济体制相适应。土地产权制度的核心和基础是土地的所有制，因为土地产权的他项权利都是由土地所有权派生的。土地产权制度是土地经济运行的基础，决定着土地利用的组织形式、运作行

---

① 　转引自杨刚桥《土地产权的理论探析》，《华中农业大学学报》2000 年第 1 期。

为和整体效率。合理的土地产权制度具有对土地产权主体的激励、约束和土地资源配置的优化功能，现分述如下。（1）主体激励作用。良好的土地产权安排可以使土地利用主体的权利清晰，特别是支配土地并获得收益的权利，因此，可以激发土地使用者经营的积极性，激励其增加土地投入，实现土地集约与高效利用；（2）有利于交易。土地产权明晰是土地进入市场交易的前提，只有将产权具体的界定在特定主体身上，交易才能实现。并且，现代产权理论认为，产权制度总是向着使交易成本最小、交易效率提高的方向变迁；（3）行为约束作用。清晰的产权界定既可以对权利主体行为产生约束作用，使其提高集约化水平，又可以利用产权保护自己的利益免遭侵害，同时，能尽可能地克服经济活动中存在的外部性问题，或者使外部效应内部化；（4）减少风险。明晰的土地产权能够克服因权能缺位给投机行为留下的空隙，增加土地使用者的理性程度，克服理性差异带来的不确定性，把经济活动的社会风险降到最低限度①。

七 农村土地产权制度

农村土地产权制度是指维护和保障农村土地所有权及其各项土地产权权能和利益关系如何实现的制度化总和。简单地讲，是构建农村土地产权结构和产权关系的制度安排，其内涵如下：产权结构包括各种权能和配置；国家对农村土地产权认可的相关法律；产权关系是通过财产关系反映的人与人之间的关系；国家对农村土地产权的管理与调控措施。土地所有权和土地使用权构成农村土地产权的主要内容，农村中土地产权问题和产权制度建设也是与土地所有权和土地使用权紧密联系在一起的。土地所有权是农村土地产权制度的基础，一切权利束，是围绕着土地所有权分布的。土地所有权属集体所有。土地所有权是一组权利束，它包括土地使用权、支配权等权利。土地使用权是土地使用者使用土地的权利，在我国目前农村主要表现为农村土地的承包经营权，它也是一组权利束，包括在一定年限内使用、收益和处分土地的权利。但土地使用权的获得并不是无偿的，它需通过与土地所有者签订合同，履行职责，完成针对土地所规定的义务（如交纳承包费或粮食及一定税费等）。土地处分权是土地所有权和

---

① 转引自姜志德《关于我国土地产权制度建设问题的几点思考》，《荆门职业技术学院学报》2002 年第 5 期。

土地使用权（土地使用权包含部分处分权）的分权利，但土地支配权是土地所有权的分权利。其中土地处分权又包括出租权、抵押权、转让权等。发展权、管理权、规划权等权利是国家对土地的管理、调控、规划的权利，它们是农村土地产权制度的内容[①]。

八　土地资本化

关于土地资本化代表性的观点主要有以下几个。（1）所谓资本化，是指任何把资产凭其收益转换成资产的现期市场交换价值的过程。资产资本化的目的在于为这项资产的市场交易提供一个基准价格标准。土地能够带来未来收益，如果存在土地市场，当然也可以资本化[②]；（2）关于资本，将众多提法中的相近之处综合为一个含义：它是运动（即生产并进入市场交易、转让、流通等）的，并不断在改变形式，同时在运动中不断增值。而资源同资本的区别在于：资源是静态的，在静态中它不会增值；资源要增值必须运动和改变形式，而这就是资源资本化的过程。所谓土地资本化，就是土地资源转变成可以运动并增值的土地资本[③]；（3）城市土地的资本化，就是按照土地所有权与土地使用权相分离的原则，将城市土地资产市场化为资本，实质是土地使用权流动的市场化[④]；（4）城市土地资本化，就是在市场经济条件下，围绕城市经营战略，政府以土地所有者身份，用经营手段运作城市土地资产，从而实现整个城市社会经济的协调发展和土地效益的最大化（张伟，2002）；（5）所谓农地资本化是指农村土地资源作为资本来经营，即产权拥有者将土地用来出租、合作或作为股份进行投资以获取一定经济报酬的经营过程[⑤]（胡亦琴，2006）。国外文献尚未看到关于土地资本化的定义，也许因为土地私有制、市场经济条件下，资本化运作是理所当然的原因。

上述观点强调，土地由于可以带来收益而具有资产特征，如果存在土地市场可以使其参与流转并增值的话，就可以叫做土地资本化。当然在我国是

---

① 转引自张瑜、钱海滨《试论我国农村土地产权制度建设》，《中国土地》2001 年第 3 期。

② 转引自张跃进《农村土地使用权资本化的几个理论问题》，《江西财经大学学报》2004 年第 5 期。

③ 转引自何晓星、王守军《论中国土地资本化中的利益分配问题》，《上海交通大学学报》2004 年第 4 期。

④ 转引自刘永湘、杨继瑞《论城市土地的资本化运营》，《经济问题探索》2003 年第 3 期。

⑤ 胡亦琴：《农地资本化经营与政府规制研究》，《农业经济问题》2006 年第 1 期。

指土地使用权的资本化。问题是：是否所有的土地都可以资本化？判定标准是什么？如果有的不能资本化，是否应由不同的机构去管理和运作？[①]

九　财富

　　财富，现代经济学一般认为是指任何具有市场价值并且可用来换取货币或商品的东西。关于马克思的财富概念，学术界主要存在三种观点。第一种观点从马克思政治经济学的视角切入，该观点认为，财富是一种物质，只不过这种物质打上了人的烙印。例如，吴杰在其《财富论（第一卷）》中认为，财富是指一切具有某种特殊性质的自然物与人的需求因素，在相互联系中形成的对立统一体。这个统一体一方面表现为其能够满足主体人的需求，另一方面表现为人的需求对象的物质体。又如，于连坤在其《当代中国特色社会主义经济学思想研究》一书中认为，财富是具有自然属性和社会属性二重性的劳动产品。一方面，它有一般意义上的物质内容，另一方面，它也体现和凝结着社会关系。第二种观点主张财富不但有物质形式，还有非物质形式。例如，周大新在其《关于精神财富的思考》一文中认为，财富既有物质形式，又有精神形式。其精神形式有信仰、信念、意志力、道德信条及各种知识。又如，孙竹在其《虚拟资本财富效应的实质》一文中指出，马克思有其虚拟资本理论，虚拟资本也是财富的一种形式，它这种属性的实质是价值符号。虚拟资本的典型代表是股票，它具有资本的特性，是能够带来剩余价值的凭证；同时，这个凭证被幻想为资本，虚拟化为资本。第三种观点从人的角度来定义财富，引用马克思《1844年经济学哲学手稿》中的话认为，"财富的本质在于财富的主体存在"。例如，刘荣军在其《财富、人与历史》一文中认为，马克思财富理论的主要贡献就在于，"抛掉了狭隘的资产阶级形式"，论证了社会财富的主体性本质，从社会的财富创造过渡到了人的全面发展。又如，薛德合在《财富：理解人之存在与发展的经济维度》一文中认为，财富是人的本质力量的凝结，是对劳动本身占有的结果[②]。

十　经济人的有限理性

　　经济人尽管可以被认为是经济学说史上最悠久的关于人的行为的最基

---

①　李双海：《国有土地资本化经营研究》，西南财经大学博士学位论文，2007年。
②　参阅莫凡《马克思财富观研究综述》，《理论视野》2008年第6期。

本假设，但是它同样也是其他学科研究的对象。对于社会科学来说，人的假设问题从来就和道德范畴紧密相连。亚当·斯密"看不见的手"所表达的是人在经济活动中通过得失和盈亏的比较而追求自身利益的最大化。从道德的角度考察，正是因为个人对利益最大化的追求才实现了社会利益的最大化。其实，边际效用学派那种在一定约束条件下个人对自身边际效用最大化的追求和"看不见的手"的观点是一脉相承的。而西蒙对理性的定义则是"一种行为方式，它（1）适合实现指定的目标；（2）而且在给定的条件和约束的限度内"①。另外，阿罗认为一个人是否理性的条件有两个：其一为追求目标的一致性；其二为使用手段与目标的适应性②。经济人和理性概念在传统新古典经济学中具有十分重要的地位，它们往往结合在一起，表达是经济人的一种理性意识与理性能力。所谓理性意识仍然是对古典经济学"看不见的手"的思想的继承；而在新古典经济学中，对经济人理性能力的理解则是完全的，在这种乐观的预期中，根本就不存在不确定性和风险问题。但是，从经济学的发展历史来看，西蒙的有限理性则更具有广泛的实证意义。也就是说，经济人并非是全智全能的，它不仅受制于复杂和不确定的环境，而且还局限于自身的认知能力。在一个相对短的时期内，经济人的决策很可能在某种程度上会违背理性的假设，但从长期来看，它通常倾向于使自己的利益或效用最大化。本书的研究也正是从一种抽象的、长期的角度来看待这个问题的。

十一　机会主义倾向

威廉姆森倾向于将经济人利用欺诈等不正当手段谋取私利的行为定义为机会主义。它是以有限理性的经济人假设及信息不完备和非对称分布假设为前提的，后两个假设是前一个假设的必要而非充分条件。另外，人的效用函数的不一致和人的行为的外部性也是机会主义倾向的两个主要支撑假设。而机会主义行为从形式上又可以分为事前的机会主义行为和事后的机会主义行为。前者是指交易各方利用签约之前的信息不对称而采取的机会主义行为；后者则是指交易各方在签约之后利用信息不对称而采取的机

---

① 参阅［美］西蒙《现代决策理论的基础》（论文选集）（中译本），北京经济学院出版社1989年版，第3—4页。
② 转引自陶永谊《旷日持久的论战——经济学的方法论之争》，陕西人民出版社1992年版，第189页。

会主义行为①。

实际上，大多数组织理论家都避免明确地涉及机会主义假设。机会主义、道德风险、代理成本之类的假设被看做对人所熟知的追求自利假设的贬低。对研究经济组织的目的来说，更重要的启发是：如果事前设计出适当的保障措施，那么，受到事后机会主义影响的启发将会得到好处。而且，假设代理人是机会主义的，也并不意味着所有的人都不断地做出机会主义行为。相反，这个假设的意思是，有些人在有些时候是机会主义的，并且要在事前弄清有差别的可信任度是件代价高昂的事。从本书的立场上来看，机会主义假设并没有和"看不见的手"形成真正的矛盾，交易成本的这种解释只不过强调了交易者可能存在的随意性。但从长期来看，机会主义和自利仍然都属于个体效用最大化的范畴。问题的本质仅在于如何在合理的可能的范围内实现相对于机会主义的制度改进。

第四节　框架结构与研究内容

本书除引论外共分六章。

第一章为"资本第二性的理论辨析"。第一节是引言。第二节是"资本的异化和主导：生产要素的属性辨析"，对土地和劳动自然性及其社会性进行理论分析，论证了土地和劳动的第一性和资本的派生性和第二性；并对资本的异化和主导过程进行了理论阐释，在此基础进一步揭示了生产要素属性分析的理论和实践意义。第三节是"生产要素属性与财富创造本质的制度批判"，分别对财富、财富观和财富的生产进行了从概念到实践和理论沿革的考察，探讨了资本和财富的关系并在此基础上对传统生产要素理论进行反思。第四节是"资本的本质、资本主义与收入分配"，认为资本是一种联合生产方式，体现的是制度功能；资本主义在某种意义上有其合理性，但又具有过渡性；最后对收入分配理论做了基于生产要素属性的反思。第五节是小结。

第二章为"产业升级过程中的财富极化效应"。第一节是引言。第二

---

① Williamson, O. E. (1975). *Markets and Hierarchies: Analysis and Anti - Trust Implications*, New York: Free Press. Williamson, O. E. (1985). *The Economic Institutions of Capitalism; Firms, Markets, Relational Contracting*. New York: Free Press.

节"财富范畴与经济发展阶段的关联性",考察了经济发展与财富范畴的历史变迁,梳理了不同理论学说对财富各自不同的理解阐释,对社会经济发展的最终目标与财富的关系进行反思和再认识。第三节是"要素自由流动与经济发展阶段",分析和探讨了生产要素与经济社会形态之间,以及产权、要素自由流动与市场经济之间的关系,揭示了资本主导下的要素自由流动的本质。第四节是"要素自由流动与可持续发展",从财富视角考察了可持续发展,对要素自由流动和可持续发展之间的关系进行辩证分析,指出了存在资源诅咒与市场自由悖论的真正原因,从而对资本主义与可持续发展之间的关系进行深入反思。第五节是"对弹性缺乏产业及产品的价格规制:城乡收入差别加大的经济学解释",阐释了第一产业的基础财富特性,指出弹性缺乏的生活必需品类产品在自由市场的缺陷,并在此基础上探讨了对产业升级中财富极化的规制问题和如何应对资本权力下的城乡差别问题。第六节是"对要素跨国和跨区域自由流动的规制",从贸易的本质探讨出发,揭示了资本主导下的要素跨国和跨区域流动的本质及跨国和跨区域间的财富极化问题,认为应该破除由强者主导的市场游戏,对要素跨国和跨区域自由流动进行规制。第七节是"自由市场、资本深化与财富创造过程中的悖论",探讨了产业升级过程中财富的虚拟化和异化问题,对自由市场与资本深化做出了不同的思考,认为资本所主导的是一个财富泡沫化与走向崩溃的系统,并在此基础上对传统理论和经济社会实践进行反思。第八节是小结。

第三章为"产业升级、土地资本化与收入分配"。第一节是引言。第二节是"土地资本化的本质",分别从土地资本化与价值发现、土地产权与土地资本化等视角对土地资本化的本质进行深入挖掘分析,认为土地规划是对土地资本化进行规制的有效办法。第三节是"产业升级和城市化进程中的土地发展权问题",探讨了产业升级与城市化的关系,分析了土地产权、财产权与土地发展权之间的关系,揭示了财富极化与土地发展权的缺失是导致国富民穷的主要制度原因,并在此基础上对我国城市化模式进行反思。第四节是"有限自由、农地产权和城市化泡沫:产业和农村空心化的另一种解释",探讨了农民从改革前的没有自由到改革后的有限自由的真正原因,揭示了农地产权缺陷与城市化泡沫的内在关系,认为产业和农村空心化的后果终将使得城市化发展成为空中楼阁,并从发展经济学的视角予以思考。第五节是"对收入分配理论的再认识:关于第一、二次分配的理论和实践"，分别从价值理论的正义性和价值理论之争的意识形态本质两个视角对按劳分配抑或按要素分配进行了深入的理论分析和甄别，探讨了对第一次分配和第二次分配进行规制和干预的合理性和重要性，认为和谐发展应该超越争论，亟须破除资本主导下的自由藩篱。第六节是小结。

第四章为"产业升级、产权改革非平衡与土地可持续利用"。第一节是引言。第二节是"城市和农村产权改革非平衡与土地可持续利用"，通过对农村和城市产权改革的事件和路径梳理，提出了产权改革非平衡的理论观点并对其成因进行比较，在对农地集体所有制进一步思考的基础上，深入考察了产权改革非平衡与"圈地"、农地可持续利用之间的内在关系。第三节是"农地可持续利用与新农村建设能够双赢吗"，分别从农地产权改革深化应该是新农村建设的基础、新农村建设规划与农地可持续利用的矛盾、效用预期的主体差异与新农村建设的被动特征，以及农地可持续利用与新农村建设如何才能双赢等四个方面对这一问题进行深入分析。第四节是"农地国有的理论和实践合宜性问题"，分别从土地的特性及其在社会经济中的角色定位、农地集体所有的历史局限性及其弊端，以及农地国家所有的理论和实践合宜性等方面进行思考分析。第五节是小结。

第五章为"相关实证分析"。本章主要对中国土地资本化和世界范围内产业升级过程中的财富极化问题进行了实证分析。对中国土地资本化的实证主要从政府土地财政收入、与土地有关的上至高级官员下至基层村干部的贪污腐败案件、强拆案件和土地征收导致的村民上访案件等几个方面进行，从一个侧面反映了中国土地资本化的严重性和特殊性；对世界范围内财富极化的实证主要从基尼系数、穷国和富国差距拉大、城乡和区域差距拉大，以及产业升级过程中三次产业相对国内生产总值的比重等几个方面进行，发现财富越来越向极少数超级富豪、向发达区域和发达国家集中。

第六章为简短结论。

第五节　创新与不足

一　理论创新

本书的理论创新主要有以下四点。（1）论证和提出了资本第二性（派生性）的观点。这是揭示土地、劳动和资本之间的本质关系，反思传统生产要素理论和收入分配理论的关键。（2）对产业升级财富极化效应的分析。指出了土地和劳动不仅没有随着产业升级减少其财富创造的贡献比例，反而进一步加大了财富极化的速度。（3）从城市和农村产权改革非平衡、土地所有权双轨制和"两位一体"的管理体制等视角对我国土地资本化特殊性的分析。（4）对土地可持续与土地自然性和社会性关系的分析。提出了土地可持续实际上是土地自然性的可持续，但最终取决于土地社会性的可持续。因此，要实现真正的土地可持续，就必须构建一个可持续的土地产权制度。

二　方法创新和不足

本书以资本第二性和产业升级的财富极化效应为理论切入点，尝试从理论经济分析、应用经济分析、宏观分析、中微观分析及实证分析等多个层面对资本第二性、土地资本化和产业升级的财富极化效应之间的关系及其引致的城乡差距、区域差距、居民收入差距和土地可持续等问题展开深入研究。本书的不足之处主要在于实证分析部分大量采用了第二手资料，尽管这些资料都取自政府和相关的权威网站、报刊杂志，以及如北京大学、西南财经大学等机构的社会调查报告，具有较高的权威性和真实性，但毕竟缺乏本书著者投入人力和时间的社会调查数据。当然，就本书所需要的资料和数据来说，也的确不是付出时间和劳动就能够通过调研得到的。另外，在关于城乡和区域差距的实证中，本书只提供了中国的相关资料和数据。对于发达国家来说，这一问题已经得到了较好的解决；对于发展中国家来说，与中国的情况也基本类似，只不过差距大小不同罢了。

第一章 资本第二性的理论辨析

第一节 引言

　　本章是著者对西方主流理论关于土地、劳动和资本等生产要素理论基于马克思主义理论的一个反思。马克思主义理论主张劳动价值论，强调的是劳动主体在生产中的主导性和人本主义思想；西方主流理论则将土地、劳动和资本都看作具有同等作用的生产要素，以其在生产过程中的边际贡献获取剩余份额，是一种平面化、静态化的拟人化描述。在社会实践中，劳动价值论一直遭到资本所有者的反对，这在西方资本主义国家的理论研究领域尤为显著。那些与主流思想不符的研究和学说在资本自助的大学和研究机构很难得到赞助。本书不打算继续纠缠于这些"谁也说服不了谁"的"无益攻讦"，而是从财富生产的最基本的要素土地和劳动出发，通过研究其属性，对土地、劳动和资本进行了第一性和第二性的区分，认为第一性具有"天赋"的权利禀赋，第二性资本的发展不应该"侵犯"第一性的自然存在。正是基于这种研究视角，本章探讨了资本的异化和主导过程，分析了资本和财富的关系，并在这些基础上对传统生产要素理论和收入分配理论进行了反思。本章的研究结论认为，资本更多地是一种适应联合生产方式的制度安排，从资本的产生和发展过程来看，有一定的合理性，但其仍然具有过渡特性。这种过渡性并不意味资本将必然走向消亡，而是通过制度设计不断消除资本所具有的负面性。

第二节 资本的异化和主导:生产要素的属性辨析

一 土地、劳动第一性和资本第二性

(一)土地和劳动的自然性

1. 从土地的概念看土地的自然性。

通常情况下,对土地的界定首先是从其自然存在性出发的。如"土地是由地球陆地一定高度和深度范围内的土壤、岩石、矿藏、水文、大气和植被等要素构成的自然综合体"[1] 就是这方面定义的一个范例。尽管现实的土地已不仅是一个单纯的自然综合体,而是一个蕴含着人类正反两方面活动成果的自然—经济综合体[2]。但从其自然存在上而言,土地的自然性是第一性的。换言之,土地是先于人存在的,也是先于人之经济和人之社会而存在的。在实践中,我们会遇到不同形式和用途的土地,这也是人之经济社会发展的需要,是人对本来自然存在的土地进行的适合社会经济需要的划分。"对于土地分类的忽视,不但是公共政策的一个致命的缺点,而且也注定了土地利用方面不少私人投机的失败"[3]。世界各国都十分重视对土地的科学分类,这不仅能够清晰了解一个国家各类土地的数量及其结构,便于对各类土地分别进行合理的开发、利用与管理,同时也有利于对土地进行科学的征税、搞好地产经营。

尽管如此,从土地分类上我们也能够进一步理解土地自然性的特点及其丰富性。如我国现行土地分类的依据是国土资源部于 2001 年 8 月 21 日颁布的《土地分类(试行)》。该《分类》从土地使用的角度将土地分为三种类型。[4] (1)农用地。农用地是指直接用于农业生产的土地,包括耕地、园地、林地、牧草地及其他农用地。其中,其他农用地是指上述耕地、园地、林地、牧草地以外的农用地,包括畜禽饲养地、设施农业用地、农村道路、坑塘水面、养殖水面、农田水利用地、田坎、晒谷场等用

---

[1] 毕宝德主编:《土地经济学》(第5版),中国人民大学出版社2006年版,第3页。

[2] 周诚:《土地经济学原理》,商务印书馆2003年版,第7页。

[3] [美]伊利、莫尔豪斯:《土地经济学原理》,滕维藻译,商务印书馆1982年版,第33页。

[4] 国土资源部地籍管理司:《2005全国土地利用变更调查报告》(附件2),中国大地出版社2006年版。

地。（2）建设用地。建设用地是指建造建筑物、构筑物的土地，包括商业、工矿、仓储、公用设施、公共建筑、住宅、交通、水利设施、特殊用地等。建设用地包括居民点及独立工矿用地（城市、建制镇、农村居民点、独立工矿用地、盐田、特殊用地①）、交通运输用地（用于运输通行的地面线路、场站等用地，包括民用机场、港口、码头、地面运输管道和居民点道路及其相应附属设施用地）、水利设施用地（用于水库、水工建筑的土地）。（3）未利用地。未利用地是指农用地和建设用地以外的土地，它包括还未利用土地（目前还未利用的土地包括难利用的土地，主要有荒草地、盐碱地、沼泽地、沙地、裸岩石砾地、其他未利用地）、其他土地（未列入农用地、建设用地的其他水域地，主要包括河流水面、湖泊水面、苇地、滩涂、冰川及永久积雪）。对土地的这种分类有助于我们加深对土地自然丰富性理解的同时，也能够看到这种分类也正是作为"后来者"的人及人之社会施加的，是土地自然性被赋予人之社会性的必然。

总之，土地的自然性意味着土地是先于人存在的，更是先于人之社会而存在的。如果没有人及人之社会，这个被"人之社会"赋名的"土地"仍然是存在的，只不过没有具体的名称而已。从这个角度来说，作为自然存在的土地对生于其上的万物都是"一视同仁"、公平公正的。她给它们提供了赖以生存的"存身之所"，当然也包括后来出现的人类物种。土地的自然性所体现的正是我国古代《周易》中所描述的"地势坤，厚德载物"。也就是说，在自然性之中，大地如同母亲，对于她的"儿女"都是倾其所有、平等对待的。

2. 劳动的自然性。

首先，劳动的自然性是作为劳动的主体的人的自然性，这种自然性更多地体现在人的生存权上，也就是人作为一个物种的自然生存权利。通俗点讲，如果"活着"是一个自然性层面的问题，那么"更好地活着"就已经进入到社会性层面了。如果人是孤立的，就只有自然性。但显然，人不可能是孤立的。这一点从其诞生的方式就可以知道。因此，我们所谓人的自然性仅仅是从人的生存权或者生命权的视角而言，这也是被人类社会所反复证实的。所谓"人生而平等"的首要意涵即在于人的生存权的平等。因此，理解人的自然性是非常重要的。

---

① 特殊用地是指居民点以外的国防、名胜古迹、风景旅游、墓地、领域等用地。

其次，劳动的自然性体现在劳动不仅为人所独有，广义地来讲，对于任何生命体而言，其维持生命的自然活动都属于劳动范畴。达尔文所谓"适者生存"，如果抛开生存竞争之外，这里的"适"所体现的无非就是劳动。植物如果不扎根大地吸收阳光雨露，就会死亡；动物如果不奔跑跳跃，奋力觅食，也会死亡。同样，作为动物之一种的人，如果不"劳动"，也就只有死亡，失去其自然存在性。因此，劳动首先是一个自然性的概念，是一种自然存在的方式，其次才是社会性意义的联合劳动范畴。

最后，劳动的自然性体现在劳动主体人与土地自然性的关系上。"大地母亲"这个无论是神话传说还是文学艺术中被不断传颂的主题，是对作为劳动主体的人与土地关系的最好阐释。其首要含义就是，在土地和人之间，土地是"母亲"，人只能是其"子嗣"。如果人是孤立的，那么至少他（她）与土地是联结一体的。而这种联结本质上就是一种自然性的联结，与其他物种和土地的关系是一样的。从这个视角而言，人应该或者必须爱护"大地母亲"，这也是人保有其自然性的必然选择，是人对客观规律的主动或被动遵循。

（二）土地和劳动的社会性

1. 土地的社会性。

土地的社会性本质上还是人的社会性在物质领域的延伸，是由人的社会性所派生和规定的。究其根源，人的联合劳动和竞争不仅产生了人之社会，而且也成了赋予土地社会性的外部条件。而土地最终被社会化或制度化，从其自身特性而言则源于其稀缺性。从人类历史的发展脉络看，土地的社会化首先是被赋予了财产的意义，是一个土地被产权化和制度化的过程。在这一过程中，人与土地自然性的统一被破坏和异化了。这也是联合劳动和竞争的一个负面结果。

土地的社会化过程体现在土地产权的变迁过程之中。（1）原始社会的土地公有产权制度。在《政治经济学批判1857—1858年草稿》中，马克思考察了资本主义生产方式以前的各种所有制形式及产权制度。他认为，公有产权是原始公社的主要产权形式，而土地产权的公有又最能体现这一点。这种土地公有的产权制度是自然形成的。马克思在考察亚细亚的土地产权制度时指出，人类以天然共同体形式的存在导致了原始土地公有产权的产生。在这里土地既提供劳动资料，又提供共同体居住的地方。换言之，人类朴素地把土地看作共同体的财产，任何单个的人唯有作为这个共同体的成员，才能使自己成为所有者或占有者。由此可见，共同体成员对土地不可分割的财产权应该是马克思对原始土地公有产权的基本界定。而这又是以唯物史观作为基本方法的。他进一步论断，人类社会的第一种土地产权制度是原始的土地公有产权制度，土地私有产权制度是在此基础上发展起来的。而生产力的发展是促使这种土地产权制度变迁的最根本原因，马克思认为生产力的发展使共同体解体，而共同体的解体在一定程度上又是人类生产力的某种发展。换言之，原始土地公有产权及其制度安排起初是适应生产力并有利于生产力发展的，但到后来却逐渐变成了生产力进步的障碍。生产力不断向前发展的规律迫使旧的土地产权制度解体、变迁，而这种解体、变迁本身又是生产力的发展。（2）奴隶制土地私有产权制度与封建土地私有产权制度。原始社会土地公有产权制度的解体，意味着土地私有产权制度的诞生。奴隶制土地私有产权制度的典型特征是，土地的全部产权和奴隶的全部人身权都完全归奴隶主拥有，奴隶是奴隶主的财产，奴隶主可以像处置土地那样来任意处置奴隶。在奴隶社会晚期，由于奴隶制社会中的根本矛盾冲突使得原来的土地产权制度不再适宜于生产力的发展，奴隶主为了调和他们同奴隶之间的利益关系和缓解生产中存在的主要矛盾，不得不从其采邑中分割出一部分土地分配给奴隶。这样，在节省了管理奴隶的一大笔开支的同时，奴隶主既可以获得奴隶的无偿劳役，又大大调动了奴隶的生产积极性。奴隶从此转化为隶农。后者尽管不再直接属于主人，但却仍然属于主人的土地，没有离开土地的自由。后来，隶农又进一步发展为农奴。二者的区别在于：领主从农奴身上剥削的剩余劳动以劳动的自然形态为主，以贡物形态剥削的劳动实物只占一小部分。因此，领主将其所有的土地分成两部分，一部分分配给农奴，一部分保留作为公田。耕种公田是农奴的首要义务，所以公田是实现对农奴剥削的主要手段。伴随着奴隶向隶农、隶农向农奴的转变，奴隶制土地私有产权制度就逐渐向封建制土地私有产权制度变迁。而庄园制度是封建制土地私有产权制度的基本形态。它是农奴经济和领主经济相结合的矛盾统一体。封建领主虽然也像奴隶主那样享有土地的所有权，但却不完全占有农奴。农奴可以在分得的份地上自由地劳动，并且对自己的劳动工具享有所有权。尽管封建制土地私有产权在某种程度上更有利于农奴生产积极性的发挥和生产力的发展，但随着经济的进一步繁荣，它已不能很好地适应生产力的发展并开始向资本主义土地私有产权制度转化。（3）资本主义土地私有产权制度。资本主义土地私有产权制度建立的过程实际上是农奴或农民逐步沦为失业工人和劳动力市场逐步形成的过程。在资本主义市场经济条件下,大量的农业劳动者在摆脱了人身依附关系的同时也丧失了生产资料,变成了除自身劳动力之外一无所有的雇佣劳动者。土地所有权和土地所有者完全分离,土地所有者凭借对土地的所有权从产业资本家即租地农场主那里获取一定的地租额。产业资本家通常没有土地,也不从事具体的生产活动,而是先从土地所有者那里承租土地后,再雇佣工人进行生产经营。所以,土地所有者、产业资本家(租地农场主)和雇佣工人是资本主义土地私有产权制度中三个相互依存又相互对立的阶级。当然,也有少数资本家是"一身二任",既是土地所有者,又是产业资本家。尽管资本主义土地私有产权制度和其以前的各种土地产权制度相比在某种程度上提高了土地配置的效率,但它并不是人类社会最优秀的土地产权制度。马克思在考察资本主义土地产权制度的过程中,就深刻地揭示了资本主义土地私有产权制度包含的内在矛盾。首先是资本主义土地私有产权制度同资本主义市场经济的矛盾,这种矛盾集中体现在土地私有产权对资本主义生产的限制上和产业资本家生产经营的短期行为上。产业资本家为了在租约期内最大限度地攫取利润,一方面尽量避免在租约期内进行不能收回的投资,另一方面不顾一切地进行掠夺式经营,造成地力的不断下降。其次是资本主义土地私有产权制度同农业生产经营社会化的矛盾。随着机器在农业中的应用,资本主义市场经济的规律客观上要求土地集中经营,但土地私有权的分散严重地阻碍了土地的集中经营,按社会化生产经营的"合理农业"难以形成。再次是资本主义土地私有产权制度与社会进步的矛盾,随着市场经济的发展和土地所有者权力的增大,地租在新创造出来的价值中占有了一个日益增大的比例,农产品和工业原料的价格由此不断上涨。这不仅对工农业的发展不利,而且也加重了雇佣工人的生活负担。随着雇佣劳动的发展,工人阶级力求分割大地产,资本主义土地私有产权制度包含的内在矛盾表明了它的历史局限性,它必然要为一种新的社会主义土地公有产权制度所替代。(4)社会主义的土地公有产权制度。关于社会主义土地公有产权制度,其思想主要体现在马克思的相关论断中。①马克思在总结1871年巴黎公社失败的原因时指出,土地问题和农民问题的解决,是决定无产阶级革命成败的关键,并提出了建立社会主义土地合作社产权制度的主张。在1874年《巴枯宁〈国家制度和无政府状态〉一书摘要》中,马克思又指出了在小农经济占优势的国家无产阶级革命胜利后要"以政府的身份采取措施",让农民自己通过经济的道路来实现"土地私有制向集体所有制的过渡"。②马克思认为,土地国有产权制度是向共产主义无土地产权制度过渡的中间形式。他在《论土地国有化》一文中明确认为,社会运动将作出决定,"土地只能是国家的财产","土地国有化将使劳动和资本之间的关系彻底改变,归根到底将完全消灭工业和农业中的资本主义生产方式"。③在《剩余价值学说史》中,马克思指出尽管在古代世界土地所有权起到了积极的作用,但在工业世界它就没有任何积极作用。他在《资本论》中进一步论述到,从一个较高级的社会经济形态的角度来看,个别人对土地的私有权与个人对另一个人的私有权一样是十分荒谬的,甚至一个民族、整个社会以至将同时存在的社会加在一起都不是土地所有者。他们必须如同好家长那样,将土地改良后传给后代。由此看来,马克思认为共产主义社会是没有土地产权制度的。

无论是土地产权原始公有、奴隶制私有、封建制私有、资本主义私有和社会主义合作社——集体所有、国家所有,还是共产主义无土地产权,其演变过程都是土地产权制度自身不断扬弃和发展的过程。而共产主义土地产权制度是土地产权制度发展的方向和最高阶段。其实,土地产权的演变过程同时还是一个利益重新分配的过程①。显而易见的是,这种演变无论曾经出现了或者未来会出现什么样的波折,也都将朝着一个不可阻挡的互利方向前进。可以肯定的是,在未来的发展中,土地权利将会越来越明确。历史上从来没有一种最好的土地产权制度,只要能充分地调动劳动者的积极性和提高劳动生产率,任何形式的产权制度都是一种好的制度。从一个长期和开放的大环境的角度来看,我们不能一味拘泥于何种模式就是优越的,而应该充分注意到不同经济条件和制度条件对不同土地产权制度模式的需要。

2. 劳动的社会性。

我们所谓劳动的自然性更多地是从物种的主体存在性上而言,这一点已经在前面进行了阐释。这种自然性彰显的是人作为自然存在的合法性和第一性。但就人之劳动来讲,如果从母亲哺乳婴儿考察起,人之劳动从一

① 转引自洪名勇《论马克思的土地产权制度及其变迁理论》,《贵州财经学院学报》1996年第8期。

开始就具有了社会属性。因为对一个嗷嗷待哺的婴儿来说，其个体存在取决于母亲"哺乳喂养"这一氏族化劳动。而这种氏族人口的繁衍更多地是一个社会化需要。从有限的历史文献资料来看，对于人类而言，可以考证的劳动就是社会化的。其表现即在于氏族成员的联合狩猎和对劳动成果的分享。在生产力极其低下的原始社会时期，至少在氏族内部，成员之间的劳动是平等的，仍处于对劳动主体生存权的维持阶段，也是通过劳动社会性保障劳动自然性的阶段。但随着奴隶社会和封建社会的到来，这种平等的劳动就不存在了，取而代之的是少部分社会成员对大部分社会成员劳动的制度化剥夺。而这种剥夺更多地是依靠对土地有利于少部分成员的社会化实现的。可以看到，劳动的社会性不仅进一步加大了土地的社会性，在资本主义阶段，这种社会性更催生了劳动分工的步伐。从市场和需求的角度看，劳动的社会性是人类社会发展的必然。只不过这种必然最后应该导向劳动平等的回归，从过程和结果看，也就是应该实现劳动的愉悦和收入分配的公平。

（三）资本的社会性

从前面引论中对资本的界定来看，资本从本质上就是社会性的。这一点已经是各种理论派别和国内外实践的共识。本书之所以仍然要探讨资本的社会性是相对于土地和劳动而言的，主要是要说明资本的派生性和第二性的问题。从而从源头上厘清目前存在于价值理论、生产要素理论和收入分配理论中对土地、劳动和资本等一概而论的弊病。

1. 资本从何而来？

从本书引论中研究思路的示意图来看，结合前文关于土地和劳动自然性和社会性的论述，显然，资本导源于土地和劳动的社会性。正是因为社会的群体性所产生的交易需要，才最终导致了资本的产生。可见，资本是社会化的产物，其本身只有社会性的特性，相对于土地和劳动的第一性，资本是派生性和第二性的。那么，这种论断是否符合逻辑和历史的一致性呢？从逻辑上看，先有土地的自然性，再有劳动的自然性，接着是劳动的社会性导致了土地的社会性，进而催生了资本的出现；从历史上看，无论是马克思主义唯物史观关于人类历史发展阶段的划分，还是如罗斯托等的划分，都印证了资本第二性的特征。反过来，我们推论不出由资本导向土地和劳动的理论和实践路径。

2. 资本能否具有自然性？

从上面的论述中可以看到，资本是没有自然性的。从本质上讲，资本是一个动态的过程，是一个资本主体追求利润的动态过程。在这一过程中，土地和劳动都可能充当资本的角色，但这是在联合劳动的进行过程中实现的，也就是在土地和劳动的社会性过程中实现的。举一个例子，厂房和机器在生产过程中是资本的组成部分，如果生产停止了（不是指短期或暂时性的停产），或者说工厂倒闭了，那么厂房和机器就不能算作资本，而只能算作成本。从这里可以看出，资本只能存在于联合劳动的动态进行过程之中，也就是只能存在于社会性之中。

3. 资本的社会性说明了什么？

社会性究其根本是为了更好地实现人的自然性，如果从生态和谐的角度看，也就是为了更好地保有土地的自然性。从土地和劳动的自然性发展到社会性是必然的，这也是人类社会发展进程中的应有之义。因此，应该肯定资本的积极作用。但同时要清楚的是，资本的社会性不能遮蔽甚至褫夺土地和劳动的自然性。但可惜的是，正如接下来我们就要探讨的，资本的异化出现了。这种异化混淆了土地、劳动和资本之间的第一性、第二性关系，从而形成了资本的主导话语权。

二 资本的异化过程

正如前文所讲的，社会性是资本产生的必要条件。从历史和逻辑上看，人的社会性首先赋予了土地社会性，后者是作为人的生活条件和物质条件而出现的，并且充当了借由社会性产生的人的群体之间的物质交换。马克思在关于货币的精彩论述中已经阐明了这种物物交换、等价物到一般等价物的历史发展过程，并且科学地指出了货币就是用来交换的一般等价物。我们可以看到，不同人或人群所有的"物"，当它不用于交换时，更多体现的是满足所有者生产和生活所需的自然性，而其社会性仅仅表现在所有权归宿上，体现的是具体的人或人群的劳动社会性；当它用于交换时，则更多体现的是其社会性，即交换价值或更进一步说价值功能，其自然性即马克思所谓使用价值则仅仅充当的是一个媒介。当这种价值媒介被制度化为某一固定的一般等价物时，货币就出现了。从这里可以看出，货币产生的过程，是一个人的社会性由追求自然性进而抛弃自然性的过程，是对交换目的的异化，是一个货币拜物教产生的过程。所谓货币制度，只不过是将这种异化进行了纯粹社会化的设计。因为除了自然法则，任何制度都是人社会化的结果。自此以后，对于货币的占有既可以以任何物的自然性为目标，也可以不以任何物的自然性为目标。交换媒介最终变成了君临一切的"国王"，从而使得社会性具有了自然性的使用价值。可见，资本的异化前面本身就经历了一个漫长的货币异化过程。

如果从马克思主义对资本的定义出发，则资本的异化是显而易见的。这种异化可以从一系列名词的转换上看出：从"货币"—"货币资本"—"生产资本"—"商品资本"—"货币资本"，其前提条件是劳动力成为商品。而劳动力成为商品本身是社会性对人本身自然性社会异化的结果。如果从现代西方经济学的视角看，资本可以是任何能够带来利息（利润）的财产（包括物质的、精神的；也包括有形的、无形的）。这里的财产，就是一个高度社会化的产物，它需要健全的产权法律来界定和保护。实际上，从人类历史的真实演进过程来看，西方经济学所谓财产权利的确立本身就是一个非常残酷的过程，充斥着一部分人群对另一部分人群社会性甚至自然性的否定，从而使得资本的原始积累向来就不是一个多么美好的名词。但无论如何，"潘多拉的魔盒"已经打开，这是人从自然性走向社会性的必然。重要的是，我们需要对这种异化进行反思。另外，从西方经济学所谓资本与劳动的结合上看，虽然它们被仅仅当作了权利平等的生产要素，根据各自的边际贡献而获取权责相当的要素收入，撇开生产过程和分配过程的是否合理，单就资本的源头上看，必然的问题是：这些"资本"从哪里来？为什么这么庞大的"资本"就应该属于极少数"资本家"？难道资本或者说社会财富不是由土地和劳动的联合生产而来吗？诚然，这些都是"仁者见仁、智者见智"的问题。但资本的异化显然正在悖离社会性对土地和人的自然性应有的"关怀"。这也是导致生态灾难、贫富差距和区域差距等的主要原因之一。那么，我们究竟应该如何面对资本的异化问题呢？这也是本书接下来会一直考虑的问题。

三　资本的主导过程

资本的主导是一个资本异化逐渐量变到质变的过程，当货币完成向资本的跳跃，资本的主导就真正开始了。这一过程有几个显著的节点可以观察。其一就是货币拜物教的出现。其后果是劳动不再是人获取维持和发展其自然性的物质资料的唯一渠道，"金钱是万能的"，拥有了货币就能够实现一切。从而进一步割裂了货币源自劳动社会性的历史起点和存在基础，将货币神秘化了。这个节点可以认为是货币社会性对劳动社会性的否定和主导。其二就是劳动主体失去了维持其自然性的土地，换言之，就是劳动和土地被人为地分割开了。劳动自然性的延续只能仰仗拥有劳动社会性条件的所有者，资本从此登场并牢牢地控制了失去了土地的劳动。其三就是商品拜物教的出现。对这一点，马克思主义理论有全面而深入的分析，其核心在于追求内含于商品之中增大了的那部分货币。其四就是资本向经济社会的全面渗透。任何东西，无论是土地还是劳动、活的还是死的、精神的还是物质的、有形的还是无形的，都成了资本化的对象。如果利润是那颗"果子"，在资本的眼里，那么任何东西都有可能是那颗能够结出"果子"的"树"。其五就是市场由局域向全国直至世界的推广。伴随着这一过程，资本也完成了一系列维护市场运行的制度建设，从而实现和拥有了资本主导的制度化保障。其六就是有利于资本的意识形态的出现。这一点在东西阵营的较量和马克思主义理论与西方理论之间的论争中可窥全貌，且大有西风压倒东风之势，可见资本的力量和诱惑何其之大。

我们有必要对土地、劳动和资本之间的关系再做进一步的厘清。其要点有以下几个方面。其一是从源头上看，先有土地，再有作为劳动主体的人，最后才有货币以至资本。其二是从属性上看，土地和劳动是第一性的，主要表现为相对于资本独有的自然性；劳动的社会性赋予了土地社会性，并进而产生了基于交换的货币直至资本；因此，货币或者说资本是只有社会性而没有自然性的。其三是自然性和社会性，也就是说第一性和第二性的关系问题。自然性是"天赋"的，社会性不应该也不能剥夺自然性的合理存在，这种存在内含了自然性延续和发展的物质资料等。具体到土地、劳动和资本，尽管资本是由土地和劳动的社会性发展而来的，是一种经济社会发展的历史必然，但资本没有"天赋"的权力去剥夺土地和劳动自然性的存在条件。从社会实践来看，资本已经形成了对土地和劳动的"控制性"主导，从而进一步异化，对土地和劳动自然性的合理存在造成了极大的损害和威胁。这是值得警惕或者必须反思和纠正的。

四　对生产要素属性分析的理论和实践意义

无论是西方主流理论还是马克思主义理论，在关于生产要素的论述中都没有提及其属性问题。但这种思想在马克思主义理论中还是能够找到逻辑路径的。劳动价值论本质上就是对劳动主体自然性的肯定，只不过这种肯定是通过劳动对价值创造的唯一社会性贡献而存在的。同样，马克思主义理论关于货币的论述也潜藏了货币只能由劳动的社会性而来的思想。而资本作为能够带来剩余价值的货币也必然具有一脉相承的渊源。总之，劳动价值论突出强调了劳动主体——人的核心作用。在"以人为本"的今天，这种思想显得尤为重要。在马克思主义理论中，土地作为生产要素被前设了，我们可以将笼统意义上的固定资本（C）看作是土地的一部分（这一点可以从引论中关于土地的概念中看出。另外，绝大部分生产资料追根溯源也是由土地生产而来的），因为马克思主义理论关注的是反映生产关系的价值，所以作为使用价值的土地（这里仍然指固定资本及商品的使用价值部分）除了在剩余价值的分配中关于地租部分有所论述外并没有被专门论及。因此，本书从同为西方经济学和马克思主义经济学源头的古典经济学缔造者之一的威廉·配第的"土地乃财富之母，劳动乃财富之父"的论断出发，提出和厘清作为主要生产要素的土地、劳动和资本的属性问题，无论在理论上还是在实践中都具有重要的意义。

从西方主流经济学关于生产要素和收入分配理论的论述来看，探讨生产要素的属性则尤为必要。无论是其"二元论"、"三元论"、"四元论"还是"多元论"，西方主流经济学关于生产要素的理论都仅仅是一个时点的概念，缺乏历史检验，也经不起逻辑检验，只不过这种理论完全抹去了马克思主义理论所揭示的资本的剥削"污点"，从而为资本主导的社会所认可和支持罢了。具体到以各要素边际贡献为依据的分配理论，其严重缺陷也在"两个剑桥之争"中暴露无遗，更何况还有诸多西方学者从各个视角对其进行了剖析反驳。从本书的视角来看，我们不否定资本在经济社会发展过程中的积极和重要作用，但同样我们要警醒和纠正西方主流经济学中将劳动主体物化的危险。无论如何，这种理论思维不符合现代普世价值，与人本主义和人文精神相去甚远。更何况即使从现代西方社会的实践来看，这种理论也正在失去其指导价值。从实用性上看，西方主流经济学所倡导的分配理论远不如西方管理学理论的与时俱进。

本书无意于对西方主流经济学理论和马克思主义理论关于生产要素和收入分配科学性的评判，这方面已经有不胜枚举的论辩文献。但可惜的是还没有一个权威统一的结论。本书力图跳出这种互相攻讦的困境，从源头上进行考察，指出土地和劳动的自然和社会双重属性，并由其自然性推导出土地和劳动是第一性的，是先于资本而存在的。由于劳动主体的群体性交换需要，进而才有了劳动的社会性，并由此赋予土地社会性，资本只不过是这种社会性进一步发展的结果。因此，资本是第二性的，它只有社会性，没有自然性。尽管出现了资本的异化和主导问题，但我们需要清楚地认识到，无论资本如何具有主导和控制冲动，它都应该服务于土地和劳动的自然性。这一点不仅需要我们进行理论上的反思，而且更需要我们在实践中加以落实。唯有如此，才可能实现人与社会、人与自然的和谐相处。

第三节　生产要素属性与财富创造本质的制度批判

一　财富、财富观和财富的生产

引论中关于财富的概念主要是从马克思主义理论的观点中阐发的。这里我们从更一般的意义上对财富做一说明，在第二章中我们还要对其进行更详细的介绍和讨论。

"财富"是人类对事物的最基本、最广义和最重要的一种价值判断，"财富观"即指人们对事物价值的态度和看法。针对特定主体而言，作为"财富"载体的事物是"有价值的东西"，包括物品和服务。经济学中的财富是指根据价值计算的富裕程度，财产和资本通常被当作财富的标识。但就狭义而言，资本则常被作为代表货币形态的财富。威廉·配第认为"劳动乃财富之父，土地乃财富之母"；重商主义宣称"货币即金银乃一国的真正财富"；重农主义则主张"真正的财富包括人们的全部享受，不仅包括生活必需品，而且也包括非必需品及能够满足人们身体功能快乐的所有物品"；古典经济学则断言财富由价值和使用价值构成。亨利·乔治指出，"在土地有交换价值的地方，就存在经济学意义上的地租；在土地有使用价值的地方，就存在实际地租；在土地没有被使用，但仍有价值的地方，则存在着潜在地租。这种产生地租的地方，使土地具有价值"[①]，基于此，他认为土地、人工和资本乃财富生产的三个条件。另外他还将凡是能够减少"行为主体"努力程度而获取同样程度幸福的"手段"都称为"财富"[②]。按照这种财富观，用较高的环境资源代价换取眼前的经济增长诚然能够减少当前的努力程度，但最终必将导致未来更大的麻烦。可见，不同

---

① ［美］亨利·乔治：《进步与贫困》，吴良健、王翼龙译，商务印书馆1995年版，第146页。
② 汪丁丁：《财富的性别》，《数字财富》2002年第9期。

的财富观会使人类面临不同的行为选择，产生不同的实际效果。随着社会的发展和文明的演进，人类对财富的认识变得越来越丰富和深刻，从起初仅仅局限于直接的生活资料，到后来逐渐包括间接的生活资料、发展资料和享受资料，直至与人类"劳动"相关的所有物资资本和服务都成为"财富"的载体①。

古代文明时期，人类社会采取"索取→消费→弃置"的方式直接与自然环境发生关系，基本上只有人自身的生产和环境生产。人类只能屈服或被动地适应自然，他们重视群体合作，仅能维系基本的生物式的生存，相应的财富观则以劳动力（体力）和环境生产力（采猎对象）为主导，奴隶的体能和数量成为主要的财富象征。

农业文明时期，人类社会采取"索取→加工→消费→弃置"的方式与自然环境发生关系，出现了简单的物资生产（农业生产）。虽然分工逐渐细化，社会生产力也有了较大程度的提高，但仍然较低，因而崇尚节俭。这一时期人类对环境破坏的范围较小，环境的恢复力和包容力较强，人与自然环境的关系从全局来看基本上是协调的，相应的财富观则以劳动力（体力）、环境生产力（土地）和工具力（农耕工具）为主导，土地成为主要的财富象征。

工业文明时期，人类社会采取"索取→加工→流通→消费→弃置"的方式与自然环境发生关系，大规模物资生产成为人类改造和利用自然环境的主要形式。这一时期人类认识和改造自然的能力大幅度提高，自然环境系统产出的"资源"被源源不断地"抽取"出来，进入物资生产环节，从生产过程和消费过程产生的大量废物则被"弃入"自然环境系统，难以为其吸纳消解。由于社会生产力空前提高，人类崇尚科技征服，其相应的财富观则以劳动力（脑力）和资本力为主导，资本成为主要的财富象征。

生态文明时期，全球经济的分工重组正逐渐形成新的格局，出现了知识经济国家（以生产、分配和消费知识资源为主）、劳动力经济国家（以依靠装配劳动为主）和资源经济国家（以生产石油、矿产等为主）等不同分工类型的国家，不同的财富创造体系及其相应的生存方式已经紧密地交织在一起。农业国家正在为发展成为工业国家而努力奋斗，工业国家正以知识为基础构建新的财富创造体系。无论是否愿意，面对因长期的资源消

①　参阅万劲波、叶文虎《论财富观与人类文明的协同演进》，《环境保护》2008 年第 12B 期。

耗和环境污染而导致的"不可持续"困境，各国必须共同反哺环境保育和生态建设事业，共同追求更有保障的和更好的生存。我国将科学发展观、"中国梦"上升到国家战略层面，明确了建设生态文明的目标，努力借由"科学发展"来和谐环境容量供需关系和自然资源供需关系；努力借由"和谐社会"、"中国梦"来协调物质产品供需关系，力图实现对总体财富的公正分配，走出一条真正意义的可持续发展道路。科学发展观、和谐社会及"中国梦"指引的生态文明建设追求自然财富、物质财富、知识和精神财富的合理创造和均衡分配，提倡和强调人类要将对自然的合理索取与对自然的自觉维护和回报紧密有效结合，从而为生态文明时代的到来做出特殊的贡献①。

　　人类的财富观随着生活方式和生产方式也在不断演变，为了创造和拥有更多的"财富"，人类一直通过"索取→利用→弃置"的方式与自然环境发生关系，对自然环境利用和改造的范围不断扩大、程度不断加深。从人与自然关系的视角看，过去的财富观都将自然当作供人类驱使的物质，能够为人类生产提供免费的产品和服务。一直到生态环境的恶化变成全球性问题，人们才开始反思自己的财富观和环境的价值。1992年，世界银行在《世界发展报告》前言中指出："长期以来，人们对环境的价值认识不足，致使人类健康受到损害，生产率降低，未来发展的前景也受到破坏"②。世界银行在1995年采用了"扩展的财富"概念，将财富分为自然资本、生产资本、人力资本和社会资本③。帕萨·达斯古普塔（Partha Dasgupta）认为可用"财富"作为衡量跨代或跨时期福利的指标，包括制造业资本（如建筑、机器和道路），知识和人力资本（如技能和健康），自然资产（如生态系统、矿产和森林），以及制度价值（如政府、公民社会、法律和合同规则）。

二　资本与财富

　　关于资本和财富概念的界定，在引论和前文中都有了比较全面的介

---

　　①　参阅万劲波、叶文虎《论财富观与人类文明的协同演进》，《环境保护》2008年第12B期。

　　②　世界银行：《1992年世界发展报告——发展与环境》，中国财政经济出版社1992年版，第1—3页。

　　③　J.迪克逊等：《扩展衡量财富的手段——环境可持续发展指标》，张坤民等译，中国环境科学出版社1998年版。

绍。国内外对财富的定义则更趋一致，在资本的认识上马克思主义理论和西方主流理论却有着比较大的不同。在马克思主义理论视域中，资本更多地是一个价值范畴，反映的是生产关系；在西方主流理论视域中，资本则仅仅是能够带来利息（利润）的财产，是单纯的生产要素而已。因此，这两种对资本截然不同的观点，在理论和实践中就可能催生出资本和财富不同的关系。简单来说，资本和财富在马克思主义理论中是有着清楚的界限的，财富更多地是一个使用价值概念，而资本更多地是一个价值概念。只有当作为使用价值的财富充当能够带来剩余价值的客体时，其价值形式才转化为资本。在西方主流认识当中，资本和财富在某种程度上是可以通用的，这一点从前文中帕萨·达斯古普塔（Partha Dasgupta）对财富的定义中就可以清楚地看到。应该说，西方主流理论完全摒弃了资本反映生产关系的价值基础，从而将其对利息（利润）的追求视为符合自然法则的名正言顺的事。这是不利于财富的创造和保有的。

从本书对土地、劳动和资本属性的研究视角来看，无论是传统意义上的财富还是现代意义下的财富，都可以归结为土地和劳动这两个范畴。因此，财富也同样具有自然性和社会性。其自然性的根源即在于土地的自然性，因为"土地乃财富之母"；其社会性的根源即在于劳动的社会性，因为"劳动乃财富之父"。这种逻辑思维就可以解释资本主义生产方式以前财富就已经存在的事实了。只有当财富被用来作为利息（利润）的工具时，财富才可能被资本化。我们今天经常看到和听到的所谓"某某资本化"，也就是资本主义生产方式不断向财富领域的拓展。同样，本书研究的土地资本化就属于这种情况。从前文中关于财富生产的论述来看，资本主义生产方式是工业文明时期财富创造的主要方式，具体到有中国特色的社会主义，资本主义生产方式也仍然是财富创造的重要组成部分。从这个角度看，资本并非所谓的资本主义社会所独有的，而应该是人类社会发展到一定阶段后联合劳动的一种必然。关键在于如何看待土地、劳动和资本的关系，尤其是从其属性视角进行本质性的研究，还有就是正确看待资本和财富的关系。只有这样，才能破除由"货币拜物教"到"商品拜物教"引致的"资本万能"的经济社会假象，将资本真正放在一个合适的位置上。也只有这样，才能重拾土地和劳动自然性的"天赋"权利，消除资本对劳动主体人的异化，从而实现财富创造的正效应。

三 对传统生产要素理论的反思

生产本质上是一个中性的概念，与任何意识形态无关。从目前的社会实践来看，生产存在于各种社会形态之中。从源头上看，生产的一个自然起点（如果不包括非生命体）就是生命体自身的繁衍。因此，土地和劳动的自然性就内含了生产的所有要素和特征。尽管不同的社会形态都离不开生产并且以生产为其存在基础，但又具有其各自的特征。原始社会的生产是一种生产力十分低下的条件下的、相近于物种自然繁衍的劳动主体人的维持其自然存在的联合劳动；奴隶社会和封建社会的生产则是以对土地甚至劳动主体人的占有为特点的、以否定大部分劳动自然性从而无限满足小部分劳动主体的被动的联合劳动；资本社会则是通过对土地和劳动价值形态的占有，以追求利息（利润）为主要目的的联合劳动，只不过这种联合劳动要完成由私人劳动向社会劳动的转化。可见，生产作为一种单纯获取财富的活动，在各种社会形态中都是存在的。不同的是，劳动主体在各社会形态生产过程中的处境，换言之，即劳动社会性在各社会形态生产过程中的实现方式，以及生产成果在劳动主体之间的分配。因此，单就纯粹的生产来说，所谓生产要素只不过就是广义上参与生产的土地和劳动而已，也就是古典经济学的"二元论"。西方主流理论之所以又相继提出了"三元论"、"四元论"直至"多元论"等，无外乎是从土地和劳动的社会性中抽离出了一个"资本"元素，其他的要素也都可以回归于土地和劳动之中，比如，"企业家才能"就是劳动的范畴，"技术"则分别可以回归于土地和劳动之中。显然，西方主流理论之所以不断"发展和完善"生产要素理论，其目的不在于对生产的研究（那是管理学所关注的问题），而在于提出一个有利于资本的收入分配理论。

从本书的研究视角看，生产只能是劳动社会性的拓展，在这一拓展过程中，土地的社会性也仅仅是依存于劳动的社会性。历史上各个社会形态的生产都不外乎如此。那么，为什么本质上相同的生产却存在着截然不同的分配方式？答案只能从生产之外寻找。西方传统理论试图通过生产要素理论和边际理论解释资本主义生产关系下的分配问题无疑是找错了方向。尽管这种学说能够大行其道并且在可见的未来"长盛不衰"，但其原因仍然不在生产之中。实际上，奴隶主和封建主对生产"剩余"做了什么，资本就同样对"剩余"做了什么。难道这还需要多么高深的理论来加以证明吗？只不过大家"各执己见"，不愿承认而已。本书认为，无论是哪一种生产要素理论，都应该回归"人本主义"，不能将劳动的社会性与土地的社会性混为一谈，应该强调"劳动"作为"财富之父"的主体性。在这一点上，马克思主义理论做得就远比西方主流理论好，如果不谈所谓"剥削"，马克思主义理论对劳动在价值创造过程中的主要作用的论断所体现的就是"人本主义"精神。

第四节　资本的本质、资本主义与收入分配

一　一种联合生产方式：资本的制度功能

从科学性上而言，马克思主义理论关于货币的论断显然要优于西方主流经济学的货币理论。尽管后者从技术层面要更符合经济社会现实，但显然从马克思主义货币理论中也完全能够推导出这些公式。对于普通大众，没有能力也没有必要去探求货币本质的问题，但对于专门的理论研究者来说，西方主流理论显然没有尽到应有的责任。因此，在纷繁复杂的经济现象面前，我们必须回到货币的本质，即"货币是用来交换的一般等价物"。也就是说，在交换的原初，交换物互为媒介，在交换开始、进行和完成的整个过程中，并没有货币的影子。随着交换需求的扩大，这种物物交换的缺陷正在被不断克服，各种各样充当一般等价物的物品出现了。但只有当一般等价物固定在金银上之后，才有了真正意义的货币。可以看到的是，金银作为货币的一个主要原因即在于其难以复制的特性（当然，给金银掺假是另外一回事），金银本位制刚刚过去不到一个世纪，直到今天，金银的这种特性仍然散发着极强的吸引力。随着纸币在各国的普遍出现，金银逐渐失去了其作为货币的功能（虽然这种功能也是人类赋予它的），正如马克思主义理论所透彻指出的，纸币的出现才真正完成了普通交换媒介的异化——在人们的日常生活中，出现了一个能够交换任何物品的独立成"物"的"货币"，于是货币拜物教就出现了。纸币的最大好处是方便和高效，但同时也有一个最大的缺陷就是能够被比较容易地仿制（从这里可以看出，"人造"的货币具有天然的不稳定性）。这时候政府就要出面了，而且一出面就要完全垄断纸币的发行权。在金银充当货币的时代，人们拼命地向自然"挖"金矿；而在政府垄断纸币的时代，如果不想冒制造假币的

危险，就只能拼命地工作。应该说，纸币在某种程度上让政府的日子好过了，原因即在于其掌握货币发行权。一国如斯，全球更如斯。这也正是美国宁可"大打出手"，也决不会放弃美元的世界货币地位的原因。一国政府如果开动印钞机，其本国民众的财产就可能要缩水；美国政府如果开动印钞机，全世界的财产不仅会缩水，而且还会不费一枪一弹地流向美国。可见，货币产生、发展的过程实际上是一个制度建立完善的过程，谁占有了这个制高点，谁就有了话语权（从这个意义上看，美国在第二次世界大战后除了收获了全世界最顶尖的人才，尤为重要的还是建立了确保自己货币霸权的"布雷顿森林体系"）。应该说，以弗里德曼为代表的西方货币主义所研究的对象正是纸币大行其道的时代，其意义和价值也仅在于此。如果不返回去看货币的历史，就很难认识到马克思主义货币理论的重要性。

回顾了货币，我们再来看资本。从前文可以看到，货币是一个交换的范畴。那么资本呢？显然，资本是一个生产的范畴。换言之，离开了交换，货币的功能就丧失大半；而离开了生产，资本将成为无源之水。我们撇开马克思主义和西方主流理论关于资本的争论，而将目光投向两者都关注的生产领域。没有生产（也就意味着没有劳动），最起码人类社会经济系统是无法持续的。这应该是一个没有争议的常识。那么，要生产就必然需要生产资料和劳动。威廉·配第所谓的"土地乃财富之母，劳动乃财富之父"也就是一个生产的概念，只不过这种生产是适用于人类各个社会经济形态的。在原始社会，生产是劳动自愿的；在奴隶社会和封建社会，生产是劳动非自愿的；在资本主义社会，生产从表面上看是劳动自愿的，但实际呢？这就需要我们寻找答案。正如前文中已经论及的，生产本质上是一个中性的概念，只不过其规模有大有小。资本主义生产方式之前的生产可以说都是小规模的，但无论规模大小，都需要一种力量将分散的生产资料和劳动组合在一起。我们已经知道，工业文明以前的生产，除了原始文明时期，生产资料和劳动的结合通常都是依靠武力强权完成的。即使在资本主义前期，这种情况依然很普遍，即所谓野蛮资本主义。那么，之后呢？让我们仍然将目光转向交换。生产所需的生产资料和劳动都能够通过市场这个渠道得到，这是货币的功劳。但货币所有者为什么要进行生产？显然是为了获取更多的货币，即利息（利润）。这时候，用马克思主义的话讲，就是能够带来剩余价值的货币变成了资本；用西方主流理论的话讲，就是资本投资（显然，这更能被较普遍地接受）。让我们仍然忽略这些不同的表述，继续关注于生产本身。需要反问的是，如果没有货币，能够大范围地聚集起生产需要的生产资料和劳动吗？答案是，有可能，但可能存在严重的问题，这也是被我国改革开放之前的计划经济所证明了的。这种方式的最大问题就是低效。那么，如果要发挥货币的交换尤其是自由交换功能，破解生产中可能出现或存在的低效问题，就只有让货币转变为资本。这也是资本主义生产方式的优势所在。但我们仍然需要诘问的是，有人看到具体生产过程中任何货币或者资本的影子了吗？没有，我们看到的依然是具体的生产资料和劳动。这就是被理论界一直忽视的问题，即使在生产领域，货币或者资本仍然充当的是交换媒介，其对生产的作用不过如此。换言之，资本只不过是接续了货币的制度功能，被追求利息（利润）的"诱饵"吸引，对分散的生产资料和劳动进行了有利于高效生产的组合罢了。问题的关键在于谁是资本的主体或者代言人，这也是马克思主义理论和西方主流理论分歧的真正所在。

从本书的研究视角看，资本既然由货币而来，自有其存在的合理性，其优点也是显而易见的。但我们需要指出，资本的本质除了如马克思主义理论所言之外，更重要的实际是它的制度功能。无论如何，资本所体现是一种联合生产方式，只不过这种联合生产方式是通过货币功能所实现的。

二　资本主义的合理性及其过渡性

资本主义的合理性主要表现在以下几个方面。其一，用马克思主义的定义看，"资本是能够带来剩余价值的货币"，既然资本是货币的一种转化形态，那么货币的合理性也就是资本的合理性；其二，从上文所论述的结果看，既然资本是联合生产方式下的一种制度安排，那么，如果联合生产方式是合理的，资本作为其"黏合剂"的作用在一定时间阈场中也是必要和合理的；其三，从人类经济社会形态的历史变迁来看，如果工业文明是必然并且有利于人类生活质量的提高的，那么作为其核心推动者的资本也是有其历史合理性的；其四，从人的本性出发，如果我们承认人的自利性，资本则更符合其要求。这一点从劳动自然性向社会性的衍化中即可看出。正是因为劳动自然性的需求催生了其社会性的发生，换言之，劳动社会性最基本的一个诉求就是保障劳动自然性的存在。显然，货币包括资本都是劳动社会性不断创造衍生的结果，从发生学的角度看，也有其充足的合理性；其五，从方法论的角度看，比较资本主义在当今世界的发展情况，也无法抹杀其具有的极强的生存能力。并且这种能力以一种哈耶克所谓"自然扩展的秩序"的方式给人类社会带来了"涓滴效应"；其六，也是得到显著证实的是，资本更适合人的创造性的释放，当然它同样可以激发人的无限欲望。如果说人类社会的进步需要创新能力，那么，看起来资本至少在目前要做得好一些。

既然资本有这么多合理性，我们又为什么说它同时具有过渡性呢？当然，马克思主义理论对这一问题已经做了科学和权威的论断。但问题是，实践中的社会主义同样遭遇了如同哈耶克所谓"致命的自负"的尴尬。因此，这两种联合生产方式都需要改进，需要我们正确地看待其合理性和过渡性。而且，我们这里所谓的过渡性并不是必然通向资本的灭亡，而更多地是指一种制度演进的必要性。基于此，本书所思考的资本过渡性，更倾向于给资本"带上笼头"。那么，这个"笼头"又针对什么呢？显然，资本所具有的负面性概由其逐利性而来，但我们又无法全然否定这种逐利性，因为它本身就是劳动自然性存在的需要，也是劳动社会性的应有之义。尽管如此，对资本的"笼头"恰恰就是要带在这种逐利的负面性上。只不过这个"笼头"要以制度、法律直至道德和社会良俗的面目出现。从本书的立意看，就是要通过制度对劳动的社会性进行规制，以免其走向极端，造成对土地和劳动自然性的破坏。实际上，西方资本主义国家法制的不断惠及大众尤其是福利国家的出现，正是给资本带上"笼头"的最好证明。在我们建设有中国特色的社会主义过程中，无须讳言资本的正面意义，但更要警惕资本负面性给经济社会带来的破坏性，这也是我们不断提倡和坚持建设法制社会的题中之义。

三　对收入分配理论基于生产要素属性的反思

正如引论中"问题的提出"部分所介绍的，在关于基于生产要素理论的收入分配问题上，尤其是国内的学者"吵"得很凶。坚持劳动价值论的学者强调的是劳动在价值创造过程中的主导作用，坚持要素价值论的学者无外乎将西方尤其是"斯密教条"、萨伊"三位一体"公式和边际效用学派等重新咀嚼了一番，然后坚信按要素贡献进行分配的合理性。总体来看，马克思主义理论更符合"人本主义"思想，是对人的普遍关注。而要素价值论者则隐藏了"物"之后的"人"，并进而将"物"拟人化了，将科学研究某种程度上变成了文学描述。从本书的研究视角看，无论如何将生产要素细化,其最后都会归结于土地和劳动两个要素。因此,从本质上讲,就生产而言,劳动的主导性是无须争论的。如果没有劳动的主体人,土地就只能具有自然性。换言之,土地不会自动地去寻找人进行合作生产,从而实现自身的社会性,只有劳动的社会性才能够赋予土地社会性。这就是问题的关键。土地的社会性意味着生产资料有了所有权意义上的归宿,生产的要素没有变,但生产却异化成了劳动社会性之间的事情。不是土地和劳动争取多少份额的剩余,而是不同的劳动主体之间的"斗争"!试问,土地或者说生产资料会要求属于自己的剩余吗?这不是文学幻想吗?因此,你只能说收入分配永远是一个意识形态的问题。既然是意识形态,那就有可能出现对显而易见的事实的文学化描述。那么,我们到底应该如何看待这个问题呢?

让我们仍然回到本书提出的生产要素属性的原点。对于土地和劳动的自然性来讲,不存在对剩余的分配问题。因为分配只能在土地和劳动社会性之后发生。换言之,在自然性面前,劳动主体都是平等的。但当劳动和土地步入社会性之后,这种平等就不存在了。我们相信熟悉人类历史的人都不会否定这一点。说得再透彻一点,土地的社会性实际上就意味着所有权的出现,这个所有权并不是劳动主体的自愿,当然更不是土地的自愿。劳动主体之间的不平等实际上在土地的社会性之后就出现了,现在看来,这也是劳动社会性发展过程中的必然。既然如此,基于这种不平等的生产也就异化了,这也是奴隶社会和封建社会所以出现的动力源之一。尽管资本主义好像将劳动从对土地的人身依附上解放了出来,但实际上又使劳动无可选择地依附于资本。从前面关于资本的解析来看,劳动对资本的依附并非对某一具体物的依附,而是对一种制度的依附(这也就是马克思所谓的"锁链")。在这种制度下,土地则化身为各种不同的生产资料,并且一如既往地"以拟人化"的方式要求着生产剩余,并且是绝大部分剩余。当然,绝不是生产资料需要报酬,而是资本所有者需要。那么,这种要求的依据是什么?真的是贡献吗?那这种贡献最多只能说是资本所有者提供了生产所需的生产资料,又与边际贡献有什么关系呢?看来,分配问题还真不像西方主流理论所讲的与所有权没有关系,恰恰相反,它是与所有权直接相关的。换言之,资本主义生产方式中的收入分配仍然是前资本主义时期对土地所有权占有基础上收入分配的延续,只不过做得更隐秘、更"民主"和更"人性化"而已。但无论如何"民主"和"人性化",都还是对劳动社会性维护其自然性的一种异化甚至反动，并进而对土地自然性造成破坏。因此，在肯定资本合理性的同时，还必须通过制度设计消除其自身无法克服的负面性。

第五节　小结

通过本章对土地、劳动和资本关系的分析，可以得出的基本结论有如下几点。

1. 从土地、劳动和资本的属性看，土地和劳动具有自然性和社会性双重属性，其社会性服务于自然性，先是劳动的自然性，其次才是劳动赋予土地社会性；资本只有社会性，先是由劳动社会性之后基于群体交换需要产生了货币，再由货币发展到资本；因此，土地和劳动是第一性的，资本是派生和第二性的。

2. 从资本与财富的关系看，尽管财富同样是伴随着劳动的社会性出现的，但却要远远早于资本；从土地和劳动本身就是财富的组成部分来看，可以说财富的起源和土地、劳动是同位一体的；各个不同的社会经济形态对财富的看法不同，但归根结底"土地乃财富之母，劳动乃财富之父"；西方主流理论将资本和财富混为一谈的做法是不对的，这与其将土地、劳动和资本等看作无差别的生产要素是紧密相关的；资本的出现，在很大程度上增大了财富创造的速度，但同时也给作为财富本身的土地和劳动造成了伤害。

3. 从资本的产生和发展来看，有其存在的合理性，但同时也具有过渡特性，只不过这种过渡性并不必然意味着资本的消亡；资本实际上是规模不断扩大后联合生产的一种制度安排，这种联合生产方式不仅仅为资本主义社会需要，也同样为社会主义社会需要；对资本的这种认识有利于我国在建设有中国特色的社会主义进程中充分利用和发挥资本的作用，但同时我们也要清楚地认识到资本的负面性，并通过制度设计将这种负面性降到最低。

4. 在以上理论反思基础上，本书认为，在生产范畴之中，应该肯定劳动主体的主导作用，这是符合人本主义思想的；在收入分配理论中，以各要素边际贡献为依据的分配是没有科学依据的，因为生产资料是不会自动要求剩余份额的，收入分配归根结底还是在不同劳动主体之间的分配；资本对剩余的占有并非基于联合生产，而是基于制度设计，这与奴隶社会和封建社会的分配并没有本质的区别，其共同特征即在于对生产资料所有权的占有。

第二章 产业升级过程中的财富极化效应

第一节 引言

财富是一个随着人类经济社会发展阶段被不断赋予新的内涵和外延的范畴，既反映了人类社会在经济发展上不断取得的进步和成就，也反映了人类在认识上对过去的不断扬弃。资本主义生产方式出现的数百年来，人类通过对土地和劳动的高效率"掠取"，已经对自然生态环境造成了极大的破坏。直到最近几十年，人类才被迫开始关注和保护土地这个"财富之母"。尤其是形成了以世界银行（1995）为代表的对财富新的界定，认为自然资本（财富）、人力资本（财富）、产出资本（财富）和社会资本（财富）是财富的四个组成部分。在产业升级的过程中，随着生产要素在不同区域和国家间的流动，财富也在不断流向经济发达的区域和国家。这就需要探讨生产要素与财富的关系，以及与其流动息息相关的市场经济。可以看到，资本主导下的生产要素流动表现在财富上主要是自然财富（资本）和人力财富（资本）在区域和国家间的流动，这就引申出如何从财富视角看待可持续发展的问题，并进而从资本与可持续发展的思考阐释"资源诅咒"现象的必然性。在财富随着产业升级不断极化的过程中，第一产业尤其是农业因为其产品缺乏弹性，尽管具有基础财富的特点，但在自由市场下并不为资本所青睐，城乡差距在产业升级中被不断拉大。这种现象在落后区域和发展中国家尤为突出。贸易的本质就是基于市场平等原则下的较大规模的要素或者产品交换，是生产资料购买和产品销售的综合，在资本主导下的贸易尤其是国际贸易中，表面看起来的自由贸易实际上存在着极大的不对等和不公正，落后区域和发展中国家只能处于出卖廉价原料和廉价劳动力的不利地位。因此，要想打破这种国际贸易格局，不能寄希望于发达区域和国家甚至落后区域和发展中国家资本的"怜悯",而需要在充分利用资本作为联合生产的制度优势的同时,防止其对社会领域的渗透和政治权力的结合,落后区域和发展中国家就必须从自身寻找解决这些可能或者说必然会出现的问题的方法。资本主义生产方式在带来伴随产业升级的财富极化效应的同时,也导致了财富的虚拟化和异化,这些都对财富尤其是自然财富(资本)和人力财富(资本)带来了极大的浪费和损失。可怕的是,这是一个走向崩溃的生产模式和系统,资本自纠的可能性微乎其微。作为落后区域和发展中国家,在力图发展经济的过程中对此应该保持足够的警惕,因为它们本身就是这个系统的一部分,并且处于低端和不利的位置。

第二节　财富范畴与经济发展阶段的关联性

一　经济发展与财富范畴的历史变迁

（一）国外财富范畴变迁简述

根据《圣经》经文[①],中世纪的教会和神学家认为财产越多离上帝越远,信仰上帝与积累财产是对立的,世人应该抛弃尘世的财产,唯守贫方能接近上帝;基督没有财产,为了拯救人类,他过着赤贫的生活,号召世人应该学习基督。阿奎那认为:获得上帝的爱的基本的、首要的条件就是甘愿奉行赤贫的生活。因此,中世纪所有僧团的组织章程俱以守贫为其基本原则,而托钵僧更以游乞为生。中世纪教会对以赢利为目的的商业历来不赞一词,认为其就是一种贪婪活动。而高利贷则更应该受到谴责,认为高利贷者不用付出任何劳动,甚至在他们酣睡时仍在收取暴利,殊为不可原谅的罪恶[②]。

《圣经》中关于财富的观点在一定程度上反映了中世纪财富不均的社会现实,表达了劳动人民要求财产平等和对统治阶级不满的思想和情绪。但人们又无法改变社会现状,只能将希望寄托于天国,因此才有了诸如

---

① 如,"不要为自己积攒财宝在地上"、"变卖你所有的,分给穷人,就有财宝在天上"、"财主进天国是难的……骆驼穿行过针眼比财主进上帝的国还容易呢",分别见于马太福音第六和第十九章。

② 参阅褚俊英、周家荣《中国古代伦理财富观的内涵与现代意义》,《贵州大学学报》(社会科学版)2007年第2期。

"财宝在天上"、"富人进天国要比骆驼穿过针眼还难"的说法。此乃守贫思想存在的一个原因。另外，自然经济占主导时期商品交换还很不发达，货币尚不能充分发挥作用。这是守贫思想存在的又一原因。但社会的存在不可能没有财富，社会的发展也不可能没有商业，社会的生产规律更非人们的主观意志所能转移的[①]。

　　文艺复兴时期，随着社会经济和社会结构的变化，人们的伦理观念、财富观念与中世纪比较也有了很大的不同。意大利是欧洲资本主义发展最早的国家，威尼斯、米兰、佛罗伦萨均为欧洲有数的几个大城市[②]。富裕的市民阶层开始首先重新评估财富的价值，他们最早从实践中体认到唯有拥有丰厚的物质财富方能予人优裕的生活和社会尊严，认为信仰与发财并不矛盾，并开始将二者协调起来[③]。对商业和财富的看法发生转变开始于萨留塔蒂。此后，人文主义者对财富的积极意义相继从不同的角度予以了肯定[④]。他们为财富和私人利益辩护，视财富为道德的基础，反映了一个新的时代。当时的欧洲正处在地理大发现所造成的新的世界贸易需求的前

---

　　① 参阅张椿年《文艺复兴时期反封建的财富观》，《炎黄春秋》2002年第9期。

　　② 随着经济的发展，意大利历史上出现了一批巨商豪富。在15世纪中叶，柯西莫·美狄奇和乔凡尼·卢西莱依的家产都在100万佛罗林以上，是全欧最大的富翁。

　　③ 我们在商人遗留下的账本中，常可读到以下一些祷文："为了耶稣基督，为了圣母玛利亚和所有在天之圣者，愿他仍怀着宽大和仁慈之心赐予我们健康、成功，使我们的财产、子女增多，使我们的灵魂、我们的肉体得以拯救"、"但愿上帝在我的商业中赐予我福利、帮助和恩惠，我指望这种帮助和恩惠能增进我的收入"、"为了上帝，为了成功，为了利润"。

　　④ 萨留塔蒂认为，佛罗伦萨共和国的繁荣归功于手工业和商业，从事手工业和商业是值得人们尊敬的事。布鲁尼针对禁欲主义者宣扬财富的本质是罪恶的观点，认为财富本身并没有好坏的属性，它不过是完成某种行为的工具。他从政治斗争中看到财富是一个巨大的力量。他引用亚里士多德的话说：财富是哲学家的朋友。哲学家只有有了丰富的生活必需品，从恐怖的精神状态中解脱出来，才能潜心研究。布鲁尼不仅肯定了财富是一种外在的幸福、外在的力量，还认为财富是道德的基础。洛斯基不仅认为财富是国家昌盛、文艺繁荣的物质基础，而且认为它是人类发扬美德的前提，他认为贫困才是社会混乱的根源。帕尔梅利十分强调财富必须对社会有益。他认为，人结成社会为了两个目的：荣誉和利益。荣誉是利益的准则，道德是荣誉的保证，致富要用正当的手段，过高尚的生活要有丰厚的经济来源。道德纯正、为社会服务说明致富的目的是正确的；慷慨大度、热心公益事业说明生活是高尚的。帕尔梅利激烈反对以权谋私，主张没收他们的财产以利国家。他要求把国家的、个人的利益树立在劳动的基础上。他视农业为一切福利的基础，手工业是人能尊严地生活的依靠。商业，尤其大商业是国家和私人发达的保障。帕尔梅利的一个中心思想是：劳动致富不仅为了个人也是为了他人，尤其是为了国家。阿尔伯蒂把劳动作为价格的一部分，非常现实地解释了商业利润的来由。他同样反对把从事金融业看成唯利是图、无信义可言、是正人君子应该回避的肮脏勾当的。只要关注社会和国家的利益，发财非但无罪，而且能带来名誉和声望。参阅张椿年《文艺复兴时期反封建的财富观》，《炎黄春秋》2002年第9期。

夕和原始积累时期，货币是这一时期一切权力的权力。因此，颂扬金钱就成了狡黠的银行家、冒险的商人、精明的企业主等一批新的财富占有者们最根本的生活准则。这种新财富观符合商品经济发展的要求，具有反封建主义的历史意义①。

资本主义世界则得益于来自亚当·斯密开创的古典经济学及马克斯·韦伯发掘的新教伦理②所提供的财富观的理论指导和精神支撑，摆脱了其早期阶段在如何"发家致富"问题上的争执与困扰，而真正开始了它暴富的发迹史。

（二）国内财富范畴变迁简述

由于中国奴隶制时代经济思想资料较少和零散，古代财富思想主要集中反映在封建时代。从先秦至清朝二千年左右的历史之中，中国源远流长的财富思想最终形成了以儒家伦理为本位，符合中国封建政治统治要求的伦理财富思想。首先，从经济的角度，中国古代伦理财富观论证了封建经济制度与政治制度相适应的合理性，维护了封建地主阶级的根本利益。伦理财富观以义利观的标准来看待财富，强调了使用财富的正当性及财富获取手段的正义性③。其次，中国伦理财富思想推崇伦理至上主义和"重农抑商"政策，阻碍了生产力的发展。最后，中国伦理财富观主张人们在经济生活中要奉行和尊崇守信诚实的交换原则，博施济众、先公后私的分配伦理及节俭爱物的消费观念。这种主张对协调人与人之间的关系，防止财富悬殊分化和消除不公平的社会现象起到了一定的积极效果，对封建社会的发展和政治统治的稳定起着重要的保障作用④。

---

① 参阅张椿年《文艺复兴时期反封建的财富观》，《炎黄春秋》2002 年第 9 期。

② 德国学者马克斯·韦伯在《新教伦理与资本主义精神》中认为西方的新教伦理强调的是个人至上主义，主要是个人的利益是第一的，人们普遍追求个人利益、个人选择、个人权利，资本主义精神的特征就在于把获利看作一种天职、事业，并且使每个人都感到他自己对这种职业（事业）有一种伦理义务，要求人在事业上成功，就必须把获利作为人生的最终目的。与此相联系，在资本主义社会，金钱越来越具有一种偶像的价值。

③ 在孔子看来，"义"处在社会价值体系中本体论的地位，它是一种具有独立自足价值的存在，无须于道德之外再去寻找其他存在的依据。"之于天下也，无适也，无莫也，义之于此。"（《论语·里仁》）"义"作为人的内在道德需要，在与其他需要（如"利"的需要）相比较，被孔子视为一种根本性的需要或第一性需要，具有被优先考量的地位，这就是"义以为上"（《论语·阳货》）、"义以为质"（《论语·卫灵公》）。与"义"相比，"利"的需要是第二性的。

④ 参阅褚俊英、周家荣《中国古代伦理财富观的内涵与现代意义》，《贵州大学学报》（社会科学版）2007 年第 2 期。

　　自秦汉以至近代鸦片战争以前，中国社会就一直是一种相对稳定的封建社会形态。鸦片战争后，西方资本主义国家利用侵略特权，疯狂地向中国倾销商品和掠夺原料，逐渐把中国市场卷入世界资本主义市场，中国自给自足的封建经济逐步解体。但自然经济仍占据主导地位，封建经济仍是当时的主要经济形态，资本主义经济形态还没有产生，中国社会的近代化还没有起步①。改革开放初始，我国社会生产力水平低，人们的社会财富观还带有农业经济时代的特点。农业经济时代经济发展主要依靠劳动者、土地，因此劳动力、土地被认为是社会财富的组成部分。随着改革开放的深入，商品经济观念开始改变国人的财富概念，西方重商主义将财富与货币等同的观念影响国人，使其认为货币的增加就意味着财富的增加。1978年12月召开的中国共产党十一届三中全会，确立全党全国的工作重心转移到社会主义经济建设上来，邓小平提出"贫穷不是社会主义"；1982年中国共产党十二大提出全面开创社会主义现代化建设新局面，1984年十二届三中全会制定《中共中央关于经济体制改革的决定》，财富成为人们大胆追逐的目标②；1992年中国共产党十四大后，市场经济开始启动，随着知识、信息、科技、管理等在经济发展中的作用越来越重要，人们的社会财富概念也发生质的飞跃，不但看到有形物质财产的社会财富属性，而且也开始认识到非物质无形资产的社会财富属性；1997年中国共产党十五大提出："把按劳分配和按生产要素分配结合起来"；2002年中国共产党十六大报告第一次公开和明确地提出了社会财富源泉的完整认识，指出："必须尊重劳动、尊重知识、尊重人才、尊重创造"、"要尊重和保护一切有益于人民和社会的劳动"、"一切合法的劳动收入和合法的非劳动收入，都应该得到保护"，要"放手让一切劳动、知识、技术、管理和资本的活力竞相

　　① 在这一百多年中，半殖民地半封建的中国社会先后经历了戊戌变法、洋务运动、五四运动、辛亥革命、旧民主和新民主主义革命、社会主义革命等，出现了如龚自珍、林则徐、魏源、洪仁玕、康有为等富有世界眼光的仁人志士。林则徐是近代中国"开眼看世界"的第一人，他在广东主持禁烟期间，设立译馆，组织编译出《各国律例》和《四洲志》，他还积极仿制西方战船，提出建设一支新式海军的主张，迈出"师夷长技"的第一步；魏源的《海国图志》是当时介绍西方历史地理最翔实的专著，阐述了"师夷长技以制夷"的思想，主张利用先进技术武装自己，抵御外国侵略，使国家走上富强道路；1859年冬，洪仁玕提出的《资政新篇》具有鲜明的资本主义色彩，是先进的中国人最早提出的在中国发展资本主义的方案，集中反映了当时先进的中国人向西方寻求真理和探索救国救民道路的迫切愿望；1905年康有为发表《物质救国论》，提倡"物质之学"开始，中国人对如何获取财富的探索和实践就没有停止过。

　　② 据20世纪90年代中期一次调查显示，90.2%的人认为拥有财富是好事。

迸发，让一切创造社会财富的源泉充分涌流"、"不能简单地把有没有财产，有多少财产当作判断人们政治上先进和落后的标准，而主要应该看他们的思想政治状况和现实表现，看他们财产是怎么得来的，以及对财产怎么支配和使用。看他们以自己的劳动对中国特色社会主义事业所作的贡献"；2007 年中国共产党十七大又提出要"创造条件让更多群众拥有财产性收入"；2012 年中国共产党十八大报告明确提出"把生态文明建设放在突出地位"，建设"面向现代化、面向世界、面向未来的，民族的科学的大众的社会主义文化"，以及"努力建设美丽中国，实现中华民族永续发展"。创造财富的源泉具有多样性的观点已基本成为国人的共识。

二　不同理论学说对财富的解构

（一）马克思主义对财富的基本观点[①]

马克思主义关于财富的概念已在引论中进行了介绍。这里主要从政治经济学、哲学和伦理学的视角对其观点做一简单的归纳。

1. 政治经济学视角。这方面的研究尽管涉及较多领域，内容庞杂丰富，但最主要的关注点可以归纳为以下三个方面。其一，财富的尺度问题。主要存在三种观点，第一种观点认为财富以自由时间为尺度[②]；第二种观点认为劳动和自由时间都是财富的尺度；第三种观点认为技术是财富的尺度[③]。其二，财富与马克思劳动价值论的关系问题。对这一问题的讨论比较繁杂，但其主要的研究方式是以财富的视角来解决劳动价值论中的难题，认为无论是从马克思劳动价值论的学科对象、理论目的还是从其科学性而言，商品使用价值要素多元论与商品价值劳动一元论都具有同等重要的地位。其三，财富的生产与分配问题。

2. 哲学视角。这方面的分析主要围绕财富与人及其历史的关系来进

---

① 莫凡：《马克思财富观研究综述》，《理论视野》2008 年第 6 期。本部分相关文献也都转引自莫凡该文。

② 如郑必清在《论马克思关于自由时间与财富的思想》一文中认为，在马克思那里，财富的尺度不再是直接劳动时间，而是自由时间，实质上是指科学技术或人的智慧在财富生产中的巨大作用。为此，应当充分利用自由时间，学习科技知识和进行科技创新。

③ 尚东涛在《人的财富的技术尺度》一文中认为，在"财富之母"的"自然资源"、"财富的一般可能性"的"劳动"、财富"贫困基础上"的"劳动时间"、"机器时代"及其此后的等价于财富的"自由时间"、"财富占有"等层面，财富的历史是技术历史的财富表征，技术是人的财富的尺度，是人的第一财富。

行。学者们达成的共识即财富是人的本质力量的体现。学术界关于财富与历史的关系主要有两种观点，一是认为财富概念是把握马克思唯物史观的逻辑起点；二是历史发展的"现实"进程就是财富生产之"可能性"与"现实性"的辩证运动过程[①]。

3. 伦理学视角。学术界主要围绕四个主题进行探讨：其一是财富与责任的关系问题。学者们倾向于从企业的角度来论述这一问题；其二是财富与正义的关系问题。其主要关注点是分配和获取财富的正义性问题；其三是财富与诚信的关系问题。主要有两种观点，一是认为诚信能够促进财富的健康发展，二是认为诚信本身也是一种财富；其四是财富与幸福的关系问题。可以概括为两种路径，一是提出并解释"幸福悖论"[②]，二是寻求克服"幸福悖论"的方法。

（二）西方经济学对财富的基本观点[③]

在西方经济思想史上，西方经济学的财富观应该从重商主义的财富增长理论开始考察。重商主义把金银与社会财富完全等同起来，认为货币是财富的唯一代表，从而决定了其财富增长的基本观点。尤其是在对待国内商业和国际贸易的态度上，重商主义者认为对外贸易是社会财富的唯一源泉，国内商业则对一个国家的贫困或富裕无足轻重，只要商品输出大于输入，流入国内的金银增多，国民的财富就会随之增大。接着是法国重农学派的财富观。重农主义是从生产领域对经济的增长和财富的实质予以考察的，认为财富的生产只能来自生产领域，强调经济增长的唯一源泉是农业，所谓社会财富就是从土地中生产出来的农产品。社会财富的增长可以

---

① 例如，杨端茹在《人的发展与财富生产的历史辩证法》一文中认为，在现实的辩证运动过程中，财富也促进了人和社会的双重发展。马克思从现实性与可能性相统一的高度对以"财富的发展"所表露的"历史的发展"给予深刻的说明：如果说，历史发展的最终目的就是建构以"自由个性"和"自由人联合体"为特征的社会新形态，那么，人和社会的这种自由建构，恰恰是以财富生产和历史发展的现实可能性为前提的。

② 如王继平在《"幸福悖论"的研究与启示》一文中系统阐释了"幸福悖论"的三种理论解释，即"忽视变量"理论、"比较视角"和"东亚幸福缺口假说"；芦潮在《从财富经济学、幸福经济学到福利经济学》一文中找到了"幸福悖论"的理论根据。即英国社会学家边沁的功利主义学说，边沁提出了几条有名的"定理"：一是"每一份财富与一份相应的幸福有关"，二是"一个人已经拥有的财富数量愈大，他再增加一定数量所得到的幸福数量愈小"，三是假若人们拥有财富的"实际比例愈接近于平等，幸福的总量将愈大"。

③ 张二勋、秦耀辰：《论可持续发展时代的财富观》，《河南大学学报》（社会科学版）2003年第5期。

保证人口的增长，人口和社会财富的增长又反过来促进农业、商业和工业的兴旺和繁荣，并进一步积累社会的财富。在西方经济学发展史上，英国古典经济学家亚当·斯密举足轻重。他在《国民财富的性质和原因的研究》一书中，批评了重商、重农学派的观点，提出了对国民财富的看法，成为传统经济学财富观的"经典之说"。"国民财富就是本国劳动的直接产物，或是用这类产物从国外购进来的物品。"因而"构成一国真实财富与收入的，是一国劳动和土地的年产物的价值"、"国民真实财富的大小，不取决于其总收入的大小，而取决于其纯收入的大小"。国民财富乃"构成一国全部劳动年产物的一切商品"。根据斯密关于国民财富的表述，谭崇台教授认为其国民财富概念含有三层意思：一是一国生产性劳动的产物；二是一国年产物减去维持资本的费用后的纯收入；三是一国年产的商品总量①。斯密的国民财富具有当代"国民生产总值"或"国民收入"的含义。特别需要指出的是，斯密提出幅员辽阔、土地肥沃、自然条件良好也是一国富裕的重要标志。

（三）邓小平对财富的基本观点②

邓小平财富观，本质上也就是社会主义财富观或中国特色社会主义财富观。主要可以归纳为以下几个方面。其一，贫穷不是社会主义，社会主义要消灭贫穷。社会主义不能建立在贫困的基础上，所谓"宁要穷的社会主义，不要富的资本主义"的观点是荒谬的③；只有让人民更快、更好地富起来，才能证明社会主义的优越性④；贫穷就会被欺负，民富国强才能说话算数；手头东西多了，处理问题才主动⑤；精神文明说到底是从物质文明来的。其二，各项工作都要以是否有助于人民的富裕幸福为标准。肯定财富、赞赏富裕、鼓励致富、富裕光荣，是邓小平同志对财富最鲜明、

---

① 谭崇台：《西方经济发展思想史》，武汉大学出版社 1993 年版。

② 项东、年四华：《论邓小平财富观》，《中共合肥市委党校学报》2005 年第 1 期。

③ 邓小平同志指出："'四人帮'叫嚷要搞'穷社会主义'、'穷共产主义'，胡说共产主义主要是精神方面的，简直是荒谬之极！"（《邓小平文选》第三卷，人民出版社 1993 年第 1 版，第 10 页）

④ 邓小平同志指出："我们是社会主义国家，社会主义制度优越性的根本表现，就是能够允许社会生产力以旧社会所没有的速度迅速发展，使人民不断增长的物质文化生活需要能够逐步得到满足……如果在一个很长的历史时期内，社会主义国家生产力发展的速度比资本主义国家慢，还谈什么优越性？"（《邓小平文选》第二卷，人民出版社 1993 年第 1 版，第 128 页）

⑤ "从根本上说，手头东西多了，我们在处理各种矛盾和问题时就立于主动地位。"（《邓小平文选》第三卷，人民出版社 1993 年第 1 版，第 377 页）

最根本的态度；脱贫致富，改善生活，富裕幸福是人民的根本愿望，人民是财富创造的主体。一言以蔽之，充分发挥人民的主动性、创造性，才会有财富的不断增加和丰富。其三，社会主义的目的就是要全国人民共同富裕。一方面，没有全国人民的共同富裕就不能叫社会主义，或社会主义必须以全国人民的共同富裕为根本目的。社会主义的特点不是穷，而是富，但这种富是人民的共同富裕；另一方面，没有社会主义就实现不了全国人民的共同富裕，或要实现全国人民的共同富裕必须坚持走社会主义道路。其四，让一部分人先富起来，最终实现共同富裕。可以从几个层面理解：第一，一部分人先富裕起来是一种手段，全国人民共同富裕才是目的；第二，让一部分人先富起来，是实现共同富裕的捷径；第三，让一部分人先富起来也是一种致富方法论。其五，一切向钱看是错误的，中国特色的社会主义必须两个文明都搞好：第一，财富既包括物质方面也包括精神方面；第二，突出和强调物质财富的创造是必要的、正确的，但一切向钱看则是错误的；第三，创造物质财富和精神财富或建设物质文明和精神文明在本质上是辩证统一的。其六，总有一天共同致富要成为中心课题①。

（四）宗教对财富的基本观点②

1. 佛教。在佛经中，对财富的看法是一分为二的，既有毒蛇之喻，也有净财之说。佛法认为，想要获得财富，首先要培植福田。福田包括恩田、敬田和悲田。恩田，就是对父母、师长乃至一切有恩于己的人都怀着感恩的心去报答；敬田，就是恭敬供养献身于人类心灵净化的宗教师及有德有智的贤圣；悲田，就是救济帮助世间所有穷苦受难及贫病交加的人。一个人在社会上立足，必须有一定的谋生之道。即使拥有福报，也还需要通过相应的技能才能得以实现。从佛教的角度来看，自利与利他是统一

---

① 在1992年1月18日—2月21日的"南方谈话"中，邓小平指出："走社会主义道路，就是要逐步实现共同富裕。共同富裕的构想是这样提出的：一部分地区有条件先发展起来，一部分地区发展慢点，先发展起来的地区带动后发展的地区，最终达到共同富裕。如果富的愈来愈富，穷的愈来愈穷，两极分化就会产生，而社会主义制度就应该而且能够避免两极分化。解决的办法之一，就是先富起来的地区多交点利税，支持贫困地区的发展。当然，太早这样办也不行，现在不能削弱发达地区的活力，也不能鼓励吃'大锅饭'。什么时候突出提出和解决这个问题，在什么基础上提出和解决这个问题，要研究。可以设想，在本世纪末达到小康水平的时候，就要突出提出和解决这个问题。"（《邓小平文选》第三卷，人民出版社1993年版，第373—374页）

② 以下参阅释济群、王芃、褚汉雨、尹志华、从恩霖《宗教的财富观》，《中国宗教》2001年9月20日。

的。利人才能利己，害人必然害己。佛教告诉我们，财富的正确使用方法是，将自己的收入分为四份，分别用于生活所需、储蓄、投资和慈善。佛法认为，财富自己享用了不再为你所有，保存着不一定是你所有，只有福利社会了才真正属于你所有。

2. 基督教。基督教认为万物都是上帝所造，都是美善，财富也是如此。一个人只要用勤劳的双手劳动致富，通过正当的途径赚取财富并能负责地使用财富，使其用在正道上，则这样的财富就是上帝的恩赐。基督教思想家们认为财富本身并非罪恶，是一种中性的工具，好坏在于人如何使用它。圣经所反对的不是财富本身，而是对财富的贪欲。对钱财的过分追逐会迷失一个人的方向，丧失人的自我乃至生命，这样的例子在圣经和现实生活中比比皆是。圣经鼓励人勤劳致富，这样不仅可以养活自己，不给教会、社会和他人增加负担，同时还可以有力量帮助别人。创造财富不是为了去过奢华的生活、满足自己的虚荣心，也不是积累财富、做守财奴，而是将富余的财物拿去与需要的人分享。

3. 天主教。天主教认为整个天地万物都是天主为人的生活而准备和创造的，不分民族和国家，每个人都有权力从中获取属于自己的一份。同时，人也有权力管理、开发和享用天主为人类创造的财富。人应通过正当的、合法的劳动取得报酬。反对不劳而获，更反对通过剥削榨取他人的劳动成果。人应当力所能及地向穷人捐献他们所需要的，让他们和自己分享财富给人带来的快乐。人不是财富的真正主人，只是暂时的拥有者，而财富真正和最终的拥有者是天主。人不能也不可能永久地占有财富。就财富本身而言，无所谓善恶。

4. 道教。道教认为社会财富是公有的，人人有权享用社会财物，不能容许少数人占有大量财物、多数人极端贫困的不合理现象存在。只要是以正当手段得来的财富，道教都是赞赏的。道教以重人贵生为特征，希望人人都能过上幸福美满的生活。因此，道教对人们追求财富的愿望是予以肯定的。但是道教特别强调不能取不义之财。道教认为，修道之人应该遵从"圣人无积"的教导，对世俗的财富不要有任何贪求。

5. 伊斯兰教。伊斯兰教认为赚取利润与宗教信仰并无利害冲突。伊斯兰教允许穆斯林个人通过合法手段获得和拥有财富，要通过合法经营、辛勤劳动等途径获取财富。伊斯兰教将通过诈骗、贿赂和贪污而获得的财产视为非法的。伊斯兰教极力反对囤积居奇，认为个人的财富所有权只是暂时的、相对的，真主赐给人类的财富属于社会，个人只不过是管理者，要去履行一种社会职责——代替真主将财富用于社会需要的人们。因此穆斯林的财富应该造福于社会。伊斯兰教要求财富用之有道，就是要富人不可竞赛富庶、骄奢淫逸。穷人要通过辛勤劳作、努力进取改善自己的生活。伊斯兰教鼓励人们自食其力，反对以向人乞讨谋生。

三　社会经济发展的最终目标与财富的再认识

（一）社会经济发展的最终目标

经济社会发展的最终目标应该是社会和谐，既包括人际关系的和谐，也包括人与自然的和谐。这两方面的和谐决定着人的生活质量的提高。没有人际关系的和谐及人与自然的和谐，经济社会发展都是不可持续的。促进社会和谐就必须关注民生、关注生态问题，民生为本，生态建设为本，两者缺一不可。经济社会发展必须以人的幸福为导向，GDP 确实非常重要，但它并非经济社会发展的最终目标。习近平总书记 2013 年 6 月 28 日在全国组织工作会议上强调，要把民生改善、社会进步、生态效益等指标和实绩作为重要考核内容，再也不能简单以 GDP 增长率来论英雄了。经济社会发展必须要把促进人的全面发展落实到其全过程，既要关注人们对现实物质文化生活需要的满足，又要关注人们素质的提高；既要加强社会主义经济建设，同时也要加强社会主义文化建设、社会建设和政治建设，提高人民的健康素质、思想道德素质和科学文化素质，尊重和保障人民的文化、经济、社会和政治权益。通过人的全面发展，推动物质财富的极大丰富、社会生产力的极大发展，实现人的全面发展与物质财富增长相互促进、相互协调[1]。

西方社会在强调以人为中心和物质文明发展的同时任由人类欲望无限扩张，无节制的物质主义和消费主义导致人与自然的不和谐。而追求个体利益最大化容易忽视他人、他国的经济利益，造成经济社会发展的马太效应[2]，在一国内表现为少数掌握大量资源的强势群体和大多数拥有少量资源的弱势群体共存所致的不和谐，在世界范围内则表现为近代的西方殖民

---

[1]　张武、朱建中：《立足以人为本推动发展》（湖北省邓小平理论和"三个代表"重要思想研究中心），《人民日报》2006 年 12 月 20 日。

[2]　圣经《新约·马太福音》第二十五章："凡有的，还要加给他，叫他有余；没有的，连他所有的，也要夺过来。"

主义扩张及现代的单边主义与霸权主义所致的不和谐。而和谐社会的经济发展需要防止落入极端利己主义和完全利他主义两种极端发展模式的陷阱，在经济发展与社会公平和谐之间寻找平衡点，以实现社会全体成员的共同富裕。人与自然、他人之间都是息息相关、相互依存的平等存在，不应单独地视人类为自然界的主体，也不应有高低贵贱的种族歧视。然而在经济全球化的背景下，直至最近几十年，人类社会才逐渐体认到各国之间原本是"我中有你，你中有我"的无法分割的一个整体。一国生态环境或经济发展的重大变化，都无可避免地通过各种渠道波及或牵动他国乃至全球。人口、经济发展、生态环境等问题从来没有像现在这样亟须依靠所有国家来共同解决，单凭任何一个国家的力量是远远不够的，世界各国必须采取一致的步骤和措施，才能取得一定的成效①。

（二）对财富的再认识

一个社会或国家在一定时期内所积累的使用价值的总和，除了包括社会经济系统中符合经济社会发展和人类生存需要的使用价值，还应该包括自然生态系统中符合经济社会发展和人类生存需要的使用价值。但从传统西方经济学的财富观到马克思主义的财富观，再到当代传统政治经济学的财富观，存在的共同问题是，它们都不认为一个社会或国家的重要财富包括其全部自然资源、自然环境及生态系统作为整体的使用价值。而仅仅认为只有进入社会生产过程的自然资源才构成国民财富，否则只能是潜在的国民财富。

由于过去的财富观仅仅着眼于物资生产提供的产品和服务，因此推崇在征服和攫取自然的过程中获取财富，忽视了自然资源和环境生产对人类生存和财富创造的贡献②。实际上，财富的本质乃各种发展要素的价值及其价值实现，包括如土地、劳动、资本、知本及文化、制度等为了维系人类生存和发展所需的物质的和精神的物品和服务的多种因素。在"世界总体财富"视域下，自然资源转化为自然资本、人力资源转化为人力资本、物资资源转化为人造资本，以及三大资本的畅通流动俱为财富创造的源泉。商品形式的财富仅仅是基于物质产品供需关系和包括相关服务的财

---

① 参阅李玲《和谐社会经济发展与佛教的财富观》，《世界宗教文化》2006 年第 4 期。
② 叶文虎、陈国谦：《三种生产论：可持续发展的基本理论》，《中国人口·资源与环境》1997 年第 2 期。

富，而更本质和更广泛意义的财富还应该包括基于环境容量供需关系和自然资源供需关系的、具有使用价值的财富。在过去的"企业财富范畴"中，如劳动力的基本投入、物资资源的节约利用、普通消费者的基本需求等诸多重要的社会财富都不被企业重视，企业仅仅关注加工、流通环节的价值及价值实现。尽管后来的"社会财富范畴"引起了政府的重视，但遵循传统发展模式行动，人们在不断创造和积累社会财富的同时，仍然伴随着生态环境日益恶化、自然资源不断消耗和贫富差距不断扩大等问题，人们的生存质量总体下降[1]。

20世纪80年代以来，伴随着生态经济思想在中国的兴起，在生态经济价值理论的基础上，中国生态经济学家将传统经济学的财富理论扩展延伸到自然生态系统之中，提出了生态经济学的财富观。生态经济价值论认为生态经济系统的生态环境是人类社会的宝贵财富，其不仅具有使用价值，而且具有价值。生态财富是指生态经济系统中的有人类劳动参与其中并且能够满足经济社会发展与人类生存需要的生态产品，换言之是由生态系统直接供给人们生命、生活和社会生产需要的生态使用价值的总和。可以说，现代经济社会是生态经济的有机整体，因此现代国民财富应该由包括生态系统的环境资源、自然资源及整体生态系统的使用价值之和的生态财富，和包括经济系统的全部消费和生产资料总和的物质财富、精神财富，以及包括现有劳动力和后备劳动力的人力财富所组成[2]。

第三节　要素自由流动与经济发展阶段

一　生产要素与经济社会形态

马克思主义唯物史观将人类社会划分为原始社会、奴隶社会、封建社会、资本主义社会、社会主义社会和共产主义社会，并且认为经济基础决定上层建筑。西方主流理论并不认同这种将经济权力和政治权力紧密结合的划分方法，因此就有各种划分方法，如罗斯托的经济成长的阶段，就偏

---

① 参阅万劲波、叶文虎《论财富观与人类文明的协同演进》，《环境保护》2008年第12B期。
② 参阅张二勋、秦耀辰《论可持续发展时代的财富观》，《河南大学学报》（社会科学版）2003年第5期。

重于从经济特点划分人类社会的不同阶段。应该说，从研究方法上看，马克思主义理论是逻辑和历史相一致的。而西方主流理论将经济和政治的切割在具体经济问题的分析上就难免陷入唯心主义泥潭，这也正是效用价值理论和边际分析方法得以盛行的主要原因之一。本书对生产要素与经济社会形态关系的分析，从方法论上仍然坚持逻辑和历史相一致的原则，我们认为，对于经济和政治的割裂不可能实现对其各自科学全面的研究，其结果会导向学术研究与经济社会实践的脱节，也会造成对社会科学研究的"碎片化"。

正如前文中对"生产"和"劳动"的释义中所指出的，生产要素尽管是资本主义出现后，自古典经济学伊始才被大量提及和讨论的对象，但实际上，"生产"是和人类一同出现的。如果考虑到自然的"生产"，那么"生产"就已经在人类出现以前存在了。这里不去讨论所谓自然的"生产"，而仅仅观察人类的"生产"。对于后者，存在两种类型的生产。一种是对人类自身的生产，一种是对"物"的针对生产对象的生产。如在第一章中已经提及的，人类初期的生产和劳动是同质的。这是一个与私人劳动和社会劳动、个体生产和联合生产相关的问题，也就是一个与劳动规模或者说生产规模相关的问题。可见，人类社会一直到资本主义的萌芽时期，生产或者说劳动还都处于小规模阶段。这也正是古典经济学奠基者之一的威廉·配第提出"土地乃财富之母，劳动乃财富之父"的经济社会现实。我们也可以将这个时期作为"劳动"和"生产"概念的分界，之前，在个体或者小规模上两者是可以互用的；之后，劳动更多地指个体劳动，而生产则更多地指较大规模的联合生产。马克思主义理论包括古典经济学奠基者如亚当·斯密、大卫·李嘉图等一直将自己的目光投向"劳动"，而西方主流理论则将关注点放在了"生产"上。前者发现、提出和完善了劳动价值论，后者则在较长的一段时期内只有生产理论，而没有完整的有说服力的价值理论，直到边际主义的出现，才结合微积分的贡献提出了作为西方主流经济学核心概念和理论支柱之一的边际效用价值理论及基于边际贡献的收入分配理论。

从奥尔森的《古代社会》和恩格斯《家庭、私有制和国家的起源》等文献资料看，原始社会，尤其是母系氏族时期，原始人类的劳动是一种氏族范围内的联合劳动，原始人类本身就是自然的组成部分，因此，这种劳动更多地就像我们今天能够通过影像资料看到的狮群在一定范围内的"狩猎"，只不过原始人类还能够采摘野果等。对于原始人类来讲，当然没有生产和生产要素的概念。但用我们今天的眼光去观察，仍然可以看到原始人的劳动和周围一定范围的"自然"是这种"生产"的必然要素，只不过由于原始人特有的氏族所有制——也就是后来我们所谓的原始共产主义，劳动被看作了日常生活的组成部分，呈现自愿和主动的特点。随着私有制的产生，尤其当人类社会步入奴隶社会，不仅原来为氏族或部落共有的"自然"——或者就是"土地"变成了私有财产，而且连人也变成了私有财产，无论是畜牧业还是农业，作为劳动主体的"奴隶"丧失了其劳动的自愿和主动性，完全是在奴隶主的监督下被动劳动的。从生产的构成要件看，劳动和劳动对象仍然存在，生产要素也仍然是劳动和土地，但这种生产方式严重打击了劳动主体的积极性，生产要素无法流动，效率十分低下。进入封建社会，随着自耕农和租佃制等的出现，劳动有了一定的自主性和流动性，生产效率得以提高。劳动主体农民尽管解脱了对土地所有者地主的人身依附关系，但却仍然依附于土地。应该说，在某种意义上，封建自然经济时期最能彰显劳动和土地作为财富创造者和生产要素主要构成部分的特点。这也契合本书提出的土地和劳动第一性的观点。随着资本主义的出现，劳动主体对土地的依附关系被强制性或习得性打破，新兴产业的出现既需要劳动的大量加入，也给了劳动选择的机会。但正如马克思所指出的，失去了土地的农民又变成了资本整体意义上的依附者，也正是在这个过程中，不仅获取了经济权力，而且也获取了政治权力的资本不再满意于揭露其自身的劳动价值论，转而寻求有利于自己的价值理论。接下来的故事我们都知道了，由"斯密教条"到萨伊的"三位一体"公式，而边际主义的兴起则更是给资本的这种渴望提供了理论上的"道德满足感"。同样，资本作为新的生产要素，就堂而皇之地加入土地和劳动的队伍之中，并且控制和主导了土地和劳动。至于后来的"四元论"、"多元论"等，也不过是这种逻辑的延伸而已。劳动对资本的依附意味着劳动的异化仍然存在，尽管表面看起来劳动有了选择权，但实际上这种选择仍然是被动的。要实现人的全面发展，还有赖于对资本主义生产方式的扬弃。这也是前文认为资本主义具有过渡性的原因所在。

二　产权、要素自由流动与市场经济

尽管在资本主义经济社会形态下，劳动从对土地所有权的依附转向了对整体资本的依附，仍然具有被动性，但资本主义毕竟主要是一个依靠市场交易的生产方式，已经赋予了劳动主体很大的选择自由。只不过这种选择就像在一个巨大的玻璃罩子中飞翔的小鸟，其自由也仅仅是在玻璃罩子范围内的自由。这既是资本主义比封建主义进步的地方，同时也揭示了其过渡性。从资本主义产生和发展的过程来看，尤其在资本原始积累的时期，实际上仅仅依靠自愿意义上的市场交易力量是远远不够的，许多时候市场都要借着武力和强权来完成交易。正是在这样一个过程中，不仅是土地，甚至连劳动主体本身都成了被交易的对象。无论如何，作为大规模联合生产的资本主义经济社会形态需要生产要素的自由流动，在制度演进中，当不符合普世价值的资源配置形式被逐渐抛弃后，产权和市场就成了资本主义生产方式的两个制度基础。前者可以看作对生产要素所有权的经济意义上的实践，后者则成了产权清晰的生产要素寻找各自最有效率的生产位置的平台。要素的自由流动才能够在既符合资本主体的需要又符合各自生产要素主体的需要下实现，实际上归根结底取决于资本主体的需要。

我们有必要对产权和市场做进一步的思考。实际上，就市场的交易特性来看，我们不能说只有资本主义才有市场。从文献和考古来看，人类的各个经济社会形态都有市场存在，只不过限于交易对象的有限规模，不那么固定和成熟罢了。至于产权，其最早的表现形式就是所有权本身，只是到封建社会租佃制等形式出现后，从单一的所有权形式才演化出了诸如田底权、田面权等不同的产权形式，就像我们今天所谓的金融创新一样，其源头仍然是所有权。因此，产权和市场并非资本主义所独有，但资本主义却更好地运用了产权和市场，或者说更好地适应了产权和市场。从这里也可以看出，对社会主义理论在起初否定产权尤其是市场功能的做法还是要从源头上进行反思的。那么，产权和市场到底为什么会出现？它们与资本又有什么关系呢？从本书关于土地和劳动第一性的立意来看，产权或者说其核心所有权、市场或者说其内核交易也都是劳动社会性的结果，它们的出现要远远早于资本的出现。关于所有权，恩格斯在《家庭、私有制和国家的起源》中对其产生进行了深入全面的分析。至于市场，本质上就是作为群体的人相互交换产品、互通有无的自发需要。可见，对产权和市场的分析不能离开人的需要，再深入一点也就是要承认人性的需要。在这一点上，反而是功利主义和西方主流理论有其值得借鉴之处。

那么，这种一直存在的产权和市场平台，为什么没有在资本主义以前的经济社会形态中作为不可或缺的制度要件呢？回答这个问题之前，我们仍然有必要抓住产权或者说所有权、市场或者说交换（可以看作交易的前身）在开始出现时的特征，那就是原始社会时期的所有权共有和在此基础上氏族成员之间或者不同氏族之间基于自愿平等的交换，也就是说，在产权和市场的初始，劳动主体是自愿平等的。这一点对于我们回答上面的问题至关重要。尽管还有其他诸多解释，但本书认为，正是奴隶社会和封建社会否定了劳动主体（奴隶和农民）在所有权上的共有性，从而也就失去了市场交换原初意义上的自愿平等性，使得市场发展失去了劳动主体的普遍认同。如果说私有制是劳动社会性适应人性的一个残酷结果，那么毕竟它仍然是人性自我开出的"恶之花"，有其合理的一面。但市场一旦失去了自愿平等的灵魂也就失去了市场本身。除了由低下的生产力决定的落后的生产方式之外，不能不说人类社会发展中这种对产权和市场原初精神的背叛在某种程度上限制了市场的成长。而从资本主义的产生看，恰恰是在对产权和市场原始精神的回归中逐渐生发的（这一点从欧洲小手工业者及我国早期的资本主义的萌芽中都可以看到）。不过可惜的是，资本主义不可能恢复所有权的共有，因此当其发展壮大之后，就仍然存在着同样的问题（小一点的如欺行霸市，大一点的如垄断等）。不过在资本和劳动之间、不同的资本主体之间，市场被挖掘出了一个新的重要功能，那就是资源配置。所谓市场经济的意义即在于此。

三　资本主导下的要素自由流动

资本从诞生到蹒跚学步是需要与劳动合作的，这种合作是近乎残酷和血腥的。在西方发达国家这也许已经成了历史。但即使现在，在世界各地也还仍然存在着资本原始积累的噩梦。如果否认或看不到这些，就不可能全面而理性地看待资本及其主导的所谓要素自由流动。当资本需要资源或者说生产要素时，它将会通过各种手段（包括市场、国家权力或者战争等）完成对资源产权意义上的改造，从而能够使其顺利地进入生产领域。当资本需要商品需求者时，它也会通过各种手段拓展市场范围。因此，西方主流理论所谓的自由竞争就从来没有在现实的资本主义世界中存在过。与资本主义之前的经济社会形态一样，资本仍然是与政治权力紧密结合在一起的，甚至就是政治权力本身。这也正是本书认为从本质上来看资本是一个联合生产方式下制度安排的原因所在。它从刚开始还能界分清楚的一个个所谓资本家，逐渐进化发展到一架制度机器，形成了它独有的经济和政治逻辑，而其赖以生存的所谓自然法则就是人的自利天性。因此，某种意义上西方主流理论也成了这架机器的一部分。从这个角度再来审视要素的自由流动，那也只能是符合资本意愿下的流动，换言之，只能是资本主导下的"自由流动"。甚至，在这架庞大的制度机器面前，作为具体的资本所有者有时也难免被"碾碎"的厄运。这也正是马克思将资本家本身也作为资本主义庞大后备军源泉之一的原因所在。

资本这一制度安排既是大规模联合生产的需要，也充分体现了其逐利的本性，西方崇尚个体主义和人的自利最大化的所谓主流思想则成了这一制度的舆论工具。在资本的眼里，生产要素都是自己用来逐利的工具，是资本制度搅拌机中必须填充的碎石料。因此，资本主导下的要素流动实际上并不"自由"，不过是循着人性自利的河道奔腾的一股使得土地和劳动自然性异化的洪流而已。既然是人性，资本的存在就有其合理的一面，但如果对这种极端的自利不加以限制，就一定会走向其目标的反面。资本的好处即在于极大地激发了人的创造性和提高了生产效率，使得人类的物质生活条件越来越丰富。同时，资本的负面性却带来了人类对土地无限制的索取和人本身的异化。这正是物质丰裕和精神贫穷共存的悖论，是资本这一制度本身的内在性所必然导致的结果。因此，对于资本主义的反思，并不在于否定产权和市场的合理性，也不在于否定具体的资本所有者，而在于如何修正资本所内含的极端逐利问题。实际上，归根结底还是一个如何对待人的自利性的问题。因为，土地、劳动和资本等作为生产要素，其流动的方向最终还是掌握在人手上。自由是美好的，但鼓吹和放任极端的自利就会使得这种"自由流动"的源泉枯涸。"己所不欲，勿施于人"的东方古训还是需要借鉴的，只不过好像人们接受起来慢了一点。尽管我们看到西方发达国家已经走向了自然与人的和谐的轨道，有的甚至变成了令人艳羡的福利国家，但从仍然蔓延世界的战火和不和谐来看，这种对资本制度的修正还仅仅处在自家围墙之内，尤其是在各种贸易战和金融战频繁上演的今天。当制度作为一个庞大的机器行为固化之后，作为个体的人是很难与之对抗的。所幸的是，任何事物总有其正反面，当其追求的东西反过来反抗自己的时候，无论这种反抗是消极的还是积极的，都会对制度惯性造成某种冲击甚至导致制度变迁。这也正是生产要素自由流动下资本竞争所带来的一个意想不到的结果。

第四节 要素自由流动与可持续发展

一 财富视角的可持续发展

20 世纪 90 年代以来，无论在广度还是深度扩展方面，生态经济学的理论与实践都发生了重大变化，正在向可持续发展领域渗透与融合，形成一种日益引起现代经济社会系统变化的可持续发展价值理论和经济理论。生态经济学财富理论视角下的可持续发展，即达致"生态—经济—社会"三维复合系统的可持续发展，其重心宜放在财富的真正积累上，使可持续发展经济真正落实到对人们发展行为和可持续经济发展能力的评价上，而非单纯强调现实经济实力。换言之，从生态财富的视角看，可持续发展的衡量标准不仅是对一地区或一国现实经济实力的评判，尤为重要的是对其经济发展潜力的评估。实践中，财富视角的可持续发展提出了综合测算国民财富的新方法和衡量国民财富的新标准。这主要体现在世界银行（1995、2005）在评估世界各国财富时推出的衡量国家财富的新标准——以四个方面综合计算国家的财富：自然资本、产出资本、人力资本和社会资本，改变了过去单纯用 GDP 作为衡量国家富裕程度的主要标准与测算方法。

我们应该从以下几个方面去把握财富视角下的可持续发展。其一，作为一种新的发展观，财富视角下的可持续发展应反映现代社会经济发展的思路、理论、战略、模式和政策，以及人类价值体系和经济行为的根本性变革和调整。工业文明以前，经济学理论和实践研究最终都是为实现一切以物质财富的增加这一目的服务的。而生态文明的兴起和发展，推动着现代经济从非持续性向可持续性发展转变。从 1972 年在瑞典的斯德哥尔摩召开的联合国第一次人类环境会议（大会通过了具有历史意义的《人类环境宣言》），到 1992 年在巴西的里约热内卢召开的第一届"地球峰会"（会议通过了《21 世纪议程》和《里约宣言》），再到 2002 年在南非的约翰内斯堡召开的第二届"地球峰会"（会议通过了《执行计划》和《约翰内斯堡宣言》），以及在 2012 年 6 月巴西的里约热内卢召开的第三届"地球峰会"（会议通过了《森林原则》、《21 世纪议程》、《生物多样性公约》、《里约环境发展宣言》和《联合国气候变化框架公约》），不仅表明了人类对发展和环境问题的觉醒，而且也表明了人类实现可持续发展的信心和决心。因此，应按照实现这一最高目标重新加以衡量人类的一切活动，以有利于"生态—经济—社会"三维复合系统健康运行为目标做出相应取舍和新的价值判断。其二，财富视角的可持续发展应该是全球化的可持续发展，对财富的计算也需要突破一国界线。如果仍然从国家或区域的范围内来理解财富，把它阐释为"国民财富"，从世界银行（1995、2005）衡量国家财富的四个基本组成部分来看显然是有失偏颇的。因为财富具有相对稳定性，以国家或区域来衡量物质财富尚属勉强可以，而从该范围则根本无法衡量生态财富、人力财富和精神财富。人类都生活在同一个"地球村"，任何一个区域或国家的生态恶化、环境污染最终都会殃及全球，从而损害整个地球的生态财富；此外，我们几乎无法用现有的词汇来形容科技、文化等精神财富在信息时代传播与交流的速度和范围，很难说非此即彼。在现代社会，人才交流、人才资源共享已经成为必然趋势，人才为全球所共有的大环境也已基本形成，很难具体说一个区域或国家的人力财富是多少。正如"科学无国界"一样，人才同样也丧失了国界。虽然目前各个地区或国家为了自身的利益设置了很多人才流动的制度障碍，但在汹涌而至的全球化浪潮下，其效果微乎其微。其三，财富视角的可持续发展需要打破代际局限，从现在与未来的时空范围去衡量。生态经济主张人类经济行为不能危及生态环境，应该寻求经济发展与生态环境相协调的发展方式，而可持续发展经济主张除了承担当代经济发展的任务，还必须要承担对后代经济发展道德上的义务，旨在解决当代与后代经济发展的协调问题。因此，财富视角的可持续发展应该既关注资源环境问题有利于当代人的经济发展，又关注资源环境有利于后代人长远的经济发展，从而防止"吃子孙饭，穿后代衣"现象的发生，通过保持自然生态的平衡使生态财富和社会价值总量在代际之间保持相对平衡①。

二 要素自由流动与可持续发展的辩证

从前文中可以看到，可持续发展不仅关系到城乡、区际和国家之间的发展均衡，而且也关系到代际之间的永续发展，是一个既包括空间也包括时间的多维发展。这种发展就需要人类经济社会制度和价值观念的根本转

---

① 参阅张二勋、秦耀辰《论可持续发展时代的财富观》，《河南大学学报》（社会科学版）2003 年第 5 期。

变。从世界银行对可持续发展下财富组成的界定看，自然资本和属于由土地供给生产资料的那部分产出资本仍然可以归到土地要素，由劳动创造价值的那部分产出资本、人力资本和社会资本本质上仍然属于劳动要素。因此，从生产要素的角度看，可持续发展实际上是一个如何看待、使用土地和劳动要素的问题。显然，我们已经能够认识到，对于土地来说，就是要用生态和谐的价值观去看待并将其上升为制度；对于劳动来说，就是要用人的全面发展的价值观去看待并为其变革创造条件。这些价值观及其对制度变迁的需要，就意味着资本这一制度机器所固有的缺陷。究其根本仍在于资本主义所宣称的自由是以人的极端自利为人性基础的，并将其当成了市场交换的价值基础，使得本来以公平公正为交换原则的市场成了彰显人性丑恶的杀戮场并以此为心安理得的借口。市场机制本来是可持续发展所必需的资源配置平台，因为它能够将有限的资源配置到最能够发挥其效率的地方。但问题是，什么样的资源可以进入市场？对效率应该如何评价？显然，如果资源的交换和开发破坏了生态环境，效率变成了唯利是图，那这种交换就应该拒绝进入市场，更不能通过非市场手段加以实现。

可持续发展需要生产要素自由流动，而这需要借助市场来实现。因为资源是有限的，只有自由流动，才能够使生产要素获得最好的使用价值；但同时，生产要素的自由流动不是没有限制的，这也同样是可持续发展的必然要求。生产要素自由流动和可持续发展之间的这种辩证关系从理论上讲并不矛盾，但却与资本的逐利天性对立。正如我们在第一章中所指出的，资本对土地和劳动的主导性，使得生产要素的自由流动和可持续发展之间产生了严重的悖离，因为资本的身影并不仅仅出现在市场之中，而是贯穿于生产的所有阶段甚至超越了生产领域，并以自己的愿望塑造了有利于自身的社会领域。一言以蔽之，也就是形成了资本主导的整个制度体系。因此，要实现生产要素自由流动和可持续发展的辩证统一，关键还在于对这一制度体系的变革。这种变革并不是要彻底否定资本，而是要给人格化的资本套上"笼头"，或者说要让每一个资本所有者或使用者在运用资本创造财富的过程中主动或被动奉行"君子爱财，取之有道"的原则。

可持续发展要求的城乡、区际和国家之间的发展均衡，从人类经济社会的真实发展历史来看不仅很难自我实现，反而呈现出越来越大的差距。发展经济学所谓的扩散效应效果不太明显，反而是极化效应的力量越来越大。本来就自然资源来说，各个地方、各个区域或各个国家的禀赋就不均衡，加上资本的"嫌贫爱富"和市场范围的不断拓展，资源就自然而然地流向了利润的制高点。因此，产业集聚和城市规模的不断扩大，除了效率的诉求之外，某种意义上也是财富的集聚。这些财富制高点成了"财富黑洞"，借助资本这一制度体系正源源不断地将世界各地的各类资源吸纳过来，从而使得"富者愈富，穷者愈穷"。这种框架下所谓的要素自由流动，也只能是奔向"财富黑洞"的自由。显然，这并非可持续发展需要的结果。

三 资源诅咒与市场自由的悖论

所谓"资源诅咒"（resource curse），从长期的增长状况来看，指那些具有丰富的自然资源、资源性产品在经济中占主导地位的发展中国家反而比那些资源匮乏国家的增长要低很多；虽然具有丰富资源的国家可能会因为资源品价格的上涨而获得短期的经济增长，但最后仍然会陷入停滞状态，丰富的自然资源最终却成为了"赢者的诅咒"（winner's curse）。"资源诅咒"这个概念是 Auty 在研究产矿国经济发展问题时于 1993 年第一次提出的，即对一些国家的经济增长而言，丰富的资源并非充分的有利条件，反而是一种限制。资源型国家经济的不发达和相关问题的出现，并非资源本身的问题，而是与资源开发及相关的制度安排的问题。归根结底，对资源及资源财富治理的失当引致了所谓的资源诅咒问题。总结学者们提出的观点，摆脱"资源诅咒"的方式主要有建立完善的产权制度，改革政治体制，建立民主、负责任的政府，以及发展分散式、多元化的经济模式等几个方面。

实际上，从这些摆脱"资源诅咒"的方式上恰恰可以看到，它们都不是资本所关心的问题。隐藏于"资源诅咒"后面的是资本原始积累和殖民主义一贯而行的资本对利润的疯狂追逐。我们所熟知的并且仍然在世界各地继续上演的"资源诅咒"，实际上就是原料输出国避不开的噩梦。即使在 21 世纪的今天，资本对廉价资源的追逐除了通过其极力鼓吹的市场自由完成之外，还依然使用着其"屡试不爽"的"传统"武器——战争。因此，当我们看待西方学者关于这一问题的"科学"研究的时候，不要忘了历史和现实的残酷，因为正如前文中屡次提及的，西方所谓主流理论本身就是资本这一制度体系的一个重要的组成部分。它们对许多现实问题的分析，看似方法先进、科学理性，但实际上就如同用手术刀解剖一个严重伤残的病人时只关注伤残本身，而概不过问导致伤残的罪魁祸首。因为某种程度上，它们本身就是其中的一员。就资源所在地或所在国本身来看，缺乏产权和法律保护的资源就成了人的逐利天性的最好"猎物",这也是另一种意义上的"市场自由",是一种人的贪欲的自由。这种纷乱的状况,尤其在资本短缺的情况下,就很容易被外部资本势力介入,甚至大多数情况下还是由资源所在地或所在国政府敞开大门欢迎外部资本进入。如果缺乏一个民主负责的政府和健全的法律保障制度,政府官员就很容易被资本"俘获",从而变成"资源诅咒"的帮凶。面对自然赋予的"礼物",无论是外部资本还是内部资本,都不会有动力去进行分散和多元的其他经济投资,而是借由资本的逐利天性结合成一种扭曲的"殖民式"制度体系,并将自己通过已经失去公平公正的"市场"、"自由通道"与发达资本主义国家联结,从而形成普雷维什所谓的"外围资本主义"。

四　资本主义与可持续发展的反思

尽管财富从根本上由土地和劳动结合而来,但自然经济时期劳动对土地的依附和相对落后单一的农业产业限制了劳动的创造性,使得人类社会就物质财富来说基本上处于一种低水平循环的状态。资本打破了这种千百年来人类经济社会踟蹰不前的低水平陷阱,将劳动"逼进"新兴的工业市场,不仅迫使、激发了劳动的积极性,提高了劳动效率,而且也开发了土地的多元性功能,使得土地的"财富之母"功能以源源不断的生产资料的方式大大得以彰显。尽管资本原始积累的历史并不光彩甚至是血腥的,但这种生产方式毕竟丰富了人类的物质需求,以"涓滴效应"的方式改善了人们的生活条件,是自然经济时期很难或者说几乎不可能做到的。正是从这个角度来看,资本主义生产方式是符合人类经济社会发展需要的。但随着资本对经济社会的全面渗透,本来派生于土地和劳动的资本,转而开始控制和主导土地和劳动,也就是在这个时候,学术界开始出现了古典经济学和马克思主义。随着资本主义的继续强大,它不仅垄断了经济发言权,而且也垄断了意识形态。这个时期资本主义已经将触角遍及世界,不仅掌握了本国的政治权力,而且也依赖武力瓜分了世界市场,建立了全球殖民体系。对学术界来说,开始出现了专门为资本主义提供合法性的西方主流理论。这些理论的一个普遍特征就是否定劳动在价值创造中的主导作用,将劳动主体物化,同时又大力宣扬人的自利的天赋权利(实际这种权利就变成了资本主体的权利),将个体主义这个最受资本青睐的"民主斗士"推上神坛。在进一步推动发展的同时,也将自己放在了发展的对立面。因此，当代资本主义作为以个体自利最大化为价值观基础的一整套制度体系，与可持续发展是背道而驰的。尽管看起来资本主义带来了人类经济社会的发展，但那只不过是资本逐利的一个"副产品"，或者说是资本逐利的一个手段而已，最终会被资本的逐利本性吞噬得一干二净。

那么，我们应该从哪些方面对资本这一制度进行变革，使其与可持续发展相适应呢？正如前文已经论及的，资本主义有其合理性，因为其导源于人的自然性，而人的自然性首先就是人作为个体的自然存在问题。因此从根本上讲，我们并不是而且也不能否定人的自利性。但同时我们也要指出，资本主义的不合理或者说过渡性正在于其被赋予的极端自利，而其药方恰恰存在于被资本主义所否定的自然经济中。之所以这样讲，一是因为自然经济时期和自然经济之前的人类经济社会中，劳动主体对自然是存有敬畏之心的。正是劳动和土地的紧密结合，使得人类清楚地体悟到自然或者说土地之于人的"慈母般"的重要性；二是发端于自然经济的以利他为特征的整体主义文化，因为利他和整体主义从本质上讲与可持续是一致的。实际上，从宗教对劳动和财富的观点看，也是反对不劳而获和极端自利的，利他是一个基本的人文修养和人文关怀。因此，人类社会尤其是西方发达国家必须放弃自己的"文化优势"，重新反思和扬弃西方主流理论所鼓吹的个体主义至上的极端思想，不仅从人文素养方面而且从制度层面吸收和贯彻自利和利他有效结合的价值观，从而使资本这棵制度大树具有一个真正公平公正的和谐基因，给资本主体带上人文道德和法律制度的"笼头"，使其主动走上可持续发展的道路。另外，要防止资本对政治权力的"绑架"。尽管这一点很难，但如果不从根本上将其解决，也是无法实现可持续发展的。尤其是发展中国家，一旦落入资本和政治沆瀣一气的泥潭，就很难逃脱陷入"资源诅咒"或者社会撕裂深渊的命运。不幸的是，这种可怕的现实正在世界各地上演着。难道人类社会终将被自己亲手葬送吗？

第五节　对弹性缺乏产业及产品的价格规制：城乡收入差别加大的经济学解释

一　第一产业的基础财富特性

第一产业（primary industry），又称第一次产业，是按"三次产业分类法"划分的国民经济中的一个产业部门①。它是指以利用自然力为主，生产不必经过深度加工就可消费的产品或工业原料的部门。其范围划分各国不尽相同。一般包括农业、林业、渔业、畜牧业和采集业。有的国家还包括采矿业。中国国家统计局对三次产业的划分规定，第一产业指农业（包括林业、牧业、渔业等）。从原始人类采摘野果、狩猎和捕鱼开始，一直到以封建主义为经济社会特征的自然经济时期的结束，人类的绝大部分历史都处于第一产业的生产形式之下。即使是今天人类已经步入知识经济时代，第一产业也依然存在，并且不可能消失。可以说，第一产业是发展历史最长并将伴随人类永续存在，以及用来满足人们基本生存需要的基础产业。

我们之所以认为第一产业具有基础财富的特性，其理由主要有以下几点。一是从土地和劳动的关系看，如果将土地看作自然，那么劳动主体人本身也是自然的组成部分。这种意义下的劳动，就与万物是浑然一体的。劳动主体要生存，也就是劳动自然性的实现，就和树木花草、飞禽走兽等一样，其原始本能就是向土地或自然获取基本的生活物品。这也是土地"厚德载物"的真实写照。从前文中世界银行对财富的界定来看，土地（自然资本）和劳动（人力资本）是最基本的财富。而所谓第一产业，其产出也仍然是土地（自然资本）财富的组成部分。只不过第一产业是针对劳动主体的主动干预而区别于自然界其他物种的自然性存在而已。二是第一产业关系到人的生存问题。所谓"衣食住行"，实际上对于生命来讲，最主要的还是"食"，因此古语才有"民以食为天"的说法。而第一产业最主要的功能就是提供给人类"食物"。尽管科技能够在某种程度上改变"食物"生产的速度和品质，也有诸如"吃几粒维生素片就可以了"的"新的人生"，但我们认为这绝不是否定第一产业永续存在的理由。即使像无土栽培等，也仍然需要合适的温度、阳光和空间，而这些难道不正是自然的赐予吗？更何况对于财富而言，仅就人的幸福感来看，我们无法想象一个被剥夺了品尝自然赐予的"食物"的人还有何幸福可言。而根据对财富的定义，人的幸福本身就是财富的应有之义。三是第一产业是其他产业的基础。这一点是毋须赘言的。即使尖端如航天、生命工程等领域，除了其复杂先进的仪器需要来自自然的（无非是从土地深层挖掘而出）材料制

---

① 首先把国民经济划分为三次产业的是新西兰经济学家费希尔（A. B. Fischer）和英国经济学家克拉克（C. G. Clark）。第二次世界大战后，经济学界普遍采用了这种划分方法。

造之外，其主要的操作者——科学家等也是万万离不开第一产业的。因为截至目前，我们还没有真正见到一个"不吃不喝"就能够生存和工作的"超人"！即使有，那也仍然是自然万物中的"一类"而已。

可见，无论经济如何发达，科技如何先进，我们都不能忘了第一产业的重要性。否则，一切都将成为"无源之水"。对于像中国这样的发展中国家来说，现代化和工业化是必然的选项，也符合发展经济学的原理，但那也仅仅是一种方法和手段。从土地和劳动的本质关系来看，一切的经济实践或者经济幻想最后还是要回到土地这个"母亲怀抱"中来，而具体到产业关系，第一产业的基础财富地位则应该或者必须受到足够的重视。

二　生活必需品、弹性缺乏与市场自由

顾名思义，生活必需品就是日常生活一定要使用和消费的物品。笼统地讲，就是与人们"衣食住行"相关的生活必备物品。但这显然超越了我们这里所研究的范围。实际上，如果从生存底线看，"衣食住行"中除了"食"之外，其他的三类还不是严格意义上的生活必需品。显然，关于什么是生活必需品是一个与人类经济社会发展阶段和人的生活水平紧密相关的问题。我们这里所谓的"生活必需品"指的就是与第一产业息息相关的"粮食"。如果用理论语言来讲，"衣食住行"中弹性缺乏的物品就是生活必需品。对于"衣"、"住"和"行"，可以看到并不符合弹性缺乏的条件。人们可以根据自己的偏好和收入拥有不同数量、款式和价格的衣服，可以住"蜗居"、"华厦"甚至坐拥成百上千套住房，也可以步行、坐公交或者驾驶各种价位和品质的轿车，等等。显而易见，很难说它们是生活必需品。因此，除了弹性缺乏之外，我们还可以说，那些从人们的消费清单中剔除后并不会"危及"其生存或者"生命"的物品不是生活必需品。如果用这种界定来看的话，即使在"食"的范畴中也有许多并不能被归为生活必需品，如"酒类"等。因此，我们之所以要这样对生活必需品进行讨论，关键就在于要从人的自然存在性上肯定"粮食"之于人的重要，从而进一步说明第一产业尤其是农业的重要性（当然，我们并不否认畜牧业、渔业等的重要性，因为它们的产出同样具有我们所定义的生活必需品的特点，即使是它们之间存在相互替代时，相对于人的需要也是有限的。但与粮食相比较，畜牧产品和渔业产品还是存在一定弹性的。除非是对那些仅仅以其为主要或者唯一食物来源的人来说）。因为，从产业分类上看，

"衣"、"住"和"行"等已经不是第一产业的范畴，它们更多的是第二、三产业，甚至第四产业（知识经济等）的产品。这也是我们说"生活必需品"是一个与经济发展相关的范畴的原因所在。随着经济的飞速发展，人的生活质量的提升不断扩大着"生活必需品"的范围，在一个资本主导的眼花缭乱的供给创造需求的时代，人的"享受"潜质得到了充分的释放，在众多的所谓"生活必需品"面前，作为生命必需品的"粮食"被看得无足轻重，从而也间接导致了对第一产业尤其是农业的重视不够。无论如何，这都是一个十分危险的倾向。

既然是生活必需品，就必须发展和支持第一产业。但在所谓自由市场下，尤其在中国这样一个经济转型的发展中大国，第一产业的现状令人堪忧。正如前文中论及过的，市场仅仅是一个交换平台，重要的是"自由"。更主要的是，市场所交换的并不仅仅是来自生产领域的"商品"，也包括土地、劳动和资本等生产要素，其"自由"交换的一个前提条件是"清晰的产权"。但问题恰恰是，至少在土地和资本两个生产要素上，这一前提条件是有严重缺陷的。这就为市场名义下的各类寻租提供了丰厚的土壤。既然"粮食"因为弹性缺乏"无利可图"，那么资本就不会投向农业生产。同样，既然从事农业生产无法保证基本的生活质量，劳动就会"抛荒"土地，转而"奔向"其他产业和城市。这就是一种市场理性，在市场经济的建构过程中这是无可厚非的。但问题是，其他产业的发展会侵蚀土地，并且会从城市土地蔓延到农村土地。所谓寻租即在于此。这时候一个典型的现象就是资本和权力无视耕地之于农业的重要性，其危险也在于此。这就要求政府尤其是中央政府必须重视这一关系到国人"存亡"的经济社会现实，解决的方案其实很多，国外许多成功的政策案例可资借鉴，但首要的问题还是必须清晰农地产权。只有在这个问题解决之后，才是要解决如何提高第一产业利润，从而吸引资本进入的问题。否则，第一产业的产值或者说利润再怎么高，也抵不上"卖地"赚得多、来得快啊！

三　财富极化与产业升级中的规制

何为财富极化？

财富极化即财富在一定的时期内向某一点、某一区域或某一国家集中的过程和结果。它是一个动态和静态的结合，从发生学来看，先是财富载体获得一个动力，通过自我财富创造和积累形成一定的规模效应，然后产生极强的吸引力，使得其他点、区域或国家的财富要素自动流向财富集中点，从而形成像发展经济学中所谓极化效应的现象。通常情况下，财富极化效应伴随着新兴产业、新科技和新兴发达地区的产生而出现，但又不完全与之同步。如前文中阐释过的"资源诅咒"的问题，表面看起来资源富集区在一定时期形成了一个经济增长点，但显然从大部分结果来看并没有带来财富的极化。这就给我们一个很有意思也很有指导性的启发，那就是财富的极化一定会带来资本的集聚，但反之则不一定。这也是那些某一段时期内看似辉煌灿烂的产业或地区突然间就黯然失色的原因。究其根本，仍然是一个与可持续发展紧密相关的问题。比如，中国目前遍及全国的土地财政和房地产业，很难说会带来真正的经济增长点，也很难将财富极化的可持续演绎下去。鄂尔多斯现象就是一个很好的说明。

那么，财富极化是如何产生的呢？

实际上在上面解释财富极化概念时已经接触到了这一问题，我们就财富的基本组成部分来继续分析财富极化具体实现的动力和途径。从世界银行（1995）对财富的定义来看，它被分成四个部分：自然财富（资本）、人力财富（资本）、产出财富（资本）和社会财富（资本）①。我们知道，一个区域或者一个国家的财富是分布不均衡的，尤其是自然财富（资本）和人力财富（资本）。财富的这两个组成部分也就是所谓"财富之母"的土地和"财富之父"的劳动，也就是"二元论"中的生产要素。在自然经济时期，土地的丰裕或者贫瘠和人口的多寡基本上决定了所在区域或国家的强大和富裕程度。由于是自给自足的生产方式，加上劳动对土地的依附，自然经济时期就很难出现大规模的财富极化现象。这一时期对财富的集中除了存在于自然经济缝隙之间零星的小手工业者和排在末尾的"商人"基于市场雏形的交易之外，就主要是通过武力和皇权来实现的。但由于土地的非移动性和农业生产的特性，这种财富集中的表现更多地是修建豪华的宫殿、搜刮金银财宝和搜罗奇珍异玩等。同样，这种依靠武力抢夺的财富集中方式也被资本主义"青出于蓝而胜于蓝"地"完美"地继承了下来，这就是我们所熟悉的带着"血腥味"的资本的原始积累。我们姑且

---

① 世界银行对财富的界定包括自然资本、人力资本、产出资本和社会资本四个部分，不过从本书的分析来看，资本和财富显然是有区别的，不能将二者混为一谈。但因为人们当前认识上的习惯性，因此在这里用括号的形式注明。

不去过多涉及这种基于武力或"压迫"性的财富集中，尽管它仍然在世界各地上演着。我们需要将目光投向的是基于市场交易的财富极化。当资本出现直至形成一个完整的制度体系之后，资本和人性的逐利天性"人剑合一"，所向披靡，逐渐打通了财富流动的"脉络"。从此，在资本的视域，没有不能够移动的财富。劳动被从土地上被动或者主动地"解放"了出来，成了资本随时取用的人力财富；土地也变成了工业化所需生产资料取之不尽的源泉，甚至连土地本身也被"资本化"后"换算"成货币带走。如果说刚开始人们还不习惯或者说痛恨资本的"为所欲为"的话，时间长了，示范效应和学习效应就会变成整个社会的主流，加上一直在为资本"粉饰"的西方主流理论人的自利最大化的价值观灌输，资本主义不仅成为了一种生产方式，而且也成为了一种生活方式。这也就使得财富的极化呈现出越来越快的趋势，其直接后果就是城乡、区域以及穷国和富国之间差距的不断加大。但正如前文中所分析的，这种财富极化能否可持续取决于资本作为一种制度体系的变革能力。至少从目前来看，可持续的希望很小。因为这直接与财富的另一个组成部分社会资本息息相关，可以说，资本作为一种成熟的制度体系，将人性自利最大化作为其制度基因，无疑是对社会财富（资本）的摧毁。

产业升级中的规制需要吗？

既然第一产业是劳动主体自然存在所必需的，"粮食"的弹性缺乏特性，在资本制度体系面前，无法通过市场吸引资本主体逐利的目光，相反还要被更高利润的产业"吸引"走第一产业赖以维系的土地和劳动，从而直接威胁到人类的生存。这就有必要出现一种制衡资本和人性"过度自由"的力量，来规制自然财富和人力财富或者说土地和劳动要素的流向。这种制衡有的是通过政府的直接干预实现的，有的是通过法律和产业政策借由市场间接影响实现的。总体来讲，一个清晰的产权框架、详细严格的土地规划、灵活优惠的金融税收工具和各种配套的补贴政策等都是防止第一产业被其他产业"吃掉"的必备规制手段。同样，为了防止财富要素流向利润高但可能导致伤害劳动主体或产生社会负效应的"地下产业"，政府层面的立法规制也是必需的。

四 资本权力与城乡差别

那么，为什么从西方发达国家资本主义发展的历史过程来看，并没有真正出现由于利润差异而导致第一产业完全消亡呢？问题就在于前面所说的第一产业的基础财富特性。"粮食"虽然缺乏弹性，除了可能造成供给过剩之外，同样也可以通过大幅度提价带来利润的显著上升。最关键的是，尽管人类社会对第一产业的产品（典型例子就是"粮食"）需求在一个相对的时期是基本不变的，但这种需求却是绝对不会减少甚至消失的。弹性缺乏和需求稳定两方面的结合就总是会给第一产业带来像李嘉图或者马克思解释得更为清楚的资本"平均利润"。加上各国各种名目支持农业的优惠政策，更加从制度层面保证了资本在第一产业的利润基础。总括起来，也就不会出现理论上第一产业可能被"消灭"的暗淡前景。但是，我们实际上忽略了一个更为重要的前提，那就是资本主义所推动的是将劳动与土地分离，但并没有从市场的意义上否定土地所有权者的权益（当然，如普鲁士式容克地主在第二次世界大战后被"褫夺"土地所有权，又是另外一回事，殊与资本无关），而更多地是土地所有者转向了资本主义生产方式，从而使资本在产权清晰的基础上实现了对农业的资本化经营。这是尤为重要的，它保证了资本投资于第一产业的预期稳定，从而使资本能够放心地对土地进行投入。无论是美国式的大型农场化经营，还是韩国、日本式的家庭小型化经营，没有建立在产权清晰基础上的稳定预期都是无法吸引资本进入第一产业的。资本的权力就是逐利，只要第一产业有利可图，它就会进入。这也是西方发达国家能够在产业差距加大、城乡发展不均衡的情况下，通过政策支持并且主要依靠市场手段填平城乡鸿沟的主要制度优势。因此，从西方发达国家已经走过的道路来看，所谓城乡差别仅仅是产业上的差别，其他的诸如基础设施、医疗保险、教育养老等社会公共服务和社会保障都与城市没有太大差别。这就是"木桶原理"，尽管存在过"二元经济"，但由于资本的逐利天性——这种天性也可以理解为追求"平均利润"，才最终使得城乡在人的生活质量上也基本达到了一个"平均"水平。这种"平均"水平与我们所谓的财富极化并不矛盾。

具体到中国的城乡差别，根本的问题仍然是第一产业的发展滞后，由于我们不具备西方资本主义国家在农业发展上的产权基础，资本就不会"安心"于通过农业生产获取平均利润，因为没有稳定的预期做保证。但发展经济学所谓的"推拉"效应却正在中国农村真实地上演着，那就是从事于农业生产的精壮劳动力正在源源不断地被城市或者说第二、三产业吸走。在粮食进口的现实"遮蔽"和虚幻"安慰"下，我们的第一产业还真是面临着被"淘汰"的危险。可以看到的是，资本正在利用农地产权的漏洞与权力结合，耕地就是这样在快速地流失掉。对于资本来说，这是一个远比从事农业生产"赚得快"的大好时机。中国的城乡差别就是以这样一种非市场化的途径被不断拉大的。这是一个与西方资本主义原始积累时期所谓的"圈地运动"截然不同的资本和权力的"盛宴"，前者是将依附于土地的农民"赶走"，但土地却得到了产权的保护，也正是这种产权保护才吸引资本进入第一产业；后者是农民主动"奔向"城市，农地不仅被大量抛荒，失去了产出功能，而且还被大量"倒卖"。这种产权设计就连世代以务农为生的农民都无法产生稳定预期，更不要说吸引以逐利为天性的资本进入农业生产领域了。如斯，没有资本在第一产业的扎根，就很难使城乡差距缩小直至弭平。因为在资本主导土地和劳动的今天，财富同样也是跟着资本走的。

第六节　对要素跨国和跨区域自由流动的规制

一　保护与自由：贸易的本质

从源头简单来讲，贸易即交换，是产品（已成品）进入市场终端和生产要素进入生产领域的各经济主体（国内、国外）之间的商品交换活动，包括购买阶段和销售阶段，因此贸易属于商业范畴。从贸易的经济表征看，贸易的本质应该是基于市场自由的以等价交换为原则的各类经济主体之间的商品交换。但实际上，这只不过是一种符合"自愿平等"普世价值观的市场领域的"技术规范"而已，贸易的本质却远非这样简单。要理解贸易，不能仅仅将眼光停留在市场领域（尽管市场尤为重要），而是要首先进入生产领域及其所处的不同产业，还要进一步关注生产所在地的经济发展程度及政府的权力结构和经济政策等，只有如此，才能比较深入全面地分析贸易。实际上，贸易无外乎这些因素在市场（国内、国际）上的一个综合表现而已，其决定因素并不在市场之内，因为市场正如前文中已经讲过的，无非是一个交换平台而已。看起来平等自愿的交易，却不一定公平公正。

要分析这一问题，还需要从财富的主要组成部分来看。世界银行（1995）关于财富新的界定包含了四个部分：自然资本、人力资本、产出资本和社会资本，从财富的角度看，贸易无非就是一种财富的流动方式。根据传统的贸易理论，如亚当·斯密的绝对优势、大卫·李嘉图的比较优势和格林的要素禀赋等理论，都强调了一个区域或一个国家经济的起步和优势只能基于自身"天赋"的资源（主要指财富中的自然资本和人力资本），只要依赖自然禀赋的比较优势就能够换来相对更多的货币（指金银），这也是重商主义出现的经济社会背景。尽管重商主义后来被扬弃了，但它所反映出的人们对财富的一种普遍看法却值得深思和警惕。那就是将"货币"（这里指纸币）直接当成了财富，却忘记了货币只不过是价值媒介或者更通俗一点讲是财富大小多少的一个度量标记而已。当财富实体不存在了，货币就会变成一堆"肥皂泡"或"废纸"！从这个角度再来看贸易，就会发现那些拥有自然资本优势的地区或国家，如果没有前瞻、严格的环境保护政策等，通常就难逃"资源诅咒"的厄运；反而是那些自然资本短缺的地区或国家，往往能够通过增大人力资本和社会资本的方式增大产出资本，不仅在国际贸易中占得先机，而且还全面地增大了自身的财富总量。

可见，传统贸易中的所谓"保护"（从李斯特的国家主义到今天的各种贸易壁垒）和"自由"（从古典经济学到以弗里德曼为代表的货币主义以及各种新自由主义）还仅仅是从工业发展或者说产业竞争的角度对贸易的一种理解，如果从财富的视角看，这种理论观点还是值得商榷和需要细分的。尤其对于资源型发展中国家来说，用这些理论指导经济政策将会带来不可估量的财富损失。实际上，即使是发达国家，如果一味地以自然资源为竞争优势并且寻求贸易"保护"，也无异于饮鸩止渴，只会加大自然资本流失的速度。资本主义原始积累时期及其后的很长一段时期，英国、法国、德国等都曾经经历过这样的阶段，而《寂静的春天》的作者所描写的，也正是美国这个头号发达国家曾经发生过的真实故事。那么，为什么直到今天人类社会还不能正确地认识这些呢？问题就在于我们走上了一条以资本为主导的发展道路。而资本是要逐利的。应该说，包括贸易，都是资本所织就的制度网络中一个组成部分，而人的自利最大化成了这张网络中唯一活跃的"蜘蛛"。只要哪儿有猎物（利润），它就会"扑向"哪儿，无所谓种族，也无所谓国家。

二 资本主导下的要素跨国和跨区域流动

正如前文中我们对资本的分析显示的，资本实际上是伴随工业文明而出现的适应联合生产方式的一整套制度体系，这实际上与马克思主义所谓经济基础与上层建筑的辩证关系是一致的。只不过我们认为对资本的认识应该超越"能够带来剩余价值的货币"这样一个范畴，从生产领域看它体现为一种生产方式，从上层建筑看则体现为一系列制度安排。因此，分析资本不能仅仅从资本所有者出发，还要从整个资本作为制度的整体性入手。这样，我们也就能够理解马克思主义所谓"剥夺剥夺者"建立属于"无产阶级"自己的上层建筑的原因所在了。在这种整体思路下，我们看看资本主导下的生产要素是如何跨国和跨区域流动的。

首先是资本实现了从工场手工业走向较大规模的以机器动力为主的工厂化生产，形成了如英国曼彻斯特等比较大型的纺织业基地，这些基地就是新的经济增长点，通过"圈地运动"等与土地所有者结合，开始将土地产出（如在英国，大量的土地被用来种植棉花或被用来设立厂房等）和劳动吸入新的产业，出现了资本主导意义下生产要素的较大规模流动，并且这种流动随着新兴产业规模的扩大不断加速。这就是资本在某一区域基于技术革命、自然资源（如煤矿等）等外界条件形成增长点后，开始促使生产要素从其他区域流向增长区域的一个普遍方式。

其次是当资本主义实现对封建主义上层建筑的取代之后，面对国内已经短缺的原料市场和购买力不足或者饱和的商品市场，资本作为个体已经无能为力的情况下，开始动用国家机器为其寻找和打开世界原料市场和商品市场，从而开启了国家之间生产要素的流动，只不过这种流动刚开始是借由武力发动的。

再次就是资本主义国家之间的竞争及它们不断地从原料输出国获取生产资料、劳动和输出商品的阶段，这一阶段是一个不断由穷国向富国输血的不平等阶段，不幸的是它仍然还在继续着。所谓"南北问题"本质上就是一个穷国生产要素不断向富国输出的问题。在这一阶段，资本对生产要素流向的主导还不时依赖于武力的"帮助"。

最后，随着第二次世界大战的结束和美元霸权的确立，一直到20世纪五六十年代风起云涌的殖民地独立革命，再到20世纪90年代苏联解体后冷战的终结，经济全球化的出现，终于打通了资本吸纳世界生产要素和向世界市场提供商品的通道。"穷兵黩武"式的原料掠夺和商品倾销已经不被普世价值所接受（尽管还时而在区部上演并且仍然"蠢蠢欲动"，因为武力本身就是资本制度体系的一个组成部分，不会自动根绝），但资本却依靠全球化和货币这两条经济大动脉，通过金融控制实现了对世界生产要素更加紧密的控制。这也就是马克思早已指出的金融寡头的升级版——国家金融主义的形成，也就是美国为什么宁可"大打出手"也决不会放弃美元世界货币的主要原因。同样，欧元的出现不仅仅是欧共体经济社会发展的必然需要，也是意图与美元抗衡，从而重新划分世界金融版图，分得世界经济发展红利"一杯羹"的需要。另外，这种"货币战"也被引入用来"治理"一个国家的经济，从而使得各种主权货币的"注水"次数和规模不断加大，"牵一国而动世界"，使得生产要素的流动变得更加纷繁复杂。但无论如何，生产要素也都仍然处在资本的控制和主导之下。就像孙猴子，可以尽情翻跟斗，但却逃不脱如来佛的手掌心！

三 跨国和跨区域间的财富极化问题

财富极化在经济视域中就是各类生产要素在某一时期不断地流向经济发达或发展快的区域和国家。而从本书的研究来看，生产要素本质上只有土地和劳动两种，后来提出的资本、企业家才能和技术、知识等都可以归结到土地和劳动。从世界银行（1995）对财富的界定看，土地和劳动就是财富四个组成部分中的自然资本（财富）和人力资本（财富），而其他两种，即产出资本和社会资本，前者是土地和劳动结合后生产而来的，后者则仍然是一个与劳动息息相关的范畴，因为所谓社会乃人之社会，无论是社会资本中的制度、组织、法律和文化等也都是以人作为载体或执行对象的，所体现的就是劳动社会性。因此，土地和劳动作为生产要素在资本主导下的"定向"流动，也就意味着财富的主要组成部分的转移。上文中对这一问题已经做了一个基本的回顾。可见财富极化是一个与西方发达国家资本主义产生和发展历史密切相关的问题。我们这里需要探讨的是，从土地的自然性看，土地的非移动性决定了即使任何力量也无法将其从原来的位置移走，那么所谓土地的移动是指什么呢？这实际是一个常识，是一个与土地概念相关的问题。在自然经济时期，土地的主要用途就是作为农耕之用，这也是第一产业使用土地的主要方式。进入资本主义生产方式后，土地的用途被不断拓展，上至太空下至地壳，包括空气、阳光、河流、山川、森林、草地、沙滩、海洋等都是土地的组成部分。土地这些组成部分的不同也就形成了不同区域和国家自然禀赋的不同。资本所需要的并非整体意义上的土地，而是土地组成部分的生产资料（包括土地产出、矿藏、木材等），这些生产资料通常都是该区域或国家最具经济价值的，是其自然财富的重要组成部分。它们一般是不可再生的，它们的流出意味着所在区域或国家自然财富的绝对减少，因为正如前文中所分析过的，这些生产资料基本是被廉价买走甚至"抢"走的。更何况其野蛮采掘对原有自然生态（或者土地生态）造成的严重破坏，使得当地的自然财富值严重缩小。这些损失本身是应该由资本负担的，现在反而变成了它的隐性利润。因此，区域和国家之间财富的极化，从自然财富的角度看，就是材料输出区域和国家（落后区域和穷国）的自然财富（包括生产资料价值和自然生态补偿价值等）向生产区域和国家（经济发达区域和富国）的廉价输出过程。这种非对等的区域间和国家间"贸易"，也就必然导致"资源诅咒"的发生。可见，"资源诅咒"并非不能避免，关键在于建立一个公平公正的等价交换和对自然生态严格保护的制度框架和贸易机制。接下来我们再看劳动，作为财富第二大组成部分的人力资本。起初是被迫从土地上"撤离"，这是非常重要的。马克思主义已经对其进行过深入的分析。从本书来看，无外乎就是不让劳动继续在自然经济这种生产方式下生活，这样既可满足资本主义生产方式对劳动的需要，又可培育出一个稳定的产品市场（消费群体）。当然，这一过程一直充满了矛盾和斗争，但当农业也被资本主义生产方式所"占领"，面对整个资本制度体系的时候，劳动才真正成了资本的"俘虏"。这种看起来被动的选择实际上并没有存在多长时间，当劳动开始适应资本主义这种新的生产方式后，由工业文明所带来的生活质量的提高和人性本能，使得劳动开始主动寻求更好的工作机会和生活条件，这就是"推拉理论"所揭示的一个简单的比较利益驱动而已。目前存在的区域和国家间的劳动流动绝大部分都属于这种主动选择，正是这种主动选择才使得落后区域或发展中国家人力资本（财富）流失严重。糟糕的是，在可见的未来，这种趋势很难得到有效遏制。既然土地和劳动流向经济发达区域和国家，由其结合而生产的产出资本（财富）自然也会增加，并通过产业升级形成一种良性循环，这些都会进一步促成这些区域和国家社会资本（财富）的完善和发达，从而更有利于经济社会的发展，对落后区域和发展中国家的土地和劳动财富产生更大的吸引力。

四 强者的市场游戏：对要素跨国和跨区域自由流动规制的思考

显然，财富向经济发达区域和国家的集中自资本主义生产方式出现后就一直进行着，在初期及很长一段时期内这种财富的极化都是以战争、殖民和不平等的手段实现的。如果撇开这些不被大众接受的历史事实，单独就资本对经济社会发展的贡献来看，就是一个仁者见仁智者见智的问题了。但无论如何，我们都不应该"赞赏"通过"掠夺"邻人的财富来铺平自己发展道路的做法。更何况在 21 世纪，这种做法已经没有多少价值观基础，就算非要施行，也必须借助诸如民主、自由、人权等普世价值的幌子作为旗号。但对于发达国家和发展中国家，或者说南北两个世界格局的形成，在如何消弭其巨大的鸿沟面前，我们不得不回过头去仔细研读资本主义能够强大的历史，因为支配今天世界经济秩序的一整套制度体系不是凭空产生的，正是来自和渐变于这段不算太漫长的"资本主义发家史"。换言之，即使今天的国际秩序，也依然是一个属于强者的游戏规则。不打破这种规则，就无法从根本上消除区域和国家之间愈益严重的差距。

那么，一个首先需要回答的问题是：我们如何看待资本？在前文中，关于资本我们至少有以下几方面的认识：其一，它是适应联合生产对要素整合的需要而创造的一种制度安排；其二，它是劳动社会性拓展的必然结果，既然货币作为一种交换媒介有其制度合理性，那么，作为人格化的资本力图从这种交换中发现利润也有其合理性；其三，看待资本的逐利性，实际上就是对人的自利的合理与否的一个评判问题。这一点已经没有什么争论，那就是人的自利是其自然存在的一种天性，但极端自利则是不可取的。用这种观点来看待资本，即逐利是资本的天性，但其应该在一定的合理范围之内（从实践来看，将资本的逐利应该限制在完善的法律体系下。当然也可以通过资本的道德自觉来实现，但那往往是靠不住的）。另一个需要回答的问题是：既然资本的历史不太光彩，那么我们为什么还要极力引进资本、培育资本呢？这就涉及了不同生产方式的效率问题。实践已经证明，对于工业文明下这种大规模生产要素流动整合的联合生产方式而言，市场经济显然优于计划经济，这没有什么争论的。这也就是邓小平所说的，资本主义和社会主义都可以有市场。但问题就在于市场对其平台上交易的物品有两个基本要求：一是清晰的产权；二是自愿平等。正如前文中我们已经探讨过的，资本正是借助了市场的这一特性，只不过许多情况下它并没有遵循自愿平等原则。结合这两个需要回答的问题，我们就可以得出一个基本的结论，那就是资本作为联合生产的一种制度安排更符合市场经济的主体要求，作为发展中国家应该充分发挥资本的这种生产创新功能，但同时，如果放任资本发展，它就必然会"占领"整个上层建筑，因为正如我们已经分析过的，资本也意味着经济基础和上层建筑的结合。不幸的是，这种可能正在许多发展中国家变成现实。从而扭曲了这些国家经济发展的道路，不仅不利于缩小国内区域之间的差距，而且还会进一步加大与发达国家的差距。因此，作为发展中国家尤其是社会主义国家，需要引入的是资本有利于联合生产的"技术"的层面，不能引入的是资本作为上层建筑的"政治"的层面。只有如此，才能有望给资本带上"笼头"，实现经济发展在城乡、区域间的均衡，逐步缩小与发达国家的差距，使得财富向发达区域和国家流动的速度和规模放慢，直至将自己打造成吸引财富的新的增长点。

以上主要是从资本和市场的本质去看待财富极化的问题，所解决的就是引入或培育资本的区域和国家要防止被资本的极端自利所绑架进而变成资本的逐利工具。如果失去了这个前提，接下来针对财富极化的一些具体规制措施就很难出台或者见效。从前面我们可以看到，所谓财富极化，主要是自然资本（财富）和人力资本（财富）从原料输出区域和国家的流失。那么，就应该针对这两个方面出台相应的规制措施。在自然资本（财富）的保护上：一是要在对区域内和国家所拥有的自然资源全面核查的基础上，通过立法对其进行监管和保护，防止对自然资源的滥采滥用和对自然生态环境的破坏；二是出台扶持政策等，实现对自然资源的初加工并逐步达到精深加工；三是要对稀缺自然资源进行针对性的保护，在用途和价格等方面要进行主动干预，防止稀缺资源的廉价流失等。在人力资本（财富）的吸引和培育上：在人本主义作为普世价值的今天，人员或者说人才的流动是不应该受到任何限制的（除非涉及国家或区域安全）。因此，要留住人才，不使本区域和本国的人力资本（财富）流向发达国家和区域，除了不太可靠的道德和价值观教育之外（当然，这方面的教育也很重要，但它毕竟没有强制性），主要还是要营造有利于人才成长和发展的环境，大力发展教育和培训，出台吸引人才的优惠政策，形成尊重人才、爱护人才和重用人才的社会氛围，等等。这方面的措施很多，但关键是要真正落到实处。因为在知识经济的今天，人才就是最主要的竞争力。失去或者吸引不到人才，就无法有效地消除区域和国家间的差距。实际上，吸引和留住人才还与财富的另外一个组成部分——社会资本（财富）息息相关，这就涉及了法律、制度、组织和文化等与社会相关的各个方面的建设。因此，从这个意义上看，人力资本的增大不仅是一个是否吸引和留住人才的问题，而且也同时是一个与整个社会发展相关的问题。

第七节　自由市场、资本深化与财富创造过程中的悖论

一　产业升级与财富的虚拟化和异化

尽管从世界银行（1995）对财富的全新界定看，人类社会对财富的认识已经从有形（物质）财富到无形（精神）财富，从对自然生态的忽视到重视，一直到将诸如社会组织、制度、法律、文化等社会领域纳入财富范畴，可以说，有了质的飞跃。但对财富的深入分析还应该结合产业升级和劳动社会性的无限拓展。因为在这个过程中，存在着财富的虚拟化和异化问题。它们与产业升级相伴而生，并且在某种程度上就是产业升级本身。对于有限的实体财富来讲，财富的虚拟化和异化所带来的结果并不让人乐观。

从本书的研究观点看，从土地和劳动自然性到劳动社会性再到土地社会性，货币的出现可以看作对实体财富的第一次虚拟化，这种虚拟是由交换产生的，并以交换双方的心理估价为基础，存在着偶然性。从货币产生一直到自然经济时期的结束，货币与实体财富在长期中基本处于一种平衡状态，这主要取决于金银作为货币的稳定性和人的需求的相对稳定性，尤其需要提及的是，自然经济时期的物品大部分来自第一产业，基本都是日常生活必需品，具有弹性缺乏的特点，这在某种程度上限制了人的需求的无限增大。因此，这一阶段的实体财富的货币化的虚拟程度较小。财富虚拟化的第二个阶段可以看作证券化的阶段，随着资本主义生产方式的出现，工业文明将大部分土地和劳动财富转移和吸纳到第二产业，生产力的极大提高给人们带来了多样化的商品，人对物品的占有欲随着选择的多样化开始日益增强并形成了棘轮效应，需求大幅度增长，金银货币退出了人们日常交换的常态，以纸币计量的物品价格除了受生产成本的制约外，就基本取决于物品的多少和人们需求的强度，价格开始更多地依赖于市场的一种非理性判断，与实体财富的关系越来越隔离，货币拜物教产生了——这标志着作为价值媒介的货币（纸币）变成了财富本身，使得财富的虚拟化加大了。财富虚拟化的第三个阶段就是金融创新的阶段，是各种东西

（有形的、无形的）都可以被资本化的阶段。从产业升级看，这一阶段更多地伴随的是第三、四产业的出现，美元与黄金脱钩、各种风险投资、没有任何标的的资本化等都是这一阶段的主要事件点。货币或者说证券等都成了第三产业的重要组成部分，并且被用来当成放大财富的"生产资料"，被各种投机者当成了"钱炒钱"的主要战场。在这一过程中，以货币计价的财富价值完全被虚拟化了。工业文明积累下的巨大财富计价符号（指货币），被金融巨鳄们在世界各地任意指挥游荡，要么炒高所在地或所在国的实体财富价格，要么反之而行。以实体财富而生的货币俨然成了实体财富的主宰，成了另外一种势不可当的看不见的却又实实在在存在着的力量，在充当着资本集聚和优化资源配置功能的同时，也给正常的财富生产带来严重的干扰甚至毁灭性的打击。

而所谓财富的异化，从本书的观点看，就是随着产业升级出现的大量用于军事、奢侈品和炫耀性消费、地下经济等的自然财富和人力财富，另外，从社会财富的角度看，人的价值观的畸变、法律日益复杂细化和过于庞大的官僚队伍等制度成本的增大也造成了财富的损失和异化。那么，为什么会出现财富的异化呢？主要原因还在于资本的逐利本性、西方主流理论所推崇的个体主义自利最大化价值观的泛滥和以自由为名义对人性恶的一面的放纵等。尽管资本是适应大规模联合生产的一种制度安排，有其优点和合理性的一面，但显然，至少从财富异化的角度看，资本同样也有过渡性的一面。此外，财富的异化大多还源于人性的贪婪，当资本的逐利性与人性的贪婪相遇，财富的异化就难以避免了。从本书的思考来看，对于已经习惯于极端自利的人性的"改造"是最基础的工程，这样讲不是为了否定人的自利，而仅仅是认为人的自利应该有一定的限度。就如同极端利他也不可取一样，人的利他也应该有一定的限度。资本作为一种联合生产方式，就如同一把"宝剑"，关键在于它掌握在什么样的人性手中。

二 自由市场与资本深化

资本深化和资本广化都是西方主流经济学增长理论中的概念，简单来说，资本广化指平均资本量对新增人口的覆盖，资本深化则指包括原有人口和新增人口的所有人口平均资本量的增加。实际上，这一理论即使在西方主流理论内部也争论颇多，只能是对经济增长原因的一个"大致"解释或者说现象描述。即使撇开两个"剑桥之争"，从宏观上笼统的所谓"资本"和"劳动"本身就存在着很难合并加总的问题，这样的两个以"货币"和"人口数"计量的指标，本身就没有多大的意义。只能是对已经发生的经济结果的一个泛泛描述。从本书对资本、财富极化及产业升级过程中的财富虚拟化和异化的分析来看，西方主流理论中的资本深化概念不仅无法很好地解释经济增长，而且无视区域和国家之间差距的不断加大。这种平均的概念聊可用作经济解释，根本无法用来指导经济发展。

我们所面对的经济社会现实是，当发达国家无论是依靠武力还是依靠市场已经形成财富极化效应，并且用全球化打通财富借由"自由市场"流动的渠道后，所谓的公平自由，也只能维持甚至恶化既有的国际分工格局。换言之，在这种世界经济结构下，资本的逐利本性，只能是财富极化的不断加大，而不论资本是在发达国家还是发展中国家。因为对资本而言，在自由市场逻辑下，并无民族和国界之分。这也是大多数发生"资源诅咒"区域和国家的现实。因此，所谓资本深化，尤其是"以资源换发展"的落后区域和发展中国家，也许人均资本量在资源没有枯竭之前是增大的，但如果不能将其用来发展其他可持续有竞争力的产业，甚至在资源开发过程中对生态环境造成了极大的破坏，那也只能是"镜花水月"，以增长的假象"富有"了一小部分人而已。更为糟糕的是，这些货币化了"自然资源"很容易导致流动过剩，成为扰乱金融秩序、到处投机的游资。从我们对资本的分析来看，资本深化可以这样理解，即资本首先通过对土地和劳动的主导、再到控制经济领域以至最后控制社会领域，从而完成整个经济社会资本化的这样一个过程。但资本的这种"深化"并不必然带来所在区域和国家经济的增长，尤其是对落后区域和发展中国家来说，如果任由所谓自由市场原则作为指导，则其经济发展抑或经济增长的美梦很可能"毁于一旦"。因此，一个区域和国家经济的增长，人均资本量的增加是一种必然，但这更多地是一个结果而不是这种结果的原因。问题就在于，那个经济增长的起点在哪里？在财富极化的既有经济现实面前，处于劣势的落后区域和发展中国家是屈服于"虹吸效应"让处于产业高端的区域和国家不断"吸"走自己的自然财富和人力财富，还是通过"后发优势"将自己的自然资源和人力资源优势转化成产业优势和市场竞争力？答案应该是不言而喻的。但问题是，在没有规制的自由市场面前，资本的逐利天性仍然走向了最原始的攫取廉价资源价值的道路。这就是通常情况下落后区域和发展中国家"出口经济"的真实生态，是一种既受制于国外市场又受制于资源存量的不可持续的发展道路。

就发达国家而言，资本已经远非生产领域的"池中之物"，而充斥于经济社会的方方面面，这种情况下仅仅使用传统的资本深化工具显然是"用杀鸡的刀去宰牛"，焉能有用？更何况随着产业升级出现的财富虚拟化和异化现象，这些又怎么去"人均"？即使"人均"了又能说明什么呢？难道经济增长就是这样的模式吗？唯一能够解释的是，这些已经发生的和继续将要发生的，不管与经济社会的健康发展、与人的幸福是否相关，只要是符合自由市场意志和资本逐利需要的，就是"合理"的。换言之，这些都是资本这棵大树所结的必然之果，只不过有的可以吃，有的不能吃而已。

三　财富泡沫与走向崩溃的系统

财富泡沫与资本主义生产方式紧密相关，是资本主导的产业升级的必然结果，同时以过度供给和过度需求为主要特征，既是资本逐利的结果，也是人性极端自利的必然，表现在财富上就是财富的虚拟化被当作了财富本身及越来越多财富异化的出现。它必须通过市场自由来实现，因为这种自由在极大地鼓励了人的创新精神的同时，也放纵了人们心中恣意享受的魔鬼。所谓资本主义，实际上就是掌握了资本工具的人的极端自利主义。因此，资本主义并不为发达国家所独有，它同样存在于落后区域和发展中国家。正如我们在前文中已经探讨过的，货币、资本和市场等都是劳动自然性向劳动社会性拓展中创造出的有利于交换的工具，本身无所谓好坏。但当资本作为一种联合生产方式由经济基础上升到上层建筑之后，资本就被资本主义所绑架。其关键就在于将"人不为己，天诛地灭"的极端自利和个体主义当作制度基因，从而具有一种强烈的"侵略"倾向。这种"侵略"既可以付诸打着各种幌子的战争，也可以付诸借由市场竞争的垄断；既可以掌握国家机器与邻为壑，也可以为一己私利颠倒黑白。这就是资本在创造了人类极大物质文明之后所带来的最终将摧毁资本本身的"副产品"。

从财富的组成部分看，自然财富尤其是不可再生却又在资本主导的产业体系中处于基础支撑地位的自然资源的有限性，给规模越来越大的产品供给体系悬上了"达摩克斯之剑"，"财富之母"终将在人类永不满足的索取前倒下，那时候也就是资本主义生产方式宣告结束的日子。如果"财富之母"不在了，那么"财富之父"也只能是"巧妇难为无米之炊"，财富泡沫也将轰然倒塌。这是从供给的方面看的，因为资本的逐利本性是"见了棺材也不落泪"的。从需求方面看，工业文明带来了物质的极大丰富，人们已经不再满足于"衣食住行"等基本生活质量的改善，各种炫耀性、奢侈性消费开始大量涌现，并且通过学习效应"蔚然"成了一种社会风气。人的极端自利不仅控制着资本，而且也在需求市场上大行其道。这也正是资本主义生产方式所需要的，因为正如马克思主义指出的，私人劳动只有转化为社会劳动，才是资本的真正目的。而这归根结底需要一个旺盛的需求市场。除了通过各种"供给创造需求"的诸如广告类的技术和营销手段外，用个体主义和享乐主义作为整个社会的价值观则更是一个几乎无须付出任何成本的最好办法，唯有如此，资本主义生产方式才能够将需求市场打造成人的贪欲的"饕餮盛宴"，从而不愁卖不出自己的那份"菜"，即使这份"菜"没有任何营养甚至会吃坏了"肠胃"。这就是典型的"心为物役"，在资本主义生产方式下，人不可避免地变成了"物质的奴隶"，并最终基于自然财富的限制而走向系统的崩溃。

四 你往何处去——对传统理论和经济社会实践的反思

显然，就资本主义生产方式，人类社会不能仅仅沉浸于它所带来的丰富的物质生活中而忘了这并非资本主义的初衷。如果不对其进行反思并从制度本身加以修正，终有一天，资本主导的生产方式将会摧毁土地和劳动并否定掉自己。与自然经济不同的是，面对资本越来越"锋利"的技术之刀和人类永无止境的贪欲之剑，自然财富正在加速走向枯竭。工业文明不会像农业文明一样有一个漫长的时期并且可能永续下去，当大部分落后区域和发展中国家正在做着繁荣富强的梦时，它自身的财富可能已经流向发达区域和发达国家，根本没有机会和财富条件（包括自然财富和人力财富）走上与发达区域和国家一样的工业化道路。这就是今天大多数发展中国家所面临的现实。

无论资本主义生产方式最后走向何方，从资本的源头上看，它都是对土地自然性和劳动自然性在劳动社会性拓展过程中的一个异化和主导现象。在古典经济学家看来，财富的源头在于土地和劳动，"看不见的手"固然重要，但亚当·斯密的《道德情操论》同样不可或缺。马克思主义从古典经济学那里继承并升华了以人为本的劳动价值论，但这种学说是与资本唱反调的，不为逐渐控制整个经济社会的资本所认可。而以萨伊等为代表的"三位一体"的新生产要素学说顺应了资本的需要，为资本在价值创造中的作用争得一席之地，并最终通过功利主义和边际主义等合力为资本不仅进一步从理论上而且从技术上进行了正名。加上马丁·路德和加尔文等对宗教进行的有利于资本主义的改革，马克斯·韦伯在《新教伦理》中对资本主义的褒扬等，这一切使得资本主义逐渐被社会大众所接受。在这一过程中，作为社会科学皇冠上明珠的经济学则更是居功至伟，从马歇尔开始的新古典经济学和萨缪尔森的新古典综合等主流经济学理论，更是将人的自利、最大化和边际主义等奉为圭臬，从根本上将价值的讨论从经济学中"剔除"，从而以科学理性的"名义和精神"证明了人追求效用最大化和资本追求利润最大化的天经地义，其后无论是货币学派、供给学派、理性预期学派还是新自由主义学派等也都是在相同的假设前提下对经济现象提供了各自不同的解释，并没有任何主流经济学理论从根本上质疑过资本主导的生产方式的合理性，反而是在不断肯定资本的同时，以经济哲学的方式张扬了个体主义追求自利最大化的合理性，从而潜移默化地培养出了适合资本主义生产方式并认同资本主义价值观的劳动者。可悲的是，未曾经历过资本原始积累噩梦的劳动者并没有太多时间去缅怀历史（用主流经济学来解释的话，这样做是不理性的，对其追求效用最大化没有任何帮助），加上他们现在已经搭着资本主义的快车过上了"好日子"。至于这些"好日子"来自那些落后区域和发展中国家正在继续的他们的先辈曾经经历过的原始积累苦难，他们就管不着了。这也是主流经济学典型的价值观，与富贵人家的仆人瞧不起穷人是相同的道理。可见，资本主义绝非仅是经济领域的范畴，而是体现资本本性的一整套制度体系所奉行的原则。因此，在这种原则下，期望资本的慈悲缩小区域和国家间的差距，不啻于"与虎谋皮"！

作为发展中国家，我国应该吸收资本联合生产的优势，邓小平所说的"让一部分人先富起来"指的就是要充分发挥资本有利的一面。但同时一定要警惕的是，资本向来都是不安于只在经济领域"发挥特长"的，它是要将自己转化为制度本身的，是要让整个经济社会为它服务的。通俗点讲，就是资本一定会寻求和权力的结合，直至将上层建筑控制在自己手中。如果看不到这一点，中国特色社会主义就要"变色"，而邓小平"先富带动后富"最后达到"共同富裕"的设想就很难实现。因为任何一个以资本主义生产方式为主的发展中国家，如果仍然寄希望于通过走西方发达国家的老路，即通过对本国劳动者和其他国家的"奴役"和原始积累走向繁荣富强，那无异于痴人说梦。一来是已经没有那么多自然财富了，二来是西方发达国家也决不会允许这样做，因为这不符合资本的本性。既然如此，作为发展中国家，我们应该如何做呢？本书认为至少有几点必须引起关注。一是需要正确对待西方主流理论。自 20 世纪 90 年代中国引入西方经济学理论之后的 20 多年，我们既看到了这种解释经济现象的全新思想的合理的地方，也看到了其所推崇的个体自利和最大化追求正在成为人们的价值观标准，尤其是武装了许多社会精英。这种导向就几乎是西方社会曾经在价值观改造上的再现，是资本开始走向上层建筑的前奏。可怕的是，我们看到许多主流学术期刊都成了西方主流理论的宣讲战场。马克思主义正在逐渐失去话语权。二是一定要警惕国家权力或者说政治权力被资本所占据和控制。西方发达国家也是通过近 100 年的渐进主义努力，才将资本干预政治的"黑手"从国家机器中"清理"出去（通过不断完善的法制），尽管不可能全部清除，但起码不那么"明火执仗"了（就像现在正陷入资本主义和权力结合泥潭的一些发展中国家）。三是要防止资本进入关系国计民生的产业，尤其是外国资本。这一点的重要性不言而喻，即使任何一个西方发达国家，关系国计民生的产业都是不容许"别人"染指的。而要做到这些，就需要中国的执政党有足够的远见卓识和驾驭资本的能力。若诚如斯，则中国之幸也！

第八节　小结

通过本章对产业升级过程中财富极化效应的分析，可以得出如下几个基本观点和结论。

1. 财富是一个与经济社会发展阶段紧密相关的范畴，不同的经济社会形态对财富的看法不同。自然经济时期，土地和劳动被视为主要的财富。进入工业文明尤其是知识经济时代，财富的内涵和外延都有了极大的拓展，生态财富和可持续发展财富观已经成了人们的共识。1995 年，世界银行将财富划分为四个组成部分，即自然资本、人力资本、产出资本和社会资本。在财富的这一变迁过程中，不同的理论学派（包括宗教等）都对其进行了各自的阐释。而可持续发展下的生态财富观应该与人类经济社会发展的最终目标相契合，是人类社会正确看待和修正当下生产方式的标的。

2. 生产要素也是与经济社会发展阶段相关的。生产要素从土地和劳动的"二元论"到加入资本等后的"三元论"、"四元论"甚至"多元论"，反映的是生产要素在具体生产方式中的地位和作用的变化。从本质上讲，尽管资本成为了所有生产要素的主导者，但包括资本的其他生产要素都可以归结到土地和劳动。这也就是古典经济学认为"土地乃财富之母，劳动乃财富之父"的根本原因。生产要素的自由流动需要清晰的产权安排和自由市场两个制度平台，只有如此，资本才能够按照自己的意志主导生产要素的流向。也正是基于此，财富才源源不断地流向了发达区域和发达国家。

3. 要素自由流动和可持续发展并不矛盾，但在资本主义生产方式下，这种流动与财富的可持续发展是相互对立的，容易造成落后区域和发展中国家"资源诅咒"的困境。如果不改变资本主义生产方式，就很难实现财富的可持续发展。

4. 在产业升级过程中，第一产业尤其是农业具有基础财富的作用，但由于其大部分产品（粮食等）具有弹性缺乏的特性，加上自由市场下要素选择权的增大，第一产业往往不受资本青睐。城乡差距的不断加大使得产业之间的财富鸿沟愈益严重，从而形成"贫穷陷阱"。这种现象在资本主义发展早期尤其是当下的落后区域和发展中国家几乎成了无法避免的经济社会问题。资本的逐利本性不可能主动解决城乡差别的问题，只能是"富者愈富，穷者愈穷"。因此，必须针对第一产业的产品特性进行价格规制和政策干预。

5. 从财富极化的角度看，贸易的本质就是生产要素（主要是土地和劳动）或者说财富（主要是自然财富和人力财富）从落后区域和发展中国家向发达区域和发达国家基于全球市场的流动。在资本主义生产方式主导下的区域或国家间这种非平等和非均衡的贸易格局是很难改变的，财富向发达区域和发达国家极化的趋势只能越来越强。这是由资本的本性所决定的。如果落后区域和发展中国家不从自身的经济发展战略和"后发优势"出发，对生产要素的自由流动进行规制，就可能失去发展的最后机会。

6. 产业升级在带来财富极化的同时，也带来了财富的虚拟化和异化。对于不可再生的有限自然财富和人的全面发展来说，财富的虚拟化有可能导致生产要素的错误配置，从而使财富受到损失；而财富的异化则是与人类社会的最终发展目标和人的全面发展背道而驰的。但这一切都符合资本的逻辑。在一个资本统摄所有经济社会制度并且这一制度就是资本本身时，出现财富泡沫是必然的，但这一系统走向崩溃也是必然的。落后区域和发展中国家的执政党必须要清醒地认识到资本的危险性，从而用其所长，控其所短，避其所害。

第三章　产业升级、土地资本化与收入分配

第一节　引言

产业升级意味着对生产要素使用的不同安排，生产要素在具体的产业中所处位置的重要性有了根本性的变化。这一点在霍夫曼比例中有直接的说明。在由农业文明进入工业文明之后，看起来好像土地和劳动作为生产要素的作用下降甚至绝对地被削弱了。但实际情况并非如此。相反，随着土地用途的扩大，土地资本化出现了。这是一个对原来没有进行货币化的土地财富进行货币化释放的过程，其对原有的财富结构带来的冲击力非同凡响。在这一过程中，土地产权和土地财产权成了谁能够最终获取土地市场化后不同用途之间的巨大财富差额的法律标准。在中国，特殊的土地产权尤其是农地产权安排，导致农民失去了土地资本化时获得公平收益的权利和机会，也失去了由土地发展权带来的土地级差收益。从而使得巨额土地财富通过非市场化手段在飞速的城市化过程中进入政府和资本的"囊"中，加速和拉大了城乡差距和贫富差距。农村和城市改革后，获得有限自由的农民开始大量地流向城市和第二、三产业，寻找一个高于农业产出的比较收益，耕地和农村建筑用地抛荒严重，农村空心化已经成了一个严重的社会经济问题。同时，基于"卖地财政"的城市化非理性扩张也导致城市空心化的出现。如果不及时解决这些产业升级和经济社会发展过程中的深刻矛盾，中国的富强发达将会走很大的弯路甚至成为"空中楼阁"。归根结底，城乡差距和贫富差距不断拉大的问题，除了不合理的土地产权安排之外，还是一个如何正确对待劳动价值论和如何坚持以人为本的问题。因此，有必要对价值理论和收入分配理论进行深入的剖析，以期找到构建和谐社会和实现中国梦所应遵循的基本价值观和公平公正

的分配原则。

第二节　土地资本化的本质

一　土地资本化与价值发现

土地资本化的一般解释就是将土地要素通过货币估值在市场上进行交易，或者将土地作为投资资本或进行其他经济活动的抵押品，其货币估价通常是以地租和银行利息的比值计算的。但作为稀缺资源，土地的价格往往取决于供给和需求之间的博弈。从人类经济社会发展的历史来看，在自然经济时期，尽管也存在土地之间的交易等，但由于没有出现资本主义生产方式或者资本主义生产方式还处于零星和萌芽阶段，这种交易与我们现在所说的土地资本化有着本质的区别。其主要区别即在于土地交易后用途的可预期性，通常仍然被用来作为农业生产的主要生产要素，且其收益是可预期的，受制于当时的封建主义生产方式和农业生产的特点。资本主义生产方式出现并逐渐成为整个经济社会的主导生产方式后，带来了几个巨大的变化，一是形成了覆盖所有生产领域（甚至社会领域）、遍及国内外的市场；二是对生产要素的需求能否满足（或者说对生产资料和劳动力）成了决定资本生死的一件大事；三是土地用途的巨大变化。技术革命和工业革命不仅开发了如水力、森林和土地生长力等地表资源，而且还深入地下不断挖掘蕴藏于土地的矿藏资源，从而给资本带来了巨额利润。土地就像一个"阿里巴巴"宝藏，自然经济时期人们只知道土地具有"养育万物"之能，进入工业文明时期，土地更为丰富的财富之门被打开了。土地已经超越了农业文明时期作为主导生产要素的那种意义，成了工业生产这头永不疲倦的巨兽的"原料食粮"。如果过去人们对土地的渴望还仅仅是出于一种对生存的渴望的话，现在资本对土地的追逐就变成了一种无限的贪婪。而所谓价值发现，无非就是随着土地用途的拓展，其对人或资本的有用性正在不同的需求层次上展现，并被以货币的形式进行估价或交易，从而给土地所有者或使用者带来预期的好处或者利润。正是由于土地所潜藏的对人或资本有用的无限可能性，才发生了诸如英国的"圈地运动"等在各个资本主义国家早期都或多或少上演过的"各路诸侯"对土地的争夺战，并将这种争夺引向世界，最终瓜分了世界市场，形成了殖民体系。

　　具体到中国，土地资本化则不仅仅是一个经济问题，而更是一个社会问题。其主要原因在于中国缺乏对土地产权的清晰界定，尤其是农村土地，集体所有制给了资本和权力相互寻租的广阔空间。西方发达国家的历史已经昭示了土地巨大的经济价值，加上新中国成立后偏向于发展工业的战略，都使人们对于土地的认识早已超越自然经济时期那种简单的观念。只不过囿于特殊的土地产权安排而无法释放对土地资本化的冲动而已。如果从阶段上划分，中国对土地的资本化可以分为三个阶段，一是国企改革中对国有土地的划拨或十分廉价的处置方式，使得大量的土地财富转化为巨额的利润流入各种既得利益者的腰包。这个阶段还包括各地政府为了吸引投资（尤其是外资）而以极其低廉甚至零成本的方式提供土地资源。二是房地产业兴起后，城市原有土地和城郊土地的资本化。这个阶段充满了政府、开发商及各方面利益相关者之间的博弈甚至生死之争，同时也出现了大量以各种开发区为名对城市尤其是与城市毗邻的农村集体土地的"圈占"。在这短短的十几年中，中国产生了许多以土地发家致富的"超级富豪"，贫富差距开始变得触目惊心，而这正在日益超越社会能够接受的底线。三是随着资本向农村的渗透，农村土地开始被大量用于非农业生产。尤其是随着城镇化建设的全面铺开，农村集体土地成了各方既得利益者通过资本化瓜分这一巨大"沉睡中财富"的"最后盛宴"。这一阶段应该才刚刚拉开序幕。

　　土地资本化是充分发挥土地基础财富功能的一个制度创新，是通过引入资本提高土地利用率和生产效率的经济杠杆，但其本身并没有对错之分。但是，在土地产权存在严重缺陷的前提下，土地资本化就可能或者说必然带来权力和资本的寻租，中国在土地资本化过程中正在不断上演着这种非市场化或者说反市场的借由"寻租"暴富的神话。而从根本上来讲，尤其在建设特色社会主义的中国，土地作为"天赐"或"非人力"的自然财富，其经济价值应该为全体国民共同享有。如果无法做到这一点，城乡差距的拉大和贫富悬殊的出现，就不仅仅是一个经济规律或者说产业发展规律的问题，而是一个"人为"问题。

二　土地产权与土地资本化

　　正如第二章中我们已经分析过的，市场和资本对于土地和劳动来说，主要是一种生产方式赖以存在的制度工具。但市场要符合其公平等价和自愿交易的本质属性，就必须要求市场主体要有被交易商品的清晰产权。尤其是在资本主导生产要素和财富生产的生产方式下，产权就是一个必不可少的制度保障。索托在其《资本的秘密》中对这个问题有着十分翔实深入的研究。他指出，在落后或者说发展中国家，土地是一种需要通过市场释放巨大财富能量的"潜在资本"，由于清晰的产权框架还没有被建立起来，土地的财富属性还处于"休眠"状态。这也是许多发展中国家不能够有效盘活和使用自然资本（财富）的问题所在。诚然，土地和劳动作为"财富之母"和"财富之父"，从工业文明的角度看，即劳动只有和来源于土地的生产资料相结合才能生产出世界银行（1995）所谓的产出资本（财富），如果土地无法在市场上正常交易，从其广义上讲，就无法实现生产要素的有效组合，并最终将资本作为先进生产方式的优点排挤出经济发展可能的选项。这是从土地产权的一般意义上来说的。具体到中国，土地资本化由于特殊的产权安排，呈现出了"八仙过海，各显神通"的混乱局面，其直接后果就是土地利用效益的下降、土地财富的非市场化流失和非市场化对资源配置的误导。

要探讨土地产权和土地资本化的关系就首先需要厘清几个基本的问题。其一，土地作为基础财富，应该为全民所有、集体所有，还是通过什么样的方式为个体所有？这是不言而喻的。不过更合适的表达方式是，土地作为自然赋予人类（实际不仅仅人类）的财富，其随着经济社会发展的价值增值及其本身都应该为所有人所共享。个体所有、集体所有或者国家所有只不过是经济社会发展的一种需要，是适应于特定的生产方式的，但其必须服从土地之于所有人共享的这种理念，而且要在经济实践中贯彻这种理念。其二，土地产权安排和土地资本化的结果应该符合公平正义原则，这也是人类经济社会发展能够实现最终目标的基本原则之一。如果要保证这一结果的实现，就必须保证程序上的正义性。我们知道，新中国的成立实现了农民对土地的私人占有，这是符合公平原则的。但之所以要将农民的土地私有转化为"三级所有"（实际上就是国家所有），除了对经典理论关于社会主义构想的某种程度的误读之外，一个主要的原因还在于为了集中全国的力量进行工业化建设。这也是符合公正原则的。因为从结果上看，国家整体财富和力量的增大增强是"惠及大众"的，尤其是这种集全国之力创造起来的财富并没有被某一个人或者某一部分人所占有。但是改革开放之后，随着市场化步伐的加快，各种所有制尤其是私营经济遍地开花并日益强大，不可否认的现实是，资本已经活跃于中国经济社会的各个角落。面对没有被及时市场化改造的土地产权，资本的本性就暴露无遗了。由于没有完善的市场法律体系，中国被压抑日久的资本本性的"掠夺和疯狂"并不亚于任何一个时期的资本，其中最好的表现就是对中国缺乏产权保护的土地价值的"鲸吞海噬"。这种最没有"技术含量"的"一夜暴富"神话，是与公平正义结果严重悖离的，这不仅加速了财富泡沫化的速度，而且也使得贫富分化愈益严重。究其原因，就在于对土地产权尤其是农村土地产权源头设计上的重大缺陷，以及由政府主导的土地资本化程序正义原则的丧失。其三，土地资本化是生产要素重组的必然要求，也是资本能够进入第一产业尤其是农业领域的市场化渠道，只有在清晰的产权主体下（市场主体的正义性，也就是土地财富的占有符合所有人共享的原则），通过公开平等的市场谈判（符合程序正义），才能够保证土地资本化之后的分配符合结果正义。也只有这样，才能够避免土地被释放的巨额财富不利于资源有效配置的快速极化，从而通过发展实体产业和普遍的"民富"加大经济健康发展的速度和提升"萎靡不振"的内需。可惜的是，囿于制度惯性和意识形态，这种可能性或者说机会已经越来越小了。

三　土地规划：对土地资本化的规制

从西方发达国家和我们近邻的韩国、日本及中国台湾地区来看，除了有清晰的土地产权之外，在翔实全面的国土普查基础上制定的科学严格和有法律保护的土地规划，在土地资本化过程中起到了十分重要的作用。这对于保护耕地、保障第一产业的发展，对于限制城市的盲目扩张和自然生态的保护，提高土地的利用效率，促进土地可持续发展，保护土地产权主体的正当权益，维护社会公平正义等都意义重大。我国虽然也制定了诸如主体功能区划等的土地规划，但土地产权不健全，加上效率低下的行政管理体制，市场经济不发达和政府对资源配置沿袭于计划经济思维的强力干预等，都使得诸多土地规划形同虚设。

土地资本化既可以促进土地（广义上的土地）资源的有效配置，也可能造成对土地资源的投机浪费。关键在于将其限定在既定的土地利用法律框架之内。否则，面对土地巨大的级差地租和不同用途之间的收益级差，资本就会千方百计进行土地投机。我国缺乏建立在耕地规划上的严格的耕地保护政策，18亿亩的耕地红线过于笼统，加上占补平衡等可操作的政策空间太大，使得如东、南部发达地区（以长江三角洲和珠江三角洲为核心）"鱼米之乡"的优良耕地大量流失，包括京津塘城市群也是以"摊大饼"不断蚕食农地的方式形成的。此外，东北、中部和西部也都在大拆大建中大量"圈占农地"，对土地财政依赖成瘾。对于我国这样一个具有 13 亿多人口的大国，本身人均耕地就很少，对土地尤其是耕地的利用还无法做到精细化和法制化管理，实在是一件极其危险、事关民族存亡的大事。在城市（镇）规划上，也无法做到法制化管理，使得规划赶不上计划，计划赶不上变化，没有长远性可言。这也就意味着存在着对土地使用的随意性，从而不可避免地产生土地浪费和土地利用效率的低下。对城市（镇）内部的交通、绿地、公园、公共设施、道路桥梁、住宅、商业建筑、公益性建筑、文物保护、产业发展、人文教育、公共卫生、资源保护（如水源等）、街道社区等同样缺乏系统的规划，并且政出多门，相互扯皮掣肘，根本无法做到精细化管理，更不要说法制化管理了。这就给土地资本化带来了寻租的极大空间，因为没有什么规划是不能够"变动"的。在这种状况下，资本所有者和政府甚至都成了寻租者，从某种意义上讲，土地财政也就是一种寻租财政。那么，用土地规划来规制土地资本化不就是一个让人很丧气的事吗？问题不在于土地规划不对，而在于从源头上缺乏一个既能够和政府"对抗"（对抗政府的非理性征地，也就是征地冲动等）又能够和开发商抗衡的清晰的土地产权，也在于没有将土地规划上升到法律的层面（而且是较高层级的法律），更在于政府手头掌握了土地这一巨额资源财富，如果不搞土地财政，那才是"傻瓜"呢！

第三节　产业升级和城市化进程中的土地发展权问题

一　产业升级与城市化的关系

如果不从近现代城市的概念看，城市（镇）的出现就起码是 3000 多年前的事了（指中国）。因此，这里仅仅是探讨产业升级与城市化的关系，并没有意指城市化是由产业升级导致的。实际上在自然经济时期，所谓的城市（镇）也不外乎几种，绝大部分是政治和军事意义上的，纯粹经济意义上的很少（如由当初的集市贸易、边境贸易到小规模的手工业制造，比较大规模的如宋朝的泉州等，元明清时期比较富庶的江南，其茶叶、丝绸和食盐等的贸易规模都不是很大，而且盐业还是政府专控的），且都受到政府的控制。应该说，中国近现代前的城市（镇）化，其产业基础主要是第一产业尤其是农业。城市（镇）与土地的联系十分紧密，如果排除城市辖区外可能的供赋和财富来源，城市（镇）的规模就基本上取决于由其支配的土地的产出能力。在这个基础上，一些专门为城市（镇）服务的诸如衣食住行、手工商贸等比较低端的服务业也就应运而生了，这些都被视为"商末"之流的非农经济活动实际上是近现代前城市（镇）不可或缺的组成部分。正因为是建立在自然经济基础上的，近现代以前也可以说工业化以前的城市就处于发展停滞和规模循环的状态（有点像简单生产，即使如唐代的长安，虽然是当时的"国际化都市"，但其对财富的吸纳也是有限的）。广大的农村对于城市（镇）的支撑作用是主要的，如果城市（镇）是一棵"华盖如云"的大树，那么农村就是其伸向土地的根。这一点是十分重要的。毛泽东所谓"从农村包围城市"就是斩断了城市的"根系"，在没有相对发达成熟的工业体系的支持下，被挖去根的城市就变成了一棵棵将要枯死的树。因此，即使在工业化之前，至少在中国，产业发展（主要是第一产业中的农业）也已经在决定着城市的命运。

工业革命以后，城市更多地是依靠第二产业发展（起初主要是以纺织等制造业为主，如英国的曼彻斯特等）起来的。一些方便交通的河流要道、港口，以及资源和能源富集区开始产生了基于工业或者交通商贸服务业等的大批城市。当然原有的基于自然经济的城市（镇）依然存在（如加拿大、澳大利亚、新西兰等的一些城市），但也都经过了工业文明的洗礼，其生产方式完全是资本主导的，并且有了发达的服务业，甚至知识经济也大量渗透到第一产业（农业）。随着产业升级，出现了专门以服务业为主的城市（如美国阿拉斯加的"赌城"，一些以旅游资源为主的城市等），原有的城市也在不断分化，如将城市的政治文化功能与经济功能分割开来，从而产生了专门的政治文化中心（如美国的首都华盛顿），也有以知识经济为主发展起来的城市（带或群）（如美国的硅谷，所谓亚洲硅谷的中国台湾新竹科学工业园区、日本的筑波科学城、韩国的大德科学城、新加坡肯特岗科学园、印度班加罗尔软件园、法国安蒂波利斯科技城和爱尔兰国家科技园等）。

　　总之，城市化的类型、规模与产业层次、产业集聚和产业升级等息息相关，如果没有产业支撑，就没有相应的城市发展。这应该是城市（镇）化需要遵循的一个基本原则。从某种意义上讲，所谓城市化无非是通过某一个或几个优势产业所吸纳集聚起来的各种生产要素（或者说财富）的组合、运动形式。只不过与企业不同的是，城市需要提供私人无法或不愿提供的公共物品和公共服务，也就出现了对城市政府管理的需要。进一步来说，如果纯粹从产业集聚的角度看，城市并不存在政治权力问题，但正是由于其规模已经超过了私人信息和成本所能控制的范围，公共干预就变成一种需要，政治权力也就产生了。而随着城市规模的不断扩大，就出现了专门从事城市管理的一个阶层（政府）和一整套法律制度，当然，基于城市的始发特性，非政府组织（其特性就是民间的、协议性的）也是城市的一个组成部分。需要指出的是，尽管城市的类型越来越多，规模也越来越大，但万变不离其宗。那就是城市的发展是需要产业支撑的，产业的可持续决定着城市的可持续，产业转型同时意味着城市需要改变。在城市发展中，人们最容易忽视的就是第一产业尤其是农业。殊不知作为昔日"城市之根"的农业，今天也仍然是城市存在的"基础产业"，除非生活在城市里的人都"不吃不喝"了！因此，在城市发展的突飞猛进中，一定要用相同甚至更大的投入或力度发展第一产业（农业）。所幸的是，目前世界范围内适应城市发展改造的"都市型农业"为破解这一可能出现的难题提供了很好的样板和思路。

二　土地产权、财产权与土地发展权

　　所有权是产权的核心，对拥有所有权的"物"的控制权（管理权等）、使用（用于生产、消费、租赁等）权、处置权及剩余索取权（收益分配原则等）等都最终取决于所有权的意志（在法律框架内）。同样，土地产权也是以土地所有权为核心的。土地作为"财富之母"，既是生产要素，又是财富本身，尽管人类经济社会发展到今天，土地也仍然处于不可或缺的重要位置。从引论和第二章中关于土地的论述来看，从原初上看，土地先于人而存在，本来不属于任何"人"，乃天地万物所共有共存的"大地之母"。后来随着私有制的出现，土地也被人"所有权"化了。因此，所有权仅仅是人之社会所创造的一套划分财富的制度而已。另外，从历史源头看，尽管土地私有制成了主导性的土地所有制形式，但从原始社会传承下来的土地公有制（即公有土地）也仍然发挥着作用。这种公、私所有制共存的格局可以说一直延续到今天，比如，西方国家有土地私人所有、国家所有、地方政府所有、教堂所有，等等。但总体上讲，在目前世界范围内，土地私有制仍然是占据主流的。抛开意识形态的问题，单从土地的特性和产权的合理性而言，土地归私人所有是有效率和市场优势的。一般来说，政府所有的土地通常包括如河流、地质公园、森林等需要公共保护和管理的土地，而私人土地则更多地是属于生产（其中主要用于第一产业尤其是农业生产等）和经营的范畴，只不过为了防止对土地的投机导致土地浪费和产业危机，西方国家已经建立起了严格的土地规划和相关的法律法规。总之，由私人所有权主导的土地产权安排的一个最大好处就是稳定了对土地投资的长期预期，这对第一产业（农业）的良性发展是非常重要的。我国目前出现的对农地的"圈占"和抛荒问题，除了发展经济学所谓工、农业之间的"推拉"所导致的农民流向城市就业的选择变化之外，一个主要的原因就是缺乏清晰的土地产权或者更进一步说缺乏清晰的土地所有权主体。因为国家和集体都是相对空泛的概念，到时候还是需要落实到具体的"人"身上，这就人为地加长了土地所有权的代理链条，从而增大了土地寻租的空间。

　　从财产权的角度看，所谓财产，在法律的意义上是有主体的，即某一财产明确地归某一主体所有。它首先是一个所有权的问题。没有所有权，就丧失了财产权。因此，土地作为基础财富，也是重要的财产，谁拥有土地所有权，谁就占有了土地财产。而所谓土地产权结构中的其他权属，如果是与土地所有权分离的，则不具有对土地财产的占有权。从这里就可以看出，西方国家的土地所有权结构是将土地在财产的意义上在国家、地方政府、私人、教堂等法律主体之间进行分配，而我国的土地财产仅仅归国家和集体所有，个人是没有土地财产权的。也许这就是问题的所在。我们在前文中已经探讨过，对于市场经济来说，无论是生产要素还是商品，进入市场前都需要清晰的产权。而作为主要生产要素的土地在我国是缺乏这一前提条件的。这就必然出现一个非常不可思议的现象，缺乏产权主体的土地，最后还是在非市场力量的干预下，以市场的名义完成了土地财产的变现。这种前提条件的缺失，就只能使得市场成了一个为寻租和瓜分土地财产最好的借口。同样，土地发展权也是与土地所有权紧密相关的，既然个人没有土地财产权，也就谈不上土地发展权。对于这一问题，接下来我们会进行专门的讨论。

三 国富民穷：财富极化与土地发展权的缺失

对于发展中国家来说，本来国家掌握土地财富有利于推动整体经济的发展，容易实施一些大型的关系国计民生的工业项目、基础设施和公益性设施等，可以避免产生巨大的交易成本。这也是罗森斯坦在"大推动理论"中所推崇的。我国工业化的快速建设和改革开放后所取得的经济成就，与土地的这一特殊产权安排是分不开的。与东南亚国家（如印度、越南等）相比较，这种优势是十分明显的。但是，事物往往是有两面性的。政府对土地交易的整体干预（因为它是所有权主体），使得除了用于上面所说的符合全民利益的工程项目外，大量土地通过市场转换变现后成了私人财富。这种学习效应如燎原之火立即燃遍全国，对于我国本来就非常稀缺的土地资源尤其是耕地资源造成了严重的威胁。

我们接着讨论土地发展权。自然经济时期，土地的主要用途是作为耕地和比例不大的建筑用地（主要是住宅等）等。进入工业文明时期，土地的用途被极大拓展：生产资料的来源地（包括第一产业产出和矿产资源等），水力、风能、太阳能等各种能源的土地占用，作为厂房、住宅的建筑用地，商业用地、公共设施用地，交通码头港口用地、名胜古迹、寺庙教堂用地，军事用地等不一而足。土地用途的增多对于既定的土地供给而言，就意味着会给土地所有权主体带来可观的报酬。所谓土地发展权，通俗地讲，就是土地所有权主体通过改变土地用途而寻求土地最大的市场价值。比如，相对于耕地，建筑用地的价格显然要远远高于农业生产收入，如果能够使耕地转化为建筑用地，二者之间的差额就可以看作土地所有权主体通过土地发展权而获得的高于土地原有用途的收入。另外，从财产权的角度看，土地作为财产的主要组成部分，财产所有权主体理应拥有对其财产在法律允许的范围内任意使用的权利。因此，从土地发展权的角度看，西方国家的土地所有权结构有利于在民众之间分散由土地转变用途而带来的巨额收益，比较符合公平原则。而我国本来土地所有权归国家和集体所有（归根结底还是归国家所有），从财产或财富的角度看，土地这一巨大的财富本身就归国家所有，这就从财富源头上造成了实际上的国富民穷的财富分配结构。不过在没有土地发展权前，尽管土地为国家和集体所有，但使用权在民众。土地的财富特性还处在"沉睡"或者说"地下"状态。但在改革开放尤其是城市化进程中，随着房地产业的异军突起，土地的市场价格一日千里，开始攀越上一座座高峰。沉睡的土地财富被唤醒了！同时也唤醒了资本的逐利本性和人的贪婪。既然土地财产属于国家，那么国家的代理者政府就成了"收割"仿佛一夜冒出的土地"黄金"的唯一合法者。当缺乏法律意义上精细严格的土地规划和对政府行为的监管时，由土地而集合的巨大财富就将人的极端自私自利放大和暴露无遗。本来极其珍贵的资金来源可以用来发展可持续的实体产业，现在却被用来投机于"资本游戏"，放大了资本的虚拟化，而掌握土地资源的官员贪腐层出不穷、屡禁不止。"一夜暴富"和腐化堕落污染了社会风气，造成了贫富悬殊，财富被以悖离公平正义的方式转移给了既得利益者。这就是当下中国式的财富极化问题。本来随着产业升级财富的极化是一个市场规律，只不过需要从收入分配上进行符合社会公平正义的调整和干预。尽管中国通过土地资本化的财富极化也仍然属于产业升级的范畴（土地从耕地转变为房地产等的建筑用地），但这种产业升级是缺乏创造性和技术含量的，是不可持续的。农民原来还有对农地的使用权，现在却变成了真正的"无产者"（那么一点不成比例的补偿款，在没有产业支持的情况下转眼间就"坐吃山空"了），不仅进一步加大了城乡差距和贫富差距，而且也埋下了社会不稳定因素。这一切都亟须执政党提高警惕，通过变革现有的土地产权制度和加大收入分配调整力度，严肃认真、及时高效地解决。

四　对我国城市化模式的反思

从城市发展的历史来看，工业文明以来大部分城市都是伴随着新兴产业发展而来的。产业才是一个城市存在的根本基础和必要条件。当然仅仅一个产业还不够，通常是围绕主要产业还会有许多配套产业。有了产业才会吸引劳动进入，因为人才是城市发展的真正推动者，但他们需要产业支撑，需要将自己的劳动与产业结合起来。一个没有产业支持的城市是不可想象的，这个产业可以是第一、二产业，也可以是第三产业。实际上，第三产业是任何一个城市所必需的，而无论这个城市的支撑和主导产业是什么。因此，一个城市的建立和发展，必须遵循城市所在区域的产业发展规律，这也是被过去以市场和自发形成的众多城市所证明的。城市是一个复杂的自我循环系统，能够实现其各个组成系统间的能量交换并保持可持续性，这不仅需要城市系统的内在适应性和协调性，而且需要与外界进行大量的能量交换。因此，从宏观整体的角度看，城市是区域经济系统的重要组成部分，是区域内生产要素和产业的集聚增长点。大到一个国家的城市布局，小到一个县级区域的区域布局，都要以自身的资源和产业结构及未来财富的潜在供给和需求为基本约束条件，不能超越市场规律去人为地"创造或生产"城市。那样可能会造成不可估量的损失。

对于发展中国家而言，前文中已经讲过，"大推动理论"是一个经济发展的最好捷径。但这是有条件的，一个首要的条件就是政府需要掌握巨大的财富，能够"随心所欲"地调动生产要素。这个条件正好是中国政府所具备的，这也是之所以中国能够创造世界"经济奇迹"的财富秘密。试想，土地这样一个巨大的没有被进入市场"货币化"的财富，加上廉价劳动力的价值创造"冲动"（实际上是为了一个更好一些的生活和获取一个与第一产业相比的"比较利益"），一下子被释放和投向市场之后，能不激起"瓜分"这一巨大财富的"经济热潮"吗？这也正是所谓"中国制造"走向世界和房地产业蓬勃兴起的根本原因，是将自己的土地级差租金和廉价劳动力拿去与"世界"共享，还美其名曰"出口经济"的一种看似无奈也最不可持续的经济发展方式。当土地（广义的土地）这一基础财富的矿藏被挖完，空气、土壤和水体被严重污染，我们会突然发现，原来辛苦干了几十年，是在给世界尤其是发达国家"打工拼命"。这就是市场经济神奇的地方，它会让你积极主动、千方百计地将财富"拱手送给"别人，而且还要感谢人家，感谢让你有了"发财"的机会。中国的城市发展就是在这样一个大的经济背景下高歌猛进的。而土地成了最"宝贵"的资源，只要一个简单的"招拍挂"就可以日进斗金，还有谁会去关注什么土地利用效率和实体经济呢？在这样一个"疯狂"卖地的过程中，城市发展变成了"摊大饼"。因为"饼"越大卖的地就越多，既增加了财政收入，又增加了GDP，何乐而不为呢？本来政府掌握土地所有权，在一个科学合理有法律意义的土地规划和城市规划下，是可以节省下大笔的土地交易成本的（这在国外土地私人所有的情况下是一笔不菲的收入），现在反而成了土地浪费、资本和权力寻租、城市发展变成了房地产发展等的制度"保护伞"。目前广泛存在的交通拥挤、空气水质差、基础设施落后、规划不合理、公共活动空间少、没有产业支撑等城市问题，除了中国转型期特有的人口大国因素外，在城市建设和发展上的急功近利、长官意志、土地财政、缺乏有效监督和产业支撑、没有法律意义上严格的土地规划和城市规划，以及缺乏生态可持续发展的城市发展新理念等都是主要原因。现在国家又要开始新一轮的城镇建设计划，笔者所担心的是，如果不从根本上改变政府对土地的绝对垄断，想要克服已经普遍存在的"城市病"就将面临极大的挑战。既然土地归全民所有，为什么就不能在城镇化过程中与民共享土地红利，从而通过激发民众的激情和智慧，以市场的方式解决城市问题呢？

第四节　有限自由、农地产权和城市化泡沫：
产业和农村空心化的另一种解释

一　农民从改革前的没有自由到改革后的有限自由

何谓自由？这是一个被不断争论和炒作的话题。自由要有一定的财产作为基础，要在符合普世价值法则和被普遍认同的法律框架下行动。自由最起码是指个体应该有不受威胁的生存权利和劳动选择的权利。对于中国的农民而言，自由之于他们就实实在在地是一个社会问题——"农民问题"的核心。实际上，"三农问题"被社会普遍关注还是改革开放以后的事。从1949年新中国成立后直到1978年的农村改革以前，尽管农村为新中国的工业化建设做出了巨大的牺牲和贡献，但由于当时全国上下的关注点都在工业和城市的发展上，农村作为工业化原始积累的主要承担者，大量的财富通过"工农业剪刀差"的方式被输送到了工业和城市，农村和城市的距离被人为地越拉越大。实际上那时候就已经出现了"三农问题"，不过它没有受到重视而已。直到农村开始自发地对这种一边倒的社会经济生产和分配方式进行消极对抗和尝试革新，才最终掀开了农村改革的大幕。这一"大幕"的拉开，给注定被固定在第一产业尤其是农业上的农民吹来了自由的气息。而对于农民来说，他们的自由又是何等地"卑微"！可以说，农村改革前的农民没有自由可言，他们只有在土地上劳动的"权利"。但那时候大家有一个共同的愿望，就是实现工业强国梦想。并非只有农民没有"自由"，从事于工业生产的"劳动者"也是没有"自由"的，这是全国一盘棋的计划经济必然的特色。任何生产要素（土地和劳动等）

都要服从计划，为主要目标服务，从而也就谈不上劳动者的"自由"。因为他们在计划者的眼里仅仅是一种生产要素而已。对于农村改革前农民没有自由我们还可以从几个方面来看，一是农民没有财产权，尤其是没有土地财产权。这种情况在"大锅饭"时期达到了极致。一个人没有足够的财产基础，就不可能拥有真正的自由。因为至少他要被迫为生存问题而奔波，而不是像马克思所谓的能够"愉快地劳动"。当"果腹"变成了劳动的主要目的时，就很少有"愉快的劳动"了。二是农民没有劳动选择的自由。既然生在了农村，那你的命运就已经注定要"面朝黄土背朝天"一辈子了。就连"下乡"接受改造的城市青年，有一大部分人最后也没有逃脱这种近乎"宿命"的安排。三是农民没有自我发展和自我完善的自由。我们现在所认识到和提倡的"人的全面发展"，对于改革前的农民来说无异于天方夜谭。这是显而易见的。一个既没有土地财产又没有劳动选择权，而且还被用户籍固定在农村的人，能有什么机会自我发展？

农村改革后，家庭承包制等农村新的生产方式的出现，给了农民在农业生产中对土地除了所有权之外的使用权和剩余索取权的权利，这使农民对土地起码在土地自然产出的意义上有了准财产权的权利。尽管从法律上来讲，这是一种缺乏保障的"财产权"，但农业生产的成果归农民自己所有却是实实在在的财产。这不仅极大地激发了农民的劳动积极性，而且也让农民有了争取自由的财产基础。虽然这种基础十分薄弱和脆弱，但毕竟是有了，这就是一个进步。而随着1984年以国企改革为核心的城市改革的开展，乡镇企业的全面开花，90年代"抓大放小"后私营经济的快速成长及2002年后房地产业的突飞猛进，对劳动力的大量需求给了一直困守在农村的农民尤其是青壮年农民"离开"农村的机会。这是农民获得的又一个"自由"——劳动选择的自由。但是，由于城市容纳能力的严重不足，加上缺乏相应的社会保障，受户籍限制的农民尽管能够在城市里"打工"，但没有或者说缺乏转化为城市居民的能力。因此，他们只能在城市和农村之间来回"漂泊"，形成了世界上最大规模最具特色的"候鸟式"人口流动现象。这就是农村改革后农民获得的"有限自由"的外在表现。什么时候能够实现完全真正的自由，这不仅是农民自己奋斗的问题（他们已经奋斗到"精疲力竭"了），恐怕更是一个制度变革的问题。比如，对农村土地产权安排、户籍制度及社会保障等的改革。我们不得不承认，在中国这样一个人口众多的发展中大国，期望短时期内解决这些问题是不现实的，渐进主义道路还是可取的。但是，这样较长的转变过程应该建立在相对公平公正的制度基础上，只有这样，才有可能逐渐解决问题而不是使问题越来越恶化。

二　农地产权缺陷与城市化泡沫

正如前文中论及的，城市化的一个首要条件就是要有可持续的产业支撑，就某一种产业来说，可持续意味着原有产业良好的转换功能和产业升级的快速有效。但产业发展是遵循一定的规律的，有意识的引导是必要的，如果用"大跃进"的突击思维去硬性"培育"和"创造"产业，就可能遭遇市场失败。对于资本而言，在显见的巨大利润面前，它是不会"兢兢业业"、"摸爬滚打"地去投资和经营利润有限的产业的。这种情况正好是最近这十几年中国城市化的写照。因为只要从政府手上搞到土地这一稀缺资源，进行房地产开发就几乎是一本万利的事。对于政府来说，通过土地财政既增加了财政收入，又增大了国民生产总值，这是最符合中国目前的官员升迁需要的。对于资本来说，通过海量的房地产投资，借助银行和预售制度，加上住房的刚性需求和投机炒作因素，不用付出多少成本就可以赚得盆满钵满。如斯，政治权力和资本权力就找到了最佳的契合点，即政府通过"卖地"捞取政治资本，资本则通过开发房地产获取巨额利润。这就是所谓"经营城市"理念背后简单的政治和经济逻辑。在这样两股强大力量的主导和推动下，城市化变成了不断"盖房子"的"摊大饼"的城市化，没有人去关心支撑城市的产业基础在哪里，好像只要有了房子，一切就会"蜂拥而至"。而结果只能是急功近利。"蜂拥而至"的不是真正的实体产业，而是四处投机的专炒"房子"的投机者。这种缺乏产业支撑的城市化是没有生命力的，是一种城市化泡沫。在当下畸高的房价下，城市的这种发展模式已然不可持续。但解决问题的出路又在哪里呢？新政府要启动新一轮的城镇化建设，会不会仍然走上老路？这的确是一个十分让人担心的问题。让我们来分析一下为什么会出现目前"摊大饼"的缺乏实体产业支撑的城市化泡沫，以期望找到症结所在。但能否阻止新一轮城镇建设"重蹈历史覆辙"，则不是一个学术讨论的范畴了。

从本书的研究来看，之所以出现城市化泡沫的问题，其中一个主要的问题就在于中国土地尤其是农地产权存在严重的缺陷。我们不谈属于国家所有的城市土地，因为农地的问题可以反映城市土地的所有方面却又比城市土地存在更严重的产权缺陷。这主要表现在农地集体所有上。农民仅仅拥有的是对农地的承包经营权，而从产权来说，所有权才是第一位的，其他的权属都要服从所有权的权利主张。这就是问题的所在。再来看集体，什么是集体？在实际的运行过程中就变成了集体代理者决定一切了。也就是说，获得农地只要做通集体代理者（通常是村委会，实际上大部分情况下变成了村长或村支书）几个人甚至一个人的工作就可以了。而集体土地归根结底还是国家所有，村长或村支书也是由上级任命的，他们必须服从上级的指令（如果个别有异议的，或者给"给好处"，或者"另换他人"甚至"恐吓打击"等，反正能够实现农地占有的办法都可以用）。这就是当下中国农村基层组织腐败和犯罪高发的制度原因（至于农民，最好的选择就是乖乖地拿上那一点少得可怜的、与农地资本化后的收益根本无法相比的补偿款，否则就会遭受各种无法预想的后果。这样的故事正在中国大地上不断上演着，已经不是个案，而是一个非常严重的普遍性的社会问题）。再来看被廉价从农民手中拿走的农地的命运，与城市土地一样，还是利用其进行房地产开发。城市的边界就这样被不断向外拓展，城市化的泡沫也就被不断地吹大。可以看到，根本的原因就在于农地产权安排的不合理，这种制度剥夺了农民对农地的财产权和发展权，而将这些巨大的土地收益拱手让给了资本和既得利益者，不仅加大了社会不公和贫富分化，而且失去了利用这些土地收益培育实体产业的机会。此外，政府管理体制是导致这一切发生的另一个主要原因。

三 空中楼阁：产业和农村空心化的后果

可见，不遵循城市发展规律一味盲目地城市化将带来十分严重的后果。其主要表现就是城市产业空心化和农村空心化的加速。所谓城市产业空心化，即指相对于一个区域内的城市，没有符合当地资源条件和发展潜力的有竞争力和可持续的产业，仅仅是一片钢筋水泥的楼房，除了一些低端的服务业之外，没有形成龙头产业，最后只能由萧条走向死亡。有的所谓新城甚至甫一建成就进入了"死城"行列。这样的例子在今天的中国已经不在少数。对于资本主体而言，他们已经通过中国特有的"拿地"方式、融资手段、炒作和预售等赚走了自己想要的；对于政府而言，有了巨额的土地收入（不管这种收入是开发商自有还是银行融资，大多数情况下都是由银行买单）和"骄人"的GDP，地方官员就可以快速升迁。至于大力扩张的城市有没有产业支撑、会不会变成"死城"，就不是政府所关心的事了——确切地讲，不是已经升迁的曾经启动和主持投资的官员所关心的。所有问题自然有后来者"承担和解决"。当然后来者也不是傻瓜，他可以重起炉灶重开张，想法继续"卖地"，继续"盖楼"。因为他们都知道，万不得已的时候有上级政府直至中央政府和银行来买单，只要做到不要在这种大拆大建的城市化扩张中贪污腐败，"天塌下来"就有上面顶着。这就是中国目前的行政管理体制的症结所在，你可以大把大把花钱而不负责。当然，最后"负责"和"买单"的只能是老百姓。所谓农村空心化，至少包含以下几个方面的问题。其一，就是农村出现大量被弃置和无人居住的老旧房子和院子，从而产生了村庄的空心化。大部分空置院房是由于房主举家外迁（通过打工和移民等方式），少部分是房主重新选址建了新住房，将旧院房"撂"在那里。这种情况在北方农村尤为严重。所反映的问题就是农村建筑用地产权安排的不合理，一是政府管理不严格；二是农村建筑用地无法进入市场流转。其二，就是农村生产用地（耕地）的抛荒现象十分严重。由于第一产业尤其是农业生产的比较收益低，大部分青壮年农民都流向城市"打工"，形成了庞大的所谓"农民工"队伍。正是这一队伍撑起了中国的低端制造业，以低廉的劳动力优势创造了一个个"出口神话"，不仅为中国城市居民，而且也为世界尤其是西方发达国家的民众"奉献"了价廉物美的资源型产品。也正是这一队伍撑起了中国如火如荼的城市化建设，为一座座楼房的"拔地而起"挥汗如雨。其三，就是第一产业尤其是农业的踟蹰不前。这一点是与第二点相关的，作为农业生产主要生产要素的土地被大量"抛荒"，劳动力尤其是有知识和技术素养的青壮年劳动力的大量流失，期望农业的飞速发展就只能是一种"无源之水"。加上地方政府的心思根本就不在农业上，尽管中央政府一直将"三农"问题当作重中之重的发展战略来对待，甚至每年都有一个"头号文件"，但第一产业带给地方政府的 GDP 贡献实在太少了，少到甚至可以忽略不计。在目前的绩效考核机制下就很难让地方政府真正将精力投向"三农"。其四，就是一直没有引起社会重视的农村精神文化的空心化。这实际上是一个关系到民俗文化传承的非常重要的问题。随着市场和城市的不断拓展，各种思想都大举"入侵"中国广大的农村，原有的文明被冲击得七零八落。农民在接受一些好的观念思想的同时也被大量低级庸俗的精神鸦片所侵蚀，加上基层政府的不作为甚至任意侵占农民利益（如圈地等）

等社会环境的影响，农村的公序良俗正在不断崩塌。

总之，城市化过程中产业支撑的缺失和农村空心化的出现和进一步加剧，使得中国经济建设的飞速发展变成了攫取土地财富和廉价劳动力剩余价值的一场"世界范围"的盛宴。如果不及时改变经济增长方式，这种依靠"出卖"自然资源的并不健康的经济增长终将是"空中楼阁"。而不改变目前的土地产权制度和政府过度主导经济的局面，恐怕很难实现生态财富观下的可持续发展。

四 发展经济学给我们的启示

发展经济学是针对与西方发达国家相比的落后国家，即所谓发展中国家如何发展经济、快速摆脱贫穷落后面貌的一个经济学分支。但其理论观点比较庞杂，并没有一个普遍适用于所有发展中国家的一般性的发展经济学理论体系。面对如刘易斯所描述的发展中国家的"二元"经济结构，罗森斯坦提出了所谓"大推动"理论，主张工农业的平衡发展；赫希曼则主张不平衡发展。新古典主义理论和方法则在农业问题、国际贸易问题等各种研究领域占据了重要地位，而巴兰、阿明等则提出了"中心—外围"理论，指出发达国家与发展中国家之间是一种依附的关系。发展经济学认为经济增长是经济发展的重要组成部分，是手段和基础，而经济发展是目标和结果。经济发展通常包括经济增长、经济结构的改进和优化、经济质量的改善和提高。因此，经济发展不仅表现为国民经济规模的扩大，而且还表明经济和社会生活水平的提高。发展经济学重视资本形成和技术进步对经济发展的作用，主张增加人力资本投资和大力发展农村经济。在经济增长方式上，认为应该由过去单纯依赖自然资源的"外延型增长"向综合要素生产率提高的内涵扩大再生产的"集约型增长"转变，新增长理论则更进一步指出了知识技术在现代经济中所具有的关键作用。此外，发展经济学对如何发展农业经济、工业化和城市化等也开出了观点基本一致的药方。

作为最大的发展中国家，中国不仅存在所谓传统农业和发达的工业经济并存的结构现状，而且还存在着诸如城乡、以手工业为主的工业和以先进技术为主的发达工业、落后地区和发达地区、落后文化和先进文化、不同民族区域之间等各种不同类型的经济社会结构。显然，在区域经济发展政策上，需要因地制宜，不能一概而论。"大推动"理论只能在有限的区域内有效，是不平衡增长到一定阶段后由政府有意识地引导才能够实现的。发展农业经济、工业化和城市化，以资源节约型的"集约型增长"是最终要选择的道路，从后发优势讲，发展中国家更应该坚持走以加大人力资本投资和以技术和知识经济为主的可持续发展的道路。从中国经济发展的整个过程和现状来看，更多地是一种经济增长而非经济发展，因为经济发展的内涵如发展经济学所指出的更为广泛，包括经济社会的所有方面，经济增长则仅仅是经济发展的一个组成部分。这也是导致中国目前城乡差距、工农业差距、东西区域差距、贫富差距等结构性问题越来越严重的主要原因。实际上，"发展是硬道理"在实践中变成了"增长是硬道理"，这是需要我们警惕并加以改正的。资本形成对于发展中国家十分重要，这是不言而喻的。对于中国来说，实际上政府本身掌握有巨大的自然资本（财富），只要能很好地利用这一"资本"，就能够逐步走上可持续发展的良性发展道路。但是，正如前面所分析和指出的，中国在利用土地这一巨大资源时并没有将其导入可持续的实体产业，而是通过大力发展房地产业推进城市化的发展，结果使得土地资本化后的财富流向了投机和既得利益者的腰包。而如舒尔茨所谓对传统农业的技术改造则被弃置一旁，人力资本尤其是对农业领域人力资本的投资则几近于无，这是目前中国第一产业尤其是农业发展的最大问题。发展经济学所主张的政府主导在某种程度上是对的，但那也是需要有清晰的产权安排和市场来加以保证的。此外，政府主导不是政府万能的同义词，是要在严格的计划和程序下执行的。这恰恰也是新古典理论在发展经济学中所倡导的。因此，中国需要重新建立清晰的土地产权和改革行政管理体制，要限制政府对市场的过度干预，赋予民众土地财产权；在城市化中应该遵循市场和产业规律，鼓励和大力发展实体经济；加大对农业的投资，出台严格的有法律效力的土地规划和城市规划，将政府主导经济的权力限制在法律框架之内；改革收入分配制度，让经济增长的成果惠及所有民众；改变出口导向的产业发展模式，通过加强国内不同区域之间的合作扩大内需；真正实施工业反哺农业和城市扶持乡村的发展战略，逐步缩小城乡和工农差距，等等。在这一过程中应该通过一系列完善的配套政策进行政府引导，让各类不同的市场主体通过平等合理的市场竞争走上可持续发展的道路。

第五节 对收入分配理论的再认识:关于第一、二次分配的理论和实践

一 按劳分配抑或按要素分配（一）：价值理论的正义性辨析

正义是与公正公平等紧密相关的范畴，不仅具有初始而且还必然包括过程尤其是事后的公平公正的内在规定。无论是劳动价值论还是西方主流经济学的效用价值论、供求均衡论和要素价值论，都无法避免其对正义的解读并接受来自正义的批判。正义更多地是一个哲学的抽象，但又无时无刻不在牵引着人类社会发展的方向。在价值理论的纷争中，关于其内在的正义问题却极少得到学人的关注。本书试就这一命题做一些抛砖引玉的思考。

（一）价值概念与正义

价值概念的内涵实际上成了价值理论之争的源头，各种学说在各自的基地上构筑了属于他们世界观属性的价值理论大厦。价值到底是物的有用性还是凝结在商品中的无差别的一般人类劳动，从纯粹的定义上似乎不存在孰对孰错的问题。相反，由于有用性的直观和通俗化，使得基于其上的价值理论更易于被普遍接受。那么，价值到底是什么？它与正义有关系吗？从本质上看，价值体现的是一种关系。有用性是物品和人之间的关系，一般人类劳动是人与人之间的关系。我们知道，人与人之间的关系必然要求交换公平公正，其表象或者交换原则就是等价交换。从哲学的角度看，一般人类劳动作为中介，仅仅是作为个体劳动的人对他人劳动社会化的尊重和承认，无差别的一般人类劳动体现的就是正义。在这里，只有主体与主体之间的关系，或者说主体互为客体，其媒介就是无差别的一般人类劳动。"不劳动者不得食"体现的就是这种人与人之间平等的正义。

有用性作为主体的人和客体的物之间的媒介，是人对物的一种主观评价，体现的是作为主体的人对物的单向度控制。人主宰了物的命运，物的自然属性成了人的自我存在的物质基础。这种看似合理的关于价值的表述，实际上主张的是一种人的自我中心主义世界观。对于自然系统而言，没有人这一特殊物种，物与物之间所遵从的就只有自然法则。没有生命的物不存在对其他物的占有和利用关系，有生命的物与其他物之间的有用性

— 114 —

关系也仅仅限于维持个体或群体生存的限度。自然的可持续能力正基于物之间的这种有限度的自然需求，而后者也是前者的应有之义。可以说，在没有人的自然系统中，物与物之间的有用性关系也是存在的，但其符合自然正义。这种自然正义与人对物的有用性关系的最大区别即在于后者对自然可持续能力的破坏。人打破了有用性在自然意义上的平衡，成了唯一的无视于自然正义的自然的一员。但人由于无法永远超越自然，从而终将受到自然正义的惩罚。这只不过是自然与人之间的一个不太长的不愉快的自我疗伤过程。其结果只有两个：要么人退出自然系统，这是人对物的有用性无限度索取的必然结果；要么人学会将自身作为自然的一员，从而遵守自然正义。因此，价值概念的有用性界定在力图避开人与人之间社会关系的敏感地带的同时，也将自身陷进了宣扬人的自我中心的泥淖。人作为主体对于客体有用性的追求，实际上不可能是静态的。这种追求过程在完成了对自然本身的占有之后，就变成了人与人之间对物的有用性的争夺，甚至人本身在这一过程中也被异化成了物的有用性的一部分。交换相对于人与自然而言仅仅是争夺的一种属于主体人的温和的制度创新。归根结底，人对物的有用性的关系本质上仍然是作为主体的人之间的关系。但这种关系被理解成了一种对物的利用关系，从而在切断人与自然和谐关系的同时，也使得人与人之间的平等理念渐行渐远。因为人与自然的和谐及人与人之间的公正公平不可能建立在一种利用关系上。从可持续的角度看，价值的有用性界定存在着源于主体人的不可持续的内在冲动，可能导致对有用性的低效使用和浪费，从而与自然正义背道而驰。

（二）有用性、"丛林法则"与自然正义

价值关系是人进入自然系统之后的专属于人的抽象思维范畴，在现实中则表现为人与人之间的相互关系。自然没有自己的语言和文字系统，更没有像人类一样的抽象思维能力。人类所具有的对自然的认识本质上是人类对自然的直觉与抽象，是用专属于人类的符号系统对自然的可能性描述。因此，没有人的自然系统当然就没有以人的符号系统界定的各种范畴和关系。有用性在一个这样的自然系统中也仅仅是物基于生存链条的一种饥饿直觉。在这个意义上，所谓自然法则也就等同于"丛林法则"。而在一个纯自然系统中，"丛林法则"是正义的。这种正义源于物种的自我延续本能，后者也是自然力的应有之义。物与物之间的有用性有其自然限度，那就是消除饥饿直觉。正是这种自然限度，才使得自然的可持续性有了保证。可见，纯自然系统中物的"节欲"是自然正义的重要属性。当人进入纯自然系统后，随着人的创造性对自然力的突破，这种"节欲"逐渐被人的"贪欲"所替代。人不再将自身对物的有用性需求限定在饥饿直觉的自然生理范围。这时候纯自然系统的"丛林法则"正义也就消失了。在这一过程中，除了标志着人的创造性的工具的出现，人的"贪欲"也是打破自然平衡的一个重要主观因素。

从这种意义上，所谓自然价值观，如果是指自然力对物的存在和物的延续的贡献，在一个纯自然系统中则不存在价值概念，因为物的存在和物的延续本身就是自然的应有之义。实际上，自然价值观只能是属于人的符号系统。它想表达的是人与自然的关系，但其本质还是人与物的有用性的关系，只不过这种物来自自然力。当人遵从自然的"节欲"法则，从而使人不成为破坏自然正义的扰动因素时，就不会出现自然价值观所担心的人与自然的对抗。因为在这个阶段，包括人的自然系统仍然是一个纯自然系统。最重要的是，在这样的自然系统中，物的有用性对人都是平等的。换言之，对于生存的必需而言，人作为一个物种对来自自然力的物的有用性具有平等的使用权。当人打破自然的"节欲"法则，用"贪欲"代替"节欲"后，人与自然的有用性关系就转化成了人与人之间的关系。因为面对人对物的有用性的无节制追求，人对来自自然力的物的有用性的平等使用权就消失了。人与物的有用性原初纯自然意义上的直接关系，则由人与人之间的交换关系所取代，来自自然力的物的有用性则首先成了这种交换的媒介或对象。因此，相对于其他物种的饥饿直觉，人超越自然正义的过程就是不断地扩大对自然的占有过程，也是建立专属于人的所有制过程。自然价值观的担忧和批评对作为一个物种的人和自然而言是对的，但要将人的"贪欲"控制在一个符合自然正义的范围则不是自然的主动追求，还必须通过人与人之间的关系解决。因此，将价值理解成人与自然有用性之间的关系或者申明自然的重要性在自然正义的范畴是没有问题的，但对于已经创造了自己的社会系统的人而言，与自然关系的和谐仍然取决于人与人之间关系的调整。

功利主义或者说享乐主义是与自然正义相违背的。在西方主流经济学的前提假定中，自利在保证自我生存的意义上是符合自然正义的，但当它成为人追求最大化的生理和心理依据时就走上了反自然正义的路径。同样，无论是消费者还是生产者对最大化的追求，所褒扬的正是人的"贪欲"。在纯自然系统中，不存在物的有用性之间的边际效用递减问题，而"节欲"则保证了物种的多样性。实际上，自然正义实现的是物消除饥饿直觉的"效用最大化"，具有其生存链条上的单一性目的。"贪欲"则使人通过多样化来谋取物的有用性的最大化组合，从而打破了纯自然系统生存链条的稳定和可持续能力，使得物种的多样性逐渐消失。自然系统的这个"退让"过程伴随着人的社会系统版图的不断扩大，也正是同样的过程，人对多样化的追求所导致的物种多样性的消亡也使得人的这种追求成为一个"自掘坟墓"的悖论。因此，人的社会系统是对人的自然系统的异化。自然系统由于其"节欲"法则保证了物的可持续能力，社会系统则由于人的自利和对最大化的追求成了一个无法实现稳定和可持续的系统。这种不可持续首先在自然系统中逐渐产生和不断恶化，最后将以自然系统的崩溃而宣告结束。

因此，工业文明或者说以资本为主导的社会经济系统内含着炸毁人的社会系统的基因，这个基因就是人的自利和对最大化的盲目追求。西方崇尚个人主义的文化和主流经济学实证意义上对这种基因的理论宣传，使得这种反自然正义的基因被赋予了社会正义，不断地攫取财富和不断地进行市场拓展成了人和社会系统的目的。在这样的文化和系统背景下，效用价值论的提出就不足为怪了。它成就了人的自利和追求最大化的"天性"，不仅向物宣告了人的主导地位，而且还同时宣告了人本身也成了最大化的工具。

（三）劳动、按劳分配与正义

劳动在纯粹自然的意义上应该是指物种为了维持自身生存而向自然系统获取能量的活动总和。在这个意义上，劳动并不是人的特性，而是自然系统中物种生存延续的一种本能。因此，这种自然原始意义上的"劳动"所体现的也是自然正义的一个内在属性。一个物种通过"劳动"本能地向其他物种获取维持生存的能量，同时也以自己的生存为其他物种提供着能量。可见，"劳动"是以物种的相互性为前提的，物种的多样性也是"劳动"多样性的基础和结果。所谓自然力，确切地说是自然系统或者宇宙系统中没有生命特征的物的一种能量流动。而自然系统中有生命特征的物种的本能意义上的"劳动"则与人这一物种在生存意义上的"劳动"是没有差别的。自然力是有生命特征的物种维持生存的最原初能量。在这样的一个自然系统中，"物竞天择，适者生存"都是通过物种的本能"劳动"来体现自然正义的。这种自然正义即在于物种对"节欲"原则的本能遵守。在某种意义上，"节欲"原则也就是自然系统的按"劳"分配原则。一个物种维持生存的最低能量决定了其"劳动量"的大小。通常情况下，食草动物比食肉动物更容易得到维持生存的能量补给，因此，后者就要比前者付出更多的"劳动"。当然，这种所谓纯粹自然系统下的"劳动"仅仅是物种在生存链条上的相互捕食行为，是一个基于物种维持生存需要的简单循环。也正是这种简单循环才保证了自然系统的可持续性。

但人类最终打破了自然的简单循环法则。随着劳动工具的出现，人的劳动逐渐从自然的本能意义转变为一种对物的有用性的"过度"索取。"剩余"出现了，劳动开始变成了人类超越自然正义的必要手段。人类社会系统的建构过程，同时也是一个自然系统不断退让和人的劳动及劳动工具不断复杂化的过程。人的需求随着物质的丰富也不再满足于简单的生存底线，"节欲"法则被逐渐淡忘。人不仅开始向自然索取远高于其生存需要的物的有用性，而且也尝试自己创造有用性。这就使得人的劳动与仅仅维持本身生存的本能"劳动"有了质的差别。人作为个体是无法超越自然系统生存链条的"禁锢"的，只有一定规模的稳定的联合劳动和简单劳动工具的出现，才使得人作为整体逐渐挣脱了自然的"牢笼"。如果说纯自然系统是一个各种物种在生存链条上依赖本能"劳动"、"低能量"或者说"低消耗"运行的系统的话，人的社会系统就是一个作为个体的人通过有目的的劳动不断满足人的"贪欲"的"高能量"或者说"高消耗"的对物的有用性的交换过程。但无论自然系统还是社会系统，本能"劳动"和有目的的劳动都是各自系统得以运行的必要条件。与自然正义的平等性一样，人的劳动仍然是作为社会系统的社会正义的应有之义。自然系统的物种多样性在于物种对自然正义的本能遵守，社会系统的人的多样性则在于人通过劳动所体现的社会正义层面的个体自由。与自然系统的"按劳分配"一样，在社会系统中，失去了自然"节欲"法则制约的人则更需要而且也只能以"按劳分配"来保障社会正义的实现。

然而，劳动主体与劳动资料的所有权主体往往是分离的。在极端的情况下，甚至劳动主体也成了劳动资料的一部分。这是人对自然正义最反动的时期。作为自然中的一个物种的人不仅要做自然的"主人"，而且也将他人当作了其"贪欲"的战利品。物种在自然正义范畴下对自然的平等权消失了，代表着对自然和剩余占有的所有权出现了。这不仅是对自然正义的公然蔑视，也直接开启了人类社会人与人之间基于所有权的不公平。被排除在所有权之外的人就只有依赖自己的劳动换取必需的生活资料。这样，劳动资料的所有权主体与劳动一样，也成了社会系统得以正常运行的又一个必要条件。与自然系统一样本质上由劳动体现正义的社会系统由于所有权主体的存在而变得尤其复杂起来。所有权主体切断了劳动者与自然的直接关系，自身充当了自然的角色。只不过在自然面前物种是平等的，但在所有权主体面前劳动者本来属于自然与人的平等关系却变成了人与人之间的不平等关系。这不仅与自然正义相去甚远，与社会正义也失之千里。马克思对资本主义时期必要劳动和剩余劳动的区分，表现在自然系统中只有必要劳动，也就是物种的本能"劳动"；表现在社会系统中，除了劳动者维持本身存在的必要劳动之外，还要为劳动资料的所有权主体进行剩余劳动。实际上，劳动的必要和剩余划分，不仅仅是资本主义的特征，只不过资本主义时期的财富急剧增长使它更为突出罢了。对"剩余"甚至自然的占有成了人的社会系统存在的动力和目的，从自然"万物平等"的角度看，这是作为整体的人对自然正义的反动。但从人的发展角度看，这是作为整体的人对自然的超越。问题的关键在于，人的发展应该是社会系统与自然系统的和谐发展，更应该是社会系统中人与人之间的平等关系。

"劳动"是物种与自然之间的本质关系，是物种维持自身存在的本能，是一种"自然"权力。在这个"自然社会"中，物种所遵守的是"按劳分配，各取所需"的原则。如果说自然系统中存在物种相对于各自生存链条上的高等低等之分的话，那也是自然的应有之义。在同一个物种中，除了常见的因为食物的争斗之外，物种作为个体在自然系统中都是平等的。同一物种的一部分个体依赖暴力或对生存资料占有的优势而"役使"另一部分个体的现象在自然系统中是不存在的，也是对自然正义的严重践踏。因此，人的社会系统从源头上就已经被埋下了不平等的种子。本来必须劳动才能获取自身存在的"自然法则"，在人的社会系统中却变成了依靠生产资料的所有权就能生存的"社会法则"。换言之，在社会系统中，有一部分人是不需要劳动就可以生存的。这种"社会法则"不仅扭曲了人与自然的"劳动"关系，而且也直接导致了人与人之间的不平等。所谓人"生而平等"指的就是自然法则，而"生而不平等"指的就是这种"社会法则"。劳动价值理论的伟大之处就在于揭示了劳动这一自然法则在社会系统中的正义性：人与人之间的关系只能是一种相互的劳动关系，而不是一部分人凭借生产资料的占有权对另一部分人的劳动剥夺。在不存在交换时，人只为自己或生产资料的所有者劳动。在交换尤其是商品交换出现后，商品的价值所体现的只能是凝结在商品中的无差别的人类劳动。

（四）自然正义对社会正义的修正

可见，人的社会系统是对自然系统自然正义的反动和超越，是人作为物种对其他物种生存资源的挤占和剥夺。在这一过程中，人通过对自然系统的资源抢占，逐渐建立了属于人的社会系统特性的所有权制度。这一过程不仅是人对自然的过度索取过程，同时也是对人本身的一个劳动剥夺过程。只有将人作为自然物种的一员放在自然系统中重新抽象，才会找到不仅是人作为个体而且也是任何物种在自然资源和自然能量面前的平等权力。社会系统所认同的关于财富和资源的制度，在本源上不仅不符合自然正义的原则，相反却是在对自然正义的破坏上完成的。在其他物种丧失对自然资源的天然权力并且自身也沦为人的财富和剩余的同时，大部分人也遭受了同样的命运。人的社会系统要建构属于自身的社会正义，那就要认识到人并不是自然资源的独有者，自然系统的任何物种都有平等使用自然资源的天然权力。作为物种的人的个体当然也拥有这一天然权力。尽管对自然资源的使用还离不开社会系统的产权制度，但这不是一部分人独享自然资源和"剩余"并"寄生"其上的理由。它涉及的是自然资源的使用效率问题，是社会系统在解决这一问题上的制度创新。这与物种对自然资源的平等拥有并不矛盾。从这个意义上，人的社会系统还处于漫长的进化过程的开始阶段。人需要反过来重新将自然正义纳入社会系统之中，使它作为建构社会正义的基础。要做到这一点，人类首先要做的就是实现作为同一物种的人的个体之间的平等和尊重。尽管看起来希望渺茫，但人作为物种的可持续必然要求基于自然正义的社会正义的构建并最终实现向自然正义的回归。

自然系统的可持续有一个基本的"节欲"法则，这也是自然正义的重要属性。遵守这一法则的物种既不会向自然"索取"超过维持自身生存的自然资源或能量，更不会"浪费"自然资源或能量，是一个典型的自然"节约型"系统的"良民"。人的社会系统则是将"贪欲"作为了自己的"社会法则"并且大行其道，对自然资源和"剩余"的追逐及浪费已经到了无以复加的程度。西方主流经济学及其效用价值论将人的自利和追求最大化作为其理论体系的主要前提假定，无疑助长和宣扬了人的"贪欲"的

"正义性"。而用要素的边际贡献为资本的正名则更是为资本对"剩余"的无限追逐提供了"合法性"。这种"知识毒药"只能使人的社会系统加速走向崩溃，根本无助于社会正义的构建，与自然正义的回归也更是风马牛不相及。功利主义和"蜜蜂的寓言"所造就的社会"繁荣"并没有自然正义的基础，只能是没有限度的消费主义的昙花一现。因为它是不可持续的。人的社会系统亟须摒弃这种看似合理实属谬误的价值观念，重建以劳动为纽带的人与人之间的平等合作关系，这也是自然正义对社会正义建构的一个基本法则。因为对于"贪欲"而言，最好的办法就是用劳动和"按劳分配"来遏制它。这也就意味着人的社会系统亟须培养和坚持劳动的正义性。因为人无论如何超越和发展，也始终是自然系统的一员，自然正义总无时无刻在起着作用。劳动既然是自然系统中的物种维持自身存在的本能，也同样应该是人这一物种不仅作为整体而且也是作为个体存在的必要条件。所谓"不劳动者不得食"或者"劳动光荣"，绝不仅仅是一种宣传口号，而是有其自然法则依据的。因此，尽管劳动价值理论不符合人的"贪欲"的胃口，但终究是一个符合自然正义的理论。

二　按劳分配抑或按要素分配（二）：价值理论之争的意识形态本质

价值理论之争已经在学术界进行了一百多年，论者各执己见，争鸣终将继续延续。实际上，劳动价值论从它诞生的那天起，就已经注定了不会是"资本"的宠儿，因为它旗帜鲜明地站在了捍卫劳动者权益的一边。在西方，劳动价值论已经远非主流经济学的对手，因为后者有庞大的资本帝国作为后盾。而在东方，劳动价值论在中国也遭遇了其他各种"价值"学说的挑战。这让我们从某个侧面看到资本力量在中国改革开放中不断壮大的同时，也不能不担忧劳动价值论的未来。本书没有采取文献解读式的传统学术争论范式，而是从对马克思主义理论体悟的层面谈几点对价值理论及其争论观点的看法。

（一）何为价值理论

读过《资本论》的人应该有一个共同的感受，即就是这本汇聚了马克思一生心血的世界名著无论是理论逻辑还是文字上的优美和简单都令人印象深刻。从历史和社会伦理上，马克思所关注的都是活生生的具体的人。这种为绝大多数"劳动者"所做的科学辩护，也成了衣食无忧的"反对者"讥讽马克思所处贫困环境的必然。经济基础决定上层建筑，或者说存在决定意识，这几乎成了价值理论之争的意识形态分野。

那么，价值理论的本质究竟是什么？或者说，劳动价值理论揭示了一个什么样的客观实在？从马克思主义经典论述中我们至少应该把握两条线索：一是历史与逻辑相统一的人本主义方法论和世界观；二是对价值本质的规定，即价值是凝结在商品中的无差别的人类劳动，反映的是人与人之间的社会关系。我们暂时搁下诸如社会劳动价值论、泛价值论和自然价值论等，先来分析西方主流经济学提出的效用价值论和供求均衡论。一个显见的事实是，效用价值论和供求均衡论都是为交易双方在市场中面对既在的商品如何最终成交所提供的理论解释。消费者借助偏好或效用这一判断理据，在每种商品上理性地分配自己有限的货币，当每种商品的边际效用与其价格之比相等时，消费者就实现了效用最大化的目标。而对供给者来说，只需要按照边际收益等于边际成本决定产量和价格就能够收获最大的利润。除了在现实中根本不存在的完全竞争市场中才有可能存在消费者和供给者的双赢外，现实经济中消费和供给仍然是难以调和的矛盾。效用价值论和供求均衡论的关注点在于商品交易的层面，其本质是一种价格学说而不是价值学说。如果非要从"Value"的词义上将其称为"价值"，那也仅仅是消费者主观心理上的偏好或效用范畴，其客观性和确定性是要大打折扣的。因此，在西方经济学中有不动点定理，但没有或讳言价值规律。因为，自萨伊以降，西方主流经济学就是为资本为主体的经济系统服务的，其理论体系表现在意识形态上就是为资本所有者辩护的。这与重农学派为以土地为主导的经济系统辩护是一个道理。效用价值理论和供求均衡论中的主体之一是消费者，是拿着由劳动边际生产力所决定的工资并遵循效用最大化原则去商品市场消费的消费者。我们可以说他们是商品市场上的消费主体，但绝不能说他们是创造商品的主体。从这里可以看出，如果说效用价值论和供求均衡论体现某种意义的人本主义的话，那也仅仅是消费意义上的选择自由。实际上，资本主义的国际化发展规律，使得西方主流经济学"搁置"劳动价值论的冷处理战术有了基于国家概念上的有利环境，那就是内部矛盾的有效外部转移。而从本质上来讲，这也是资本发展的极致——国家资本主义或者说金融寡头理性或被迫选择的结果。因此，从方法论上看，效用价值论和供求均衡论都属于实证和解释经济现象的范畴，这也是西方经济学趋向于"黑板经济学"的内在原因。即使是后来的制度经济学等也仍然属于经济解释的范畴。通俗点讲，西方经济学关注的是对拳击过程的描述和规则演进的诠释，而不管拳击是否是发生在世界拳王和一个婴儿之间的角斗。从历史与逻辑的统一来看，西方主流经济学不谈过去，也不展望未来，它只对现在进行外科手术式的描述和解释。这种"实事求是"的"科学"精神，是对丛林法则的服从，也是经济系统中的"拳王"们所欣赏的。而劳动价值理论却恰恰指出了"拳王"和"婴儿"拳击比赛的不合理性，它关注的是前提，是程序伊始和进行中的公正。而西方主流经济学给予"婴儿"的仅仅是购买商品和服务的消费上的自由，这种自由也恰恰是供给者所需要的。

（二）何为劳动创造价值

效用价值论和供求均衡论发端于"斯密教条"和基于其上的萨伊的"三位一体"公式，后基于数学工具的"严密"逻辑，通过产量公式描述了土地、资本和劳动共同创造了"产品"。先不说这些不同量纲生产要素的换算问题，就拿等成本线来说，其中的要素价格就存在着生产过程和市场交易过程之间的因果和顺序悖论。但无论如何，西方主流经济学在替资本的辩护中毫不讳言，并用边际生产力理论解释了土地、资本和劳动分别对产量（产出）的贡献。我们需要注意的是，生产过程对于西方主流经济学来说仅仅是一个"黑箱"，用一个生产公式和一条等成本线再加上边际收益等于边际成本原则就可以生产出利润最大化的产量来，至于这个产量的"价值"，只有等到商品市场中由效用价值论和供求均衡论来提供答案了。西方主流经济学并没有探讨产品生产过程的价值生成问题，而是把一个看起来"唯物"的由生产公式和等成本线结合生成的产量交给了消费者的很难琢磨的效用去度量。

而所谓社会劳动价值论、泛价值论和自然价值论从数学逻辑上还远没有效用价值论看起来那么严密。除了从生态伦理的角度看自然价值论的合理性之外，所谓传统价值理论忽视了自然资源的说法是很难成立的。正是资本的扩张本性和西方主流经济学所推崇的经济主体对最大化的追求，不仅使劳动者，而且使自然界也遭受了来自生产和消费的双重"榨取"。这种"榨取"所体现的正是马克思主义理论所揭示的生产的社会化和生产资料的私人占有之间的矛盾，也就是经济系统周期性的危机。对于西方主流经济学所描述的这个追求最大化的经济系统而言，需求创造供给已经由供给创造需求所替代，消费正在被生产的无限扩张所裹挟。这种无限的对最大化的追求最后只能导致自然资源的枯竭。恰恰相反，劳动价值理论为生产和消费的计划性提供了一种可能，只不过在一系列委托代理过程中还需要进一步的制度创新。

社会劳动价值论的一个突出特点是用一个社会劳动概念混淆了死劳动和活劳动在价值创造中的不同作用，泛价值论则更是想象力无限，几乎包括了所有价值之争各家观点的"创造说"成分，自然力、资本力都成了创造价值的功臣。如果从生产要素的角度讲，土地、资本和劳动都是生产过程所必不可少的。但从价值创造和人与人之间的关系的视角，只有活的劳动才是唯一的能动主体。从本质上看，死劳动在由私人劳动转化为社会劳动前存在于各种各样的使用价值当中，转化为社会劳动后就变成了货币资本的一个组成部分，当这部分货币资本转化为生产资本后，死劳动又以不变资本的形式存在于生产过程之中。而必要劳动对可变资本的补偿也是在两大部类实现交换的过程中首先转化为消费资料部门的一部分货币资本，而后又转化为消费资料部门的一部分生产资本，两大部类的必要劳动就转化为了以不变资本形式存在于消费资料部门的死劳动。可见，所谓死劳动创造价值，也就是不变资本创造价值，土地和资本当然是随时可以转化为不变资本的。至此，社会劳动价值论的本质昭然若揭。西方主流经济学都不敢用这种逻辑论证生产过程中的价值创造问题。即使边际革命以后，西方主流经济学宁可忽视生产过程中的价值创造问题，也不愿意犯这样明显的逻辑错误。这种看起来对马克思主义劳动价值论的发展，实际上比萨伊的"三位一体"公式还要庸俗。西方经济学是借处于市场中的消费者的效用盖起了价格大厦，而社会劳动价值论则妄图借社会劳动或者不如说借死劳动来沟通劳动价值论和效用论之间的断裂，其情可鉴，其逻辑却实属不通。对于泛价值论，除了具有其他观点的共同逻辑错误之外，其最具特色的就是自然力和机械力也创造价值的观点。泛价值论的主要立论依据是，人是自然的一部分，既然人力能够创造价值，自然力理所当然也能够创造价值。有用性是泛价值论价值内涵的主要方面。我们不否认人是自然的一部分，而且人比自然产生的要晚得多，未来很有可能人不存在了，但自然仍然存在。如果将泛价值论的价值理解成物的有用性的话，自然力的确和人力一样能够创造有用性。但在一个没有人的自然系统中，这种有用性对人而言是没有任何意义的。同样，对于自然本身，这种有用性也仅仅是自然的一种属性而已。如一片野苹果林，冬去春来，开花结果，苹果林不会认为自身是在创造价值。同样，使这片苹果林生长的土地、阳光、空气和水，也都不会说是它们创造了苹果林和苹果树上的苹果。即使是苹果烂了正好酿成了苹果蜜，正好被饥饿的鸟雀取食，也仍然与我们正在争论的价值无关。为什么呢？因为价值是仅仅属于人的范畴。人与自然的关系是一种自然对人的有用性的关系，而不是一种价值关系。人通过对自然的占有，赋予自然社会性之后，才发生了基于自然资源的人与人之间的关系。脱离人之社会的泛价值论，从根本上混淆了人与自然的有用性关系和人与人之间的价值关系。再譬如，仍然是那片野苹果林，张三首先发现并用栅栏将它围起来据为己有，李四和王麻子本来与苹果林的有用性关系就变成了与张三之间的社会关系。假设李四和王麻子只能以苹果维持生存，他们没有能力从张三手中争夺苹果林，更没有东西去和张三交换苹果，那就只能央求张三让他们在被围起来的苹果林中进行除草施肥以换取维持生存的苹果。实际上，人对自然的蚕食和占有过程本质上是对其他人与自然有用性关系的否定，这样就使得总有一部分人必须靠出卖自己的劳动力换取赖以生存的生活资料。一旦这种过程发展到商品经济阶段，这种基于对自然占有所形成的人与人之间的关系就上升为普遍的价值关系。因此，在某种程度上，我们可以说自然经济时期人的劳动仍然是一种接近于创造有用性劳动，与自然的创造有用性是相近的。但当普遍的商品交换开始后，人的劳动就成了创造价值的劳动。因为只有人才会进行商品交换，自然则永远不会为交换而创造有用性的。同样，机械力创造的也是有用性，除了在这一点上与自然力相似外，人与机械的关系不是有用性的关系，更不是价值关系，而是人与劳动工具之间的关系。劳动工具再拟人化或超人化，终归还是劳动工具。它们是由人创造的，离开了人的指挥和操作，没有外界的动力，任何机械都不能主动创造有用性。泛价值论将劳动与劳动工具相混淆，只能说是一种工具崇拜论，用这种偷换概念的方式是无力撼动劳动价值理论的。

（三）何为要素价值论

客观地讲，西方主流经济学并没有明确地宣称生产要素创造了"价值"，只是将劳动和土地、资本一样当作了完成一个生产过程必需的元素。凡是投入生产过程的，都可以作为西方主流经济学生产公式中的一个自变量。它所真正关心的是生产过程结束后市场实现的分配问题，需要为分配的合理性提供理论依据。因此，边际主义的兴起之所以被称为"边际革命",无论对西方主流经济学的前途还是现实中的利益分配都是至关重要的。尽管在现实中不可能量化和分割各种生产要素的边际收益,土地和资本的边际成本也并不符合无限细分和极限的特征,企业主也不会费心用这种无法操作的"纸上谈兵"去计算自己的"利润最大化",但边际革命却给了西方主流经济学一个展示数学工具的智力游戏平台,也给了资本一个堂而皇之地索取大部分剩余的理由。正是依赖分配中的边际贡献原则,从而反证了各种生产要素在生产过程中的"主动性"和"正义性"。可见,所谓要素价值论,只不过是依据边际贡献的要素分配对要素生产过程的"投射"。它不是先由生产过程说明"价值"创造,而是依赖要素报酬,也就是要素价格去反证各种要素对"价值"创造的贡献。不仅有用结果证明原因的嫌疑,而且也混淆了人与其他生产要素的有用性关系,以及人与其他生产要素所有者之间的"价值"关系。在这种逻辑中,要素所有者不见了,各种要素都变成了和人一样的会算计的"理性经济人",它们不再是土地、厂房、机器设备和原料了,而都在以最大化的原则争取自己的那一份。但是,这些土地、厂房、机器设备和原料等要那么多报酬干什么呢?如果这是西方主流经济学的原意,那就存在着将人视为与其他生产要素一样的"反人本"的逻辑立场;如果这不是西方主流经济学的原意,那就是有意隐藏了存在于各种生产要素后面的要素所有者。那么,为什么对要素所有者要避而不谈呢?到底是土地、厂房、机器设备和原料等在要求报酬,还是它们的所有者要求报酬?答案是显而易见的。因此,如果可以称为一种"价值"论的话,所谓要素价值论本质上就是要素所有者"报酬"论。其仍然是"斯密教条"和"三位一体"公式的变种,所不同的是在技术工具上引进了边际分析,却没有前两者那么"坦荡",将要素所有者有意"弄"丢了!

那么,要素所有者凭借对要素的所有权能否说明对剩余索取权的正义性呢?对此从马克思主义理论中是找不到肯定的答案的。这一点是无须牵强附会的。从源头上讲,在货币没有出现以前,为什么氏族共有的土地变成了奴隶主所有,甚至出现了奴隶这种"劳动工具"?是奴隶自愿要做"劳动工具"的吗?人类历史上为什么会发生无数次要求"均田地"的农民起义?难道土地就应该属于少数地主阶层?为什么会发生"圈地运动"?西方资本主义早期的原始积累是从天上掉下来的吗?直至今天,世界各地不断上演的纷争和战乱难道是人们喜欢拿自己的生命开玩笑的结果?像西方主流经济学一样，我们无须考证一个所有权源头上的正义性，就让我们分析一下既在的所有权。如果没有土地提供"源源不断"的生产资料，资本有再大的能耐也只能是"巧妇难为无米之炊"。那么，谁应该拥有土地？土地所有权的现状是自然而然形成的吗？退一步说，即使资本拥有土地，有限的资本所有者面对只有生产资料而没有工人的巨大工厂又能如何？因此，没有劳动配合的资本所有者充其量只会变成一些"自我雇佣"的小作坊主，甚或只会是一些自给自足的土地所有者而已。他们会有不断增大的财富吗？不仅不会，就连资本也不会出现在他们的世界里。这也就是马克思一针见血地指出的，只有劳动力成为商品后，货币才成为资本。没有除了自身之外再一无所有的劳动者，也就不会有只有生产资料的巨大工厂。这也是为什么会出现如火如荼的"圈地运动"的原因。被赶离土地的人们出卖自己的劳动力是为了活命，资本所有者在解决失业的赞誉声中却收获了绝大部分剩余，从而也取得了道德和财富的双重优势。对于一个资本主导的经济系统来说，这种看似双赢的"买卖"关系成为了一种常态和必然。要素价值论只不过是为这种不公平抹上了一层貌似公平的理论色彩。因为劳动力商品没有选择，而资本所有者可以选择继续做"自我雇佣"的小作坊主和自给自足的土地所有者。无论多么发达的经济，商品生产的基本原则都是一样的。我们可以想象，如果没有农村的几亩承包地，流动在中国各个城市的几亿农民工为了生存恐怕只能接受更低的工资。

实际上，按生产要素贡献分配只不过是要素价值论的一种"中国式"表述，其本质仍然是按生产要素所有权分配。如果不对收入分配进行宏观调控，资本所有者就会争取最大的剩余份额。这是资本的本性，也是商品经济使然。与西方资本主义的初始阶段一样，看起来资本对经济发展的贡献最大，本质上仍然必需劳动力商品的"合作"。我们只不过把必要条件看成了充要条件，加上对发展的片面理解，从而也就有了夸大要素所有者贡献的冲动。而这种冲动的后果却有可能是贫富差距的不断拉大。

（四）何为坚持和发展劳动价值论

对马克思主义劳动价值论的坚持和发展不应该纠缠于其经典著作的某章、某段甚或某句，而应该全面地吸收其核心思想。那么，什么是马克思主义劳动价值论的核心思想呢？笔者以为有两点：其一是人本思想；其二是劳动创造价值。历史是由人民创造的，而这种创造出于生存的需要。所谓人本思想，用古语说即"天下为公"，用今天的话说就是"以人为本"。

在经济基础尤其是上层建筑层面，人本思想体现的就是对每个人生存和发展的关怀和尊重。这种关怀和尊重更多地体现在对具体人的服务上面。在整个社会的生产过程中，劳动者都是主体。对于资本和西方主流经济学来讲，劳动与其他生产资料一样，只是影响产出的一个自变量。即使是企业这个黑箱被打开之后，无论是企业理论还是制度经济学，其关注的重点也仍然在管理层面。尽管劳动价值论的思想不是马克思首先提出的，但是他通过商品二因素和劳动二重性的原理科学地发展和完善了劳动价值论，使得普通大众能够透过资本的幌子看清财富创造的本质。如果说人们能够直觉地怀疑自然经济时期大土地所有者占有土地的合理性的话，没有马克思主义劳动价值论，则无法识破资本在财富创造中的"欺骗性"。因此，劳动价值论是资本的"理论天敌"，即使它有多么科学的逻辑，也决不会被资本"坦然"接受。因此，如何科学合理地把握好中国改革开放进程中劳动和资本的关系就显得尤为重要。无须侥幸和乐观的是，尽管我们提倡"猫论"，但资本的本性在任何地方都是一样的。与其绕着弯为资本索取剩余寻找理论依据，不如承认资本本性的合理性。因为目前中国学术界为分配理论开出的药方根本无法超越西方"斯密教条"、"三位一体"公式和"要素价值论"的窠臼，也就当然地无法超越它们本身具有的逻辑缺陷。对劳动创造价值的坚持，并不是要否定资本本性。如果不希望重走西方资本主义初期的原始积累老路，就应该理所当然地对企业剩余和社会剩余进行基于人本主义的"干预"，从而防止财富的过度集中和贫富差距的过分拉大。当然这种"干预"不能寄希望于企业的自觉，更不宜行使行政大棒。而是要通过制度法则交由市场实现。社会主义的本质特性就是对劳动创造价值和以人为本的坚守，社会主义初级阶段和有中国特色的社会主义说白了就是对资本本性合理性的"有原则"的接受。而这个"原则"理应就是不能丧失社会主义的本质特性。从意识形态的角度讲，也就是社会主义是坚持劳动价值论和以人为本的社会主义，而不是倒向资本的社会主义。

只有坚持才能发展，发展是为了更好地坚持。那么马克思主义或者说劳动价值论最需要我们发展的是什么呢？尽管学术界已经对这个问题做了很多研究，提出了各种不同的观点，但并没有抓住问题的核心。那么，什么是问题的核心呢？笔者以为即"剥夺剥夺者"后的社会经济发展问题。各个社会主义国家的实践都证明了，"剥夺剥夺者"后的社会经济发展是一个至关重要的问题。马克思主义并没有为其提供现成的理论和发展模式。而在社会经济发展问题中，三个问题又是最为重要的：一是人性；二是所有权；三是政府定位。我们不得不承认，马克思虽然对人的本质问题有过深刻的哲学诠释，但却没有意识到人性在资本所有者和普通劳动者身上的差别并不是很大，资本可以被"剥夺"，但人性却仍然存在。在这方面，不可能出现千篇一律地符合社会主义的"人性"，因为它不符合人本主义的原则。在社会主义初级阶段，对人性的关注应该成为马克思主义研究者的一个重要课题。一直以来，理论界把公有制当作了社会主义的本质特征，除了对马克思主义学说的理论曲解和照搬苏联模式外，社会主义实践已经充分证明了这种认识的片面性。资本主义也有公有制，社会主义也有私有制，这一点已经得到了学术界的普遍认同。问题的关键是对公有制和私有制范围的界定，以及如何对公有制财产和企业的有效管理和经营。实际上，所有权的问题不仅与对人性的理解有关，而且更重要的是与政府的定位有关。那么，应该如何定位政府呢？这方面的理论争鸣和实践样本都很多。但有一点也许是最重要的，即政府必须跳出"剥夺剥夺者"后大包大揽的惯性思维，在坚持劳动价值论和以人为本的原则下，给以劳动者为主体的市场创造一个公平合理和信息透明的制度。当然，要做到这一点，政府本身的制度建设就显得尤为重要了。

三 对第一次分配的规制和第二次分配的实践

分配问题一直伴随着人类始终。对于分配问题的分析，不应该忽略人类发展的历史。从方法论上讲，也就是不能够抛弃或无视历史主义。人类的蒙昧时期几无可考，但原始社会尤其是母系氏族时期的远古人类，所实行的原始共产主义却是被考古和大家所承认的。这种原始共产主义起码有两个特征，即氏族成员对财产的共同占有和分配上的平均主义，换言之，远古人类所遵循的是财产和分配上的共有和平等。父系社会以后，私有财产开始普遍出现，氏族之间、部落联盟之间的战争时常发生，财产和分配开始不平等起来。发展到奴隶社会，人被通过武力和强权强制划分为奴隶主贵族和奴隶两个主要阶层。国家出现了，它代表的是财产所有者的奴隶主阶层，奴隶成了奴隶主的财产。这是人类历史从财产和分配角度看最不平等的时期，奴隶主占有包括奴隶在内的所有财产，也理所当然地占有了所有的生产产出。这是一种非常低效率的生产方式，后来被封建主义所取代。封建主义社会的两大主要阶层是拥有土地的地主和没有土地的雇农（佃农等）及有少量土地的自耕农，其他阶层如皇室贵族和武士等实际上本身就是地主阶层的组成部分。封建主义的一个主要进步是农民（雇农和自耕农）摆脱了对地主的人身依附关系，但他们仍然依附于土地，这是由自然经济的生产方式所决定的。尽管从对主要财产——土地的所有上看，农民处于绝对的不平等地位，但毕竟不再被当成"财产"了，也有了一定的分配权利。资本主义社会进一步将农民从土地依附上"解脱"出来，但同时也使他们变成没有任何财产（主要是土地）的"打工者"。随着资本主义生产方式渗透到整个经济社会，失去了土地的农民没有任何选择，用马克思的话说，他们只能"替所有的资本家"打工。这样的"无产者"劳动力大军，在面临生存压力的情况下，成了资本榨取剩余价值的最佳对象。在资本作为一个整体的制度面前，劳动者只能处于"受压迫受剥削"的地位，不仅没有任何财产权（除了对自己劳动力的所有），更谈不上获得公平的分配。资本主义自诞生起，就一直充斥着劳动和资本的残酷斗争，劳动者的一个最基本和最简单的要求就是能够获得一个公平的报酬。"五一"国际劳动节的诞生就是这种斗争的一个里程碑，而最低工资制度的出台则是进入 20 世纪之后的事。从现在的西方发达国家好像看不出资本对劳动的所谓"残酷"剥削，白领们拿着很高的工资，蓝领的报酬甚至比白领还要高，整个社会的整体生活水平也很高。但是，我们不要忘了，这一切是有原因的。正是早期资本对劳动的残酷压榨和剥削，才最终催生了社会主义革命和社会主义国家的诞生。社会主义的一个典型诉求就是对严重不公平的资本独占财产所有权的制度予以否定，重新回复远古人类曾经拥有过的对财产的共有和分配的平等。实际上就是无产者通过武力对不公平财产权和分配的一种规制。正是这些外在环境的影响和内部矛盾的不断加深，才使得西方资本主义国家开始通过提高工人工资、改善工作环境、加大教育投资和提高社会福利等方式进行了对通常所谓的第一次分配和第二次分配的规制和干预，北欧的瑞典和挪威等国家还成了福利国家。

但从第一章我们对资本的分析来看，资本是适应联合生产的一种制度安排，本身并无好坏之分。资本所主导的是一种比封建主义远为高效的生产方式，而对于联合生产来说，社会主义的实践也证明了资本和市场有其不可替代的优越性。要发展经济，提高国民的物质生活水平，资本和市场就是两个必然的选项。但也正如我们在前文中反复讲过的，资本的本性就是逐利，可以利用资本来组织社会化的大生产，但一定要防止资本通过经济进入上层建筑领域。因为一旦资本主导了政治，那我们所谓的社会主义就"变色"了。这是一个必须引起执政党足够重视的事关社会主义生死存亡的大是大非的问题。我们再来看多种所有制形式下的收入分配问题。改革开放前，尽管人们收入很低，但基本上是公平的。现在情况就复杂了，即使在国有企业和不同的部门之间，收入分配的差距也很大。在私营经济领域，打工者的工资就更低了，而且他们还没有像工会这样的组织可以去寻求保护和与资方进行工资谈判的能力和条件。在一个大量农村人口涌向城市的廉价劳动力供给过剩的时期，诸如"黑工厂"、"血汗工厂"及克扣和拖欠工人工资这种只有在资本原始积累时期才有的现象在中国大地上盛行。这些都还是第一次分配的范畴，西方资本主义国家早就有了最低工资的法律规定，作为社会主义国家，不能任由市场来决定"打工者"的工资，这也是近年来各地政府才陆续出台一些诸如最低收入保障等的对第一次分配进行干预的规定的主要背景。我们知道，对收入分配来讲，最主要的还是第二次分配。这涉及诸如教育、医疗、住房和社会保障等与老百姓息息相关的民生保障问题，与实现"人的全面发展"直接相关。另外诸如国防、航天和海洋技术、环境保护等关系国计民生的事业也需要第二次分配去保证。因此，第二次分配在某种意义上比第一次分配更加重要，是保证国家安全和社会安定，促进社会公平和保障国民基本生活水平的一个不可或缺的制动阀。

四　超越争论：和谐发展亟须破除资本主导下的自由藩篱

西方主流理论所主张的完全竞争意义下的自由从来就没有在现实中存在过，这也是包括西方主流理论家们所认同的。纵观资本主义发展的历史，所谓自由也仅仅是资本所主导下的自由。只要能够带来利润，尤其是高额的利润，资本就会千方百计地去争取。即使这样做会导致其他人的损失和社会成本的增加，资本也是义无反顾的。亚当·斯密所谓的"看不见的手"是主张人们在"道德情操"的限制下实现和增大自己的利益，所强调的是市场的信息功能和自由选择功能。但实际上，自由竞争往往被实践成了以"丛林法则"为准绳的"野蛮竞争"，其最后的结果就是垄断。自由被自由了结了，这就是自由所内含的固有矛盾。因此，从逻辑上来讲，世界上根本就不存在完全的自由，只有有限度或者有限制的自由。作为资本主导的生产方式，资本的逐利本性要力图破除一切阻碍其获取利润的人为或自然的约束。从学术源头的历史背景看，英国当时处在资本主义发展的前沿，需要开拓除了本国市场之外的原料和商品市场，这就需要迎合和助推这种要求的学术思想和社会舆论。因此，主张开放世界市场的自由贸易思想也就应运而生了。但对于像德国这样的资本主义后发国家，出于本国资本的利益，却出现了如李斯特的保护幼稚产业的贸易保护主义思想，并在政策上付诸实施。即使现在正在全世界大力推行自由民主的美国，在其资本主义刚刚起步时，所奉行的也是贸易保护主义政策。可见，所谓自由成了资本在不同发展阶段相机而行的一种手段，赞成抑或反对则完全取决于它能否给资本带来好处。并且这种趋势已经上升到国家层面，因为从本书对资本的分析来看，资本主义国家本身就是由资本所编制的一整套制度所掌控的。在这样的一个关于"自由"的现实面前，不去从制度的本质和源头上寻找真正阻碍自由实现的原因，而一味脱离现实的貌似精密高深的数学化推导只不过是将经济学当成了一种"混饭吃"的职业，成了一个在资本的宴席前玩弄"智力游戏"以博一笑的"小丑"，仅此而已。

那么，我们应该如何正确看待资本与自由及自由之于整个人类社会进步的意义呢？本书认为应该至少把握以下几点。其一，不要因为资本的逐利性就否定资本，从而也不要因此否定资本对自由的需要。资本的逐利性实际上就是人的自利倾向，这是无可厚非的。既然人有在一定条件下追求自身价值实现的自由，那么资本对利润的追求在法律和公平允许的范围内也应该是自由的。其二，中国特色社会主义需要利用资本作为联合生产的具有相对优势的一种方式的优点，从而释放社会主义"人性"被压抑的创造性和自我发展的自由。这也正是改革开放所带来的直接结果。其三，在对市场经济的理解上，市场仅仅是信息和物品交换的平台，它可能是在公平公正的框架内运行的，也可能成了不公平交易的挡箭牌和幌子。这完全取决于市场之后的力量博弈，与市场本身并没有直接的关系。换言之，市场并不必然带来公平正义。因此，对市场经济就需要一系列严格的配套法律法规去规制，更直接地讲，就是要通过一整套制度措施限制市场主体——"人"的行为的合法化，将其趋向极端自利的自由控制在合理自利的范围之内。其四，要真正做到不被资本主导的自由，也就是说不被资本将自由当成牟利的工具，如前文中已经指出的，就必须斩断资本对上层建筑或者说国家权力的觊觎。

第六节 小结

通过本章对产业升级、土地资本化和收入分配的分析，可以得出如下几个基本观点和结论。

1. 土地资本化是在土地的不同用途基础上的价值再发现，是伴随着产业升级而出现的。在土地产权清晰的框架下，由土地资本化所产生的土地级差收益归宿是明确的。西方发达国家由于相对合理的土地产权结构，使得土地资本化后的财富效应能够在不同的主体之间进行合理分配，不会导致贫富差距的明显拉大。由于中国特殊的土地产权尤其是农地产权安排，使得政府成了土地资本化的最终受益者。这种产权结构就会导致土地财富的急剧集中，容易促使政府出台非理性的经济发展措施。从而有必要通过严格的有法律效力的土地规划来限制政府的"卖地"冲动。

2. 城市化应该是产业升级过程中一个"水到渠成"的经济现象，这一点是很重要的。尽管政府引导和前瞻性的安排也是有必要的，但必须不能违背城市发展的基本规律。土地所有权是土地产权的核心，土地财产权和土地发展权归属于土地所有权主体，这正是导致中国土地财富极化和"大拆大建"的城市化模式出现的根本原因。

3. 农村改革使农民从过去的没有自由到获得有限自由，之所以是有限自由，因为农民没有土地财产权和发展权，被赋予的仅仅是一定年限的土地使用权，从自由的财产基础上而言是有限的。但农民获得了劳动选择的自由。正是这种自由才为工业化和城市化扩张提供了充足的廉价劳动力资源，农村空心化问题也变得日益严重了。但农村劳动力流动并不是农村空心化的原因而仅仅是一种表象而已。同时，政府垄断土地财产权和发展权的直接后果就是非理性的、以房地产业为主的城市化的快速发展，这种城市化是缺乏产业支撑和不可持续的。

4. 因此，在土地资本化过程中，收入分配是一个十分重要和值得讨论的问题。而要探讨收入分配问题，就必须重新审视价值理论。劳动价值论中的价值反映的是人与人之间的社会关系，效用价值论和供求均衡论本质上是一种价格学说而不是价值学说；社会劳动价值论本质上是为劳动创造价值辩护，也就是为不变资本创造价值辩护；人与自然的关系是一种自然对人的有用性的关系，而不是一种价值关系。脱离人之社会的泛价值论，从根本上混淆了人与自然的有用性关系和人与人之间的价值关系；人与机械的关系不是有用性的关系，更不是价值关系，而是人与劳动工具之间的关系；所谓要素价值论，只不过是依据边际贡献的要素分配对要素生产过程的"投射"，它不是先由生产过程说明"价值"创造，而是依赖要素报酬去反证各种要素对"价值"创造的贡献；社会主义的本质特性就是对劳动创造价值和以人为本的坚守，在对劳动价值理论的发展中，三个问题是最为重要的：一是人性，二是所有权，三是政府定位。人的社会系统亟须重建以劳动为纽带的人与人之间的平等合作关系，这也是自然正义对社会正义建构的一个基本法则。因此，无论是理论上还是实践中，对第一次收入分配和第二次收入分配的规制都是必要的。这是构建和谐社会和实现中国梦，以及"人的全面发展"的必然选择。世界上不存在没有任何限制的自由，资本所主导的自由是为资本服务的，在发挥资本联合生产比较优势的同时，要警惕其对上层建筑直至国家权力的控制。

第四章 产业升级、产权改革非平衡与土地可持续利用

第一节 引言

中国农村和城市产权改革的非平衡主要表现在对土地这一重要生产要素产权安排的不同。由于土地在农业生产中的特殊性，这种产权安排不利于传统农业向现代化农业转变过程中市场主体和企业化的形成，无法从制度上破解农业经济"低效率陷阱"的困境。农村产权改革本质上是在所有权关系基本不变的前提下生产经营方式的调整，它具有强烈的路径依赖性。从我国经济改革的整体过程来看，农村产权改革取决于诸多的非经济因素，它主要起的是一个社会稳定器的作用。与其后的城市产权改革相比，农村产权改革实际上处于一种"锁定"困境。这种"锁定"主要导源于管理体制、要素特性、理论局限和功能取向等多方面因素。其中，管理体制与农村土地集体所有的相互绑定是当前阻碍农村产权改革进一步深化的主要原因。在理论和实践中，城市产权改革和农村产权改革是两个截然不同的领域。尽管农村产权改革为后来的城市产权改革提供了一些思路，但那仅仅是被动探索下的一种偶然，之前并没有一个基于实践的成熟的战略预期。如果说这两个改革领域存在一个交点的话，那就是由包产到户所催生的乡镇企业。正是乡镇企业适应市场的灵活和高效，才最大程度地为城市产权改革提供了实践和理论上的可能前景。自此之后，无论是政府层面还是理论层面，社会所有的目光都几乎投向了最具城市产权改革代表性的国企改革。回首近三十载，城市产权改革在实践和理论上都取得了可圈可点的突破性成就。而农村产权改革却仍然步履蹒跚。尽管学界对这一问题的研究早已不胜枚举，但却极少有人从产权改革的非平衡性角度对城市

和农村的经济改革进行对比分析。随着城市产权改革的成功和生产力的飞速发展，如何借鉴城市产权改革的经验进一步深化农村产权改革，如何实现农村和城市产权改革在土地要素安排上的市场平等，如何重新审视农村土地集体所有，则需要实践和理论上的共同创新和突破。本章拟尝试从这一视角为当前的农村产权改革困境提供一个全新的阐释，从而深层剖析农村产权改革之所以出现产权锁定的多方面因素。

农地可持续利用尽管与经营模式密切相关，但经营模式是以产权安排和产权创新为基础的，是农业生产方式的不同层面。经营模式是产权在生产领域的具体延伸和应用形式，不能将两者分割开来进行单独的研究。农地可持续利用和"三农"问题的核心是如何有效和稳定地提高农业收入，但从本章的分析来看，长期以来其决定变量是农民个体（专业户）无法控制的。对于政府来说，解决这一问题至少有三个抓手：其一是组织化程度；其二是非农业就业机会；其三是非农地化。这也就意味着农地可持续利用和"三农"问题的彻底解决与整体经济系统的完善和发达程度密切相关，政府在出台农业政策时必须全盘考虑诸如工业化、城镇化和产业结构转换等一系列相关问题，必须要有系统思维。至于组织化与农民个体（专业户）、政府之间的关系，最后的落点仍然在于经营主体基于产权创新的市场主动和对未来的良好预期。本章之所以反复提明由下而上的研究方法，除了这也是从实践到抽象的一般路径之外，一个主要的原因还在于希望通过这种论证促使学人将关注点放到土地集体所有权这一核心问题上。尽管有许多学者早已探讨甚至批评过这一制度安排，但尚缺乏系统的理论推证。新中国成立后在农业制度上的一系列举措实际上有着其强烈的路径依赖和环境约束。对于发展中国家来说，向农业索取发展工业所需要的原始积累是一种无可奈何的"政治"选择，也是一个成本节约的悖论。从这个视角看，公社化运动在整体经济的层面基本是合理的。但是，这种惯性思维不幸被延续到了改革开放之后。在市场化的转型过程之中，农业所释放的生产力仅仅起到了一个政治稳定器的作用。如果说新中国成立后工业化的原始积累是一种必然选择的话，那么改革开放后发生在商品化过程中的原始积累就是一种由于没有及时调整农地产权制度的一定程度的掠夺！从本章的理论分析来看，政府层级过多和农地的集体所有制安排，在一定程度上已经导致了严重的寻租问题。尽管我们在宏观政策上强调家庭承包经营和统分结合的农村基本经营制度，但显然这里存在着制度创新的迫切需要。因为，对于农民个体（专业户）而言，非农地化是他们无法对抗的，这也严重地降低了他们对未来的预期。这也就意味着在经济发展的一定阶段，需要重新认识农地集体所有制的存在条件和必要性。这是从根本上解决政府过多代理层级的一个必然难题。在众多的权利主体中，有必要对市级、乡级政府的存在性提出制度效率上的疑问。对于村集体来说，它的未来取向应该是与农合组织、中介组织等在经济服务功能上整合。至于政府体制方面的政治需要，则完全可能在这一制度创新过程中得到比较完满的解决。

在展开对这些问题的研究之前，围绕土地要素安排，本章首先分别简要介绍和回顾了中国农村和城市产权改革的流变。从土地的角度，城市产权改革则主要以国企改革为分析对象。旨在比较同样是经营主体的"农民家庭"和"企业所有者"，在经济实现过程中却出现了土地预期上的巨大差异。这种非稳定性预期是被理论界所基本接受的，我们的落点并不在于对这个常识性的描述，而在于寻求隐藏于其后的产权和理论惯性。实际上，对于传统的三大生产要素来讲，土地和劳动是第一性的，资本是第二性的。这就要求我们在研究土地产权问题时不仅要立足于其社会特性，而且更加要立足于其自然特性。土地的自然特性与产业的阶段性有着内在的关系，对于农业而言，这种特性则显得尤为重要。在政策和意识形态层面，解决土地的自然特性与土地所有权的关系是十分重要的。唯有如此，我们才可能走出土地所有权问题上的"理论迷宫"。以这种思路再回过头去看我国的经济改革尤其是农村产权改革，农地集体所有就变成了一个仅仅在"社会意义"上的权宜之计。因此，要理解和接受本章关于农村和城市产权改革非平衡的观点，回顾它们的制度径向并非目的，从中析出土地要素的安排取向才是最重要的。也只有在这个基础上，本书才可能获得理论分析上的基点和说服力。此外，本章还探讨了新农村建设与农地集体所有的关系以及农地国有等问题。

第二节　城市和农村产权改革非平衡与土地可持续利用

一　农村产权改革

（一）改革背景

新中国成立后不久，对新解放区进行土地改革，废除封建地主土地所有制为农民的个体所有制成了中国共产党和新政府的主要任务。但是，农民个体经济的基础脆弱，极不稳定，容易走向两极分化，有很大局限性。这种土地制度安排不仅束缚了农业生产力的发展，也制约着工业生产的扩张。针对土改后农村出现的新情况，中央认为："要克服很多农民在分散经营中所发生的困难，要使广大贫困的农民能够迅速地增加生产而走上丰衣足食的道路，要使国家得到比现在多得多的商品粮食及其他工业原料，同时也逐步提高农民的购买力，使国家的工业品得到广大的市场，就必须提倡组织起来，按照自愿互利原则，发挥农民劳动互助的积极性。这种劳动互助是建立在个体经济基础上（农民私有财产的基础）的集体劳动，其发展前途就是农业集体化或社会主义化。"[1] 在这种认识基础上，1953 年底中央又通过了《关于发展农业生产合作化的决议》，提出了由互助组到初级社再到高级社的农业社会主义改造道路。在农业社会主义改造进程中，全国人大常委会于 1955 年 11 月审议通过了《农业生产合作社示范章程草案》，对农业生产合作社进行了明确的描述和界定："农业生产合作社是劳动农民的集体经济组织，是农民在共产党和人民政府的领导和帮助下，按照自愿和互利的原则组织起来的；它统一地使用社员的土地、耕畜、农具等主要生产资料，并且逐步地把这些生产资料公有化；它组织社员进行共同的劳动，统一分配社员的共同劳动成果。""高级阶段的合作社属于完全的社会主义的性质，在这种合作社里，社员的土地和合作社所需要的别的生产资料，都已经公有化了。"[2] 因此，高级社的建立，成了以生产资料公有制为基础，统一经营、共同劳动、统一分配为特征的农村集体经济体制的重要标志。

1958 年，高级社开始向政社合一的人民公社制度演变，60 年代初，这种制度演变基本稳定为"三级所有，队为基础"的形式[3]。但是，政社合一的人民公社在制度上趋于稳定的同时却仍然与农村的实际情况严重脱

---

① 黄道霞主编：《建国以来农业合作化史料汇编》，中共党史出版社 1992 年版，第 51 页。

② 中共中央文献研究室编：《建国以来重要文献选编》第 7 册，中央文献出版社 1993 年版，第 358—359 页。

③ 在这一"三级所有"、"政社合一"的层级组织内，公社是国家政权机构，具有最高权威。它执行国家方针政策，负责完成国家规定的各项计划和任务，监督下层机构对各项计划的执行和完成情况。大队则把公社下达的计划指标进一步分解、落实到生产队，管理、监督生产队的生产活动。而生产队则直接实施大队规定的各项计划，动用其内部拥有的劳动力和物质资本，完成大队布置的各项生产任务和农产品征派购指标。

离，主要表现在以下三个方面。一是劳动者的生产积极性和主动性被单一的集体统一经营体制严重束缚。在这种体制下，社员对集体的生产和经营根本没有发言权，仅仅是集体名义上的主人，作为单纯的劳动力，他们关心集体生产与经营的热情不高甚至逐渐丧失，许多社员认为"有队长一个人操心就行了，我们操心也无用"。经营模式化，干活"大呼隆"，除了服从劳动安排，社员被完全剥夺了生产中的主动权，丧失了责任心，生产经营积极性得不到发挥。二是政社不分，管理混乱，政社合一的管理体制为极"左"政策的推行提供了有利条件。作为一种经济组织，人民公社负责全社的农业生产；作为一级行政机构，人民公社集各种权力于一身，既统一管理工、农、商、学、兵等，又以指令性计划管理方式最终决定土地的生产经营、作物种植、田间管理、产品分配等。在这种体制下，尽管生产队是基本核算单位，但非经营单位，没有经营自主权。这种政社合一的高度集中的管理制度，"为利用行政手段管理经济提供了组织保障，同时又为行政机构全面干涉农村社会经济生活的各个领域奠定了组织条件。"[①] 使得违反经济规律、侵犯生产队自主权成为可能，也使得推行极"左"政策、生产上的瞎指挥、强迫命令、刮"共产风"和"浮夸风"等有了制度保证。三是农产品的统派购制度和分配上的平均主义、大锅饭，使得农民收入一直在低水平上停滞不前，广大群众的生产积极性被极大挫伤。对农产品实行的统派购制度，以工农产品价格"剪刀差"与农民进行不等价交换；年复一年地批判"工分挂帅"、"包工包产"、"包产到户"、"定额管理"、"物质刺激"等，使按劳分配原则流于形式，平均主义遍及全国。分配中的大锅饭，以及干多干少、干好干坏、干与不干一个样，破坏了社会主义倡导的"各尽所能，按劳取酬"的原则[②]。

实际上，新中国成立后，中国农村一直存在着要求单干和包产到户的自发倾向。1956 年，合作社制度刚刚在农村普及，四川省江津县和浙江省永嘉县就开始试行包产到户。1957 年，浙江省温州地区有 1000 多个农业社实行包产到户，涉及的农户数占总农户的 15%。1960 年，安徽省委书记曾希圣提出"责任田"（包产到户）的设想并在全省试验。1962 年，陶铸

---

① 陈吉元等主编：《中国农村社会经济变迁 1949—1989》，山西经济出版社 1993 年版，第312 页。

② 孙泽学：《1978—1984 年农村改革之中央、地方、农民的互动关系研究——以包产到户、包干到户为中心》，《中国经济史研究》2006 年第 1 期。

调查了广西壮族自治区龙胜县存在五种合作社的经营方式，其中就包括集体统一经营的包产到户、没有统一经营而单纯的包产到户（包干到户）和单干三种。江苏、陕西、甘肃、四川、贵州等省也曾出现包产到户。实行包产到户的地方成效突出[①]。对此，邓小平曾以卓越的胆识表示支持，指出："生产关系究竟以什么形式为最好，恐怕要采取这样一种态度，就是哪种形式在哪个地方能够比较容易比较快地恢复和发展农业生产，就采取哪种形式；群众愿意采取哪种形式，就应该采取哪种形式，不合法的使它合法起来。"[②]

由于一系列失误及体制、政策等方面的问题，导致农业发展速度缓慢，农业总产值年均只增长 2.6％，无法适应人口增长和社会主义现代化建设的需要。政策上的"共产风"、"一平二调"、"割资本主义尾巴"等极"左"做法，把农民卡得太死，挖得太苦，严重地侵蚀了广大社员的生产积极性[③]。到 1978 年，全国平均每人占有的粮食大体上只相当于 1957 年的水平，全国农业人口平均每年每人的收入只有 70 多元，有近四分之一的生产队社员收入在 50 元以下，平均每个生产大队的集体积累不足 1 万元，有的地方甚至不能维持简单再生产[④]。

计划经济体制的僵化、政策的极"左"及一系列决策的失误，极大地制约了广大农民的生产积极性，使农村经济失去了活力，造成了农业生产停滞不前，社会主义集体经济的优越性无法体现。因此，农村经济改革就箭在弦上，不得不发了。

（二）改革阶段

"文化大革命"之后的 1977 年、1978 年，中国一些农村出现了各种形式的包产到户，如 1977 年夏收后，河北省大名县万北一队试行包产到户；从 1978 年开始，广东省海康县北和公社大部分生产队实行包产到户试点；

---

① 李正华：《论邓小平的"三农"思想对中国农村改革的重大意义》，《当代中国史研究》2005 年第 2 期。

② 《邓小平文选》第 1 卷，人民出版社 1994 年版，第 323—324 页。

③ 这期间，基层干部握有改造农村社会的权力。为了突出自己的政绩，迎合上级政府的政治意图和喜好，他们完全不顾农民的利益进行各种幻想性实验；他们篡改和歪曲信息，弄虚作假，故意夸大生产能力和生产成绩；对底层农民则作风恶劣，工作中打人骂人时有发生，甚至达到令人发指的地步；在农民生活难以维持的同时他们自己却侵贪集体财产，大吃大喝。

④ 21 世纪乡镇工作全书编委会：《21 世纪乡镇工作全书》，中国农业出版社 1999 年版，第823 页。

1978 年夏秋之交，安徽省一些农民包产到户、包干到户，四川省不少地方的农民也实行包产到组。在中共十一届三中全会前夕，全国许多地方都有实行分田单干、包任务、包上交的生产队。这其中，1978 年安徽省凤阳县小岗村实行的包干到户尤为引人注目。对农民这一有利于发展生产的自觉行动，有的人担心它会瓦解集体经济的所有制基础，表示反对；有的人认为应当从实际出发，坚持试验。对当时这种合理但不合法的包产到户，邓小平和其他中央、地方一些主要领导持同情和默许的态度，这就为包产到户的存在和发展创造了重要的条件。1978 年底召开的中共十一届三中全会，决定以经济工作为中心，否定"以阶级斗争为纲"，又为农村改革创造了一个良好的政治氛围。正是在这样的环境下，1977 年、1978 年一些地方出现的农村改革才得以坚持下来，避免了 20 世纪 60 年代前后的一些地方农村改革的命运①。

1978 年 12 月，在中共十一届三中全会通过的《中国共产党第十一届中央委员会第三次全体会议公报》和《农村人民公社工作条例（试行草案）》两个文件，可以说是务实改革路线和"左"倾错误路线妥协的产物。为维护人民公社制度，会议文件沿用一些"左"的传统提法，硬性规定"不许分田单干"、"不准包产到户"，但务实派的主张也得到体现，强调要调动农民的生产积极性，必须在经济上充分关心他们的物质利益，政治上切实保障他们的民主权利，重申坚持按劳分配原则，规定保护社员自留地、家庭副业和集市贸易，提高农副产品价格，建立严格的生产责任制，"可以在生产队统一核算和分配的前提下，包工到作业组，联系产量计算报酬，实行超产奖励"，不准搞穷过渡，等等。这些规定为农村改革注入了强大推动力②。

1979 年 4 月，在《关于农村工作问题座谈会纪要》中，界定了生产队可以实行分组作业，小段包工，按定额计酬的办法，但必须保持人民公社体制的稳定，不许包产到户，不许划小核算单位，一律不许分田单干。

1979 年 9 月，在中共十一届四中全会通过的《中共中央关于加快农业发展若干问题的决定》中，强调农业工作"一定要从实际出发，一定要按

　　① 李正华：《论邓小平的"三农"思想对中国农村改革的重大意义》，《当代中国史研究》2005 年第 2 期。
　　② 孙泽学：《1978—1984 年农村改革之中央、地方、农民的互动关系研究——以包产到户、包干到户为中心》，《中国经济史研究》2006 年第 1 期。

照自然规律和经济规律办事，按照群众利益办事，一定要坚持民主办社的原则，尊重和保护社员群众的民主权利。决不能滥用行政命令，决不能搞瞎指挥和不顾复杂情况的'一刀切'"。从管理的角度看，三个"一定"和两个"决不能"较之前次全会关于农业方面的措施是一个进步，但该决定对包产到户仍然规定："不许分田单干。除某些副业生产的特殊需要和边远山区、交通不便的单家独户外，也不要包产到户"①。"不许……也不要……"表明包产到户仍然阻力很大。

1980年3月，在《全国农村人民公社经营管理会议纪要》中，允许包工到组、包产到组、责任到人。除某些副业生产的特殊需要和边远山区交通不便的单家独户外，不要包产到户。

1980年9月，中共中央发出了《关于进一步加强和完善农业生产责任制的几个问题》的通知，明确指出："对于包产到户应当区别不同地区、不同社队采取不同的方针。在那些边远山区和贫困落后的地区，长期'吃粮靠返销，生产靠贷款，生活靠救济'的生产队，群众对集体丧失信心，因而要求包产到户的，应当支持群众的要求，可以包产到户，也可以包干到户，并在一个较长的时间内保持稳定。就这种地区的具体情况来看，实行包产到户，是联系群众、发展生产、解决温饱问题的一种必要的措施。就全国而论，在社会主义工业、社会主义商业和集体农业占绝对优势的情况下，在生产队领导下实行的包产到户是依存社会主义经济，而不会脱离社会主义轨道的，没有什么复辟资本主义的危险，因而并不可怕。在一般地区，……已经实行包产到户的，如果群众不要求改变，就应允许继续实行，然后根据情况的发展和群众的要求，因势利导，运用各种过渡形式进一步组织起来。"文件中的"可以……也可以……"表明包产到户取得了合法地位。

1981年8月26日，邓小平明确肯定包产到户的性质是社会主义的，他说："'包产到户'是社会主义制度下责任制的一种形式，没有剥削，没有违背集体所有的原则，可以调动人民的积极性，体现了按劳分配的社会主义原则，有利于发展社会主义经济，不是资本主义。"②这对后来中央的农村政策产生了重大影响。

1982年4月，在《全国农村工作会议纪要》中，界定了各种责任制，

① 《三中全会以来重要文献选编》（上），人民出版社1982年版，第182页。
② 《邓小平年谱（1975—1997）》（下），中央文献出版社2004年版，第764页。

包括小段包工定额计酬，专业承包联产计酬，联产到劳，包产到户、到组，包干到户、到组，等等，都是社会主义集体经济的生产责任制。

1983 年 1 月，在《当前农村经济政策的若干问题》中，指出联产承包责任制采取统一经营与分散经营相结合的原则，使集体优越性和个人积极性同时得到发挥。

1983 年 10 月，在《中共中央、国务院关于实行政社分开建立乡政府的通知》中，要求各地废除"政社合一"的人民公社体制，建立乡党委、乡政府和乡经济合作组织，"尽快改变党不管党、政不管政和政企不分的状况"。

1982—1986 年，中央先后连续出台了五个"一号文件"。1982 年的"一号文件"突破了传统的"三级所有、队为基础"的体制框框，明确指出包产到户、包干到户或大包干"都是社会主义集体经济的生产责任制"。这个文件不但肯定了"双包"制，而且说明它"不同于合作化以前的小私有的个体经济，而是社会主义农业经济的组成部分"[①]。1983 年的"一号文件"从理论上说明了家庭承包经营"是在党的领导下我国农民的伟大创造，是马克思主义农业合作化理论在我国实践中的新发展"[②]。这一文件的下达，使农民更加相信党的农村政策不会变，从而消除了部分干部群众在承包制问题上这样那样的误解或疑虑。1984 年的"一号文件"强调要继续稳定和完善承包责任制，延长土地承包期一般在 15 年以上。1985 年的"一号文件"的中心内容是：调整农村产业结构，取消 30 年来农副产品统购派购的制度，对粮、棉等少数重要产品采取国家计划合同收购的新政策。同时国家还将农业税由实物税改为现金税。1986 年的"一号文件"肯定了农村改革的方针政策是正确的，必须继续贯彻执行。针对当时农业面临的停滞、徘徊和放松倾向，文件强调要进一步摆正农业在国民经济中的地位。五个"一号文件"，顺应了农村改革的客观要求，有力地促进了农村改革。

1987 年 11 月，六届全国人大常委会第 23 次会议通过的《村民委员会组织法（试行）》，规定了实行村民自治的基本原则及具体实施办法。此后，全国农村有计划、有步骤地推行村民自治制度。

---

① 《三中全会以来重要文献选编》（下），人民出版社 1982 年版，第 1064 页。
② 《新时期农业和农村工作重要文献选编》，中央文献出版社 1992 年版，第 164 页。

1987—1988 年，农村改革的重点是鼓励农民面向市场，发展商品经济，确立农户独立的市场主体地位；逐步取消农产品统购派购制度，推进农产品流通体制改革；调整农村产业结构，发展乡镇企业和建设小城镇等①。

1988—1998 年，我国农村改革的步子明显放慢了。在 1989 年春夏之交发生"六四事件"以后，党内有的人甚至一心想把农民重新拉回"一大二公"的老路上去，并且重新制定出了《农业生产合作社章程（草案）》，还曾一度出现了农村改革"回头看"和"归大堆"的反常现象，这使广大基层干部和农民群众感到了"农村政策又要变"的心理恐慌。一些地方不顾农民群众的利益，以巩固和发展农村社会主义集体经济为名，盲目上集体企业项目，结果劳民伤财、得不偿失。如河南省，1990 年在全省 47678 个行政村中，一哄而起新上集体企业项目 59342 个，官方宣称全年产值可达到 137 亿元，共吸纳农村剩余劳动力 163 万人就业。事实上，这种依靠行政强迫命令手段搞起来的所谓"富民工程项目"，没过多久就全部熄火了。尤其是一些思想僵化、死死抱住"左"的马列教条不放的人，拿"温州模式"作为活靶子，硬把它说成是"瓦解社会主义集体经济的根源，复辟资本主义的罪恶之源"，必欲除之而后快。一场围绕着"姓资"、"姓社"的全国性思想大讨论，直到 1992 年初邓小平同志发表南巡讲话，提出了"改革开放胆子要大一些，敢于试验，不能像小脚女人一样。看准了的，就大胆地试，大胆地闯"，才算画上句号。总地来看，尽管这一时期党中央、国务院就如何搞活农村经济、实施科教兴农战略、加强农业社会化服务体系建设，发展农业产业化、增加农民收入、减轻农民负担等问题制定出台了一系列的政策措施，但是这几项改革都没有取得实质性的进展②。

1998 年 10 月，十五届三中全会通过了《中共中央关于农业和农村工作若干重大问题的决定》，对家庭承包经营的农村基本经营制度进一步概括为以下四个方面。一是实行家庭承包经营能够极大地调动农民的积极性，解放和发展农村生产力，必须长期坚持。二是稳定完善双层经营体制

---

① 李正华：《论邓小平的"三农"思想对中国农村改革的重大意义》，《当代中国史研究》2005 年第 2 期。

② 张新光：《中国近 30 年来的农村改革发展历程回顾与展望》，《现代经济探讨》2007 年第 1 期。

关键是稳定完善土地承包关系，这是党的农村政策的基石，决不能动摇。要坚定不移地贯彻土地承包期再延长 30 年的政策。同时要抓紧制定确保农村土地承包关系长期稳定的法律法规，赋予农民长期而有保障的土地使用权。三是在家庭承包经营的基础上，积极探索实现农业现代化的具体途径。四是要从农村经济现状和发展要求出发继续完善所有制结构[①]。

从 2002 年 10 月召开中共十六大，到 2006 年 10 月召开党的十六届六中全会，这 4 年是新一届中央领导集体对解决"三农"问题重视程度最高、改革力度最大、投入资金最多、效果最明显的一个"黄金时期"。比如，十六大报告提出了"我们要在本世纪头二十年，集中精力，全面建设惠及十几亿人口的更高水平的小康社会"这一奋斗目标，并且提出了"统筹城乡经济社会发展"的重大战略指导思想，使多年来一直处于僵局之中的"三农"问题提升到国家宏观经济层面来解决。这标志着我国农村改革进入了一个以调整国民收入分配关系为核心的重大历史转变时期。紧接着，党中央、国务院又提出了"要把解决好农业、农村和农民问题作为全党工作和全国工作的重中之重，放在更加突出的位置，任何时候都不能放松"，同时决定从 2003 年起在全国范围内推开农村税费改革试点工作。从 2004 年到 2006 年，党中央、国务院按照"以人为本"的科学发展观、"多予少取放活"的六字方针、"工业反哺农业、城市支持农村"的科学论断和"建设社会主义新农村"、"构建社会主义和谐社会"等一系列的重大战略部署，着眼于从根本上改变城乡二元结构和体制机制通盘考虑解决"三农"问题，连续制定了 3 个指导农村工作的"中央一号文件"，分别就增加农民收入（共 22 条）、提高农业综合生产能力（共 27 条）、建设社会主义新农村（共 32 条）等出台了一系列更直接、更有力、更有效地支持农业和农村发展的政策措施，这 81 条配套政策措施共同构成了我国新一轮农村综合改革的基本政策框架[②]。十七大报告指出，统筹城乡发展，推进社会主义新农村建设。解决好农业、农村、农民问题，事关全面建设小康社会大局，必须始终作为全党工作的重中之重。并提出，走中国特色农业现代化道路，建立以工促农、以城带乡长效机制，形成城乡经济社会发展一体化新格局。

---

① 周琳琅：《论江泽民农业农村改革观》，《湖北社会科学》2005 年第 2 期。
② 张新光：《中国近 30 年来的农村改革发展历程回顾与展望》，《中国农业大学学报》（社会科学版）2006 年第 4 期。

2008 年 10 月中国共产党第十七届中央委员会第三次全体会议通过《中共中央关于推进农村改革发展若干重大问题的决定》，指出："以家庭承包经营为基础、统分结合的双层经营体制，是适应社会主义市场经济体制、符合农业生产特点的农村基本经营制度，是党的农村政策的基石，必须毫不动摇地坚持……赋予农民更加充分而有保障的土地承包经营权，现有土地承包关系要保持稳定并长久不变。推进农业经营体制机制创新，加快农业经营方式转变……加强土地承包经营权流转管理和服务，建立健全土地承包经营权流转市场，按照依法自愿有偿原则，允许农民以转包、出租、互换、转让、股份合作等形式流转土地承包经营权，发展多种形式的适度规模经营。有条件的地方可以发展专业大户、家庭农场、农民专业合作社等规模经营主体。土地承包经营权流转，不得改变土地集体所有性质，不得改变土地用途，不得损害农民土地承包权益。"

（三）改革之争与改革"红线"

农村经济改革因突破了中央的政策界限而成为一个极其敏感的问题，给坚持改革的领导者带来很大的风险和压力。万里主政安徽不久主持制定的省委"六条"，由于其中的规定与中央政策不符而引起了许多人的怀疑和不安。1978 年安徽发生百年不遇的大旱灾，省委及时做出"借地种麦"的决定，招来不少人的担心与非议，有人说"借地"调动起来的不是集体主义的积极性，不符合社会主义方向，这样做违反中央文件精神和上级指示，还有没有组织纪律性？肥西县实行包产到户不久，万里收到一封署名"人民群众"的匿名信。该信指责肥西县搞包产到户是分田单干，是"刘少奇路线的翻版"，"这是曾希圣阴魂不散"。同时，肥西的包产到户在省直机关也是一石击起千重浪，成为议论的焦点，尤其是十一届三中全会关于农村问题的两个文件精神传达后，更是众说纷纭，有人担心这种明显违反中央文件精神的做法，若不制止处理，恐怕会出岔子，有人甚至质问省委要把群众引导到哪里去。安徽省人大会议文件中流露出允许包产到户的意思，不少县委书记责问："秘书处里是什么人？为什么这么鼓吹资本主义？"[①] 安徽允许包产到户的做法也招致周边各省的指责。江苏在苏皖两省交界处树起"堵资本主义的路"、"坚决反对安徽的分田单干风"的大标语牌子，并用高音喇叭天天朝安徽那边宣传"大批促大干"。山西省委做出

---

① 《农民日报》1988 年 12 月 22 日，第 1 版。

决定：必须继续稳定地实行"三级所有，队为基础"的制度。《山西日报》已组织文章对安徽的做法进行笔伐，以捍卫大寨红旗。湖南省委书记也表示：要继续坚持学习大寨的基本经验。当时全国支持或附和安徽做法的只有广东、内蒙古、贵州等几个边远或贫困省份的第一把手①。

1979 年春，农村改革的试点在全国悄悄铺开，除安徽省外，其他一些省份也在积极试行各种形式的农业生产责任制。四川云南搞了包产到组，广东实行了"五定一奖"。但这项工作刚刚启动，便遭到了彻底否定。1979 年 3 月 15 日，《人民日报》头版刊登了署名"张浩"的《"三级所有，队为基础"应当稳定》的来信并加了"编者按"。要求"已经出现分田到组、包产到组的地方，应当正确贯彻执行党的政策，坚决纠正错误做法。"② 一时间搞得全国人心惶惶。

1980 年 1 月 11 日至 2 月 2 日，国家农委在京召开全国农村人民公社经营管理会议。会议围绕安徽代表所作《联系产量责任制的强大生命力》的发言，展开激烈交锋。其焦点是，包产到户是姓"社"还是姓"资"，符不符合中央政策的规定？反对者认为，包产到户是分田单干，是资本主义性质，它调动的是农民个体生产的积极性。治穷的办法很多，何必非要包产到户，而且中央文件明文规定"不许分田单干"，"也不能包产到户"，"三级所有，队为基础"是写入《宪法》的，搞包产到户既违反中央的规定，也违反了《宪法》的规定③。

1980 年《农村工作通讯》第 2、3 期分别发表《分田单干必须纠正》和《包产到户是否坚持了公有制和按劳分配》两篇文章，言辞尖锐地指责包产到户是"分田单干"，违反了党的政策，导致两极分化，既没有坚持公有制，也没有坚持按劳分配，不符合党和人民的根本利益。同时，该杂志还组织发表了一批经济理论界权威人士的文章，用载入《宪法》的"三级所有，队为基础"和中央《关于加快农业发展若干问题的决定》中的有关规定，向支持包产到户者施压。《大众日报》也发表《包产到户不是生产责任制》的文章。有的军队领导干部也责难包产到户"扰乱军心"、"毁

---

① 孙泽学：《1978—1984 年农村改革之中央、地方、农民的互动关系研究——以包产到户、包干到户为中心》，《中国经济史研究》2006 年第 1 期。

② 范龙堂：《邓小平对农村改革的探索与实践》，《农业考古》2005 年第 5 期。

③ 孙泽学：《1978—1984 年农村改革之中央、地方、农民的互动关系研究——以包产到户、包干到户为中心》，《中国经济史研究》2006 年第 1 期。

我长城"。一时间，包产到户成了众矢之的①。

对这一敏感的问题，中央领导明确支持的也很少。1980 年 1 月 31 日，中央政治局的华国锋、邓小平、李先念等听取农村人民公社经营管理会议的汇报。华国锋在讲话中强调，责任制和包产到户、单干不要混同起来，已经搞了包产到户的要认真总结经验，提高觉悟，逐步引导他们组织起来。其倾向性不言而喻。面对争论，邓小平在讲话中说，对于包产到户这样的大问题，事先没有通气，思想毫无准备，不好回答。同年 3 月，国家农委在一份上报中央的报告中声称："万里同志在安徽支持包产到户，造成了很大的混乱。"②

多数农村的做法超出中央政策界线时农民与地方的关系比较紧张。在"产量与方向"、"独木桥"与"阳关道"不绝于耳的"拉锯战"中，因"干部怕错，农民怕饿"而出现"干部与农民拔河"、"顶牛"的现象比比皆是。"中央三句话（定额记分、统一核算，包工到作业组，联系产量计酬、超产奖励），省里在打架，县里在打坝，公社干部害怕，大队干部挨骂，群众急得发炸"就很形象地反映了这种关系。地方干部不让搞，社员群众却背着他们偷偷干，有的"明修栈道，暗渡陈仓"。在一些比较富裕的地区，干部们往往以中央文件中"发达地区不能搞包产到户"、"不适于搞家庭联产承包"来拒绝农民的要求。1981 年，少数省区领导干部仍坚决反对包产到户，用各种方法加以阻挠，有的派工作队到农村强拆硬扭③。

当时，安徽、四川省的包产到户，所承受的压力十分巨大。万里回忆说："农村改革这场斗争太激烈了。当时不表态就算支持了。中央各部委和各省级领导中有几个支持的？屈指可数。省委书记中，内蒙古的周惠是一个，贵州的池必卿是一个，还有任仲夷。江浙一带反对最坚决……农委、农业部反对得最厉害。"④ 邓小平回忆说："搞农村家庭联产承包制，废除人民公社制度。开始的时候只有三分之一的省干起来，第二年超过三分之二，第三年才差不多全部跟上，这是就全国范围讲的。"⑤ 说明了改革

① 孙泽学：《1978—1984 年农村改革之中央、地方、农民的互动关系研究——以包产到户、包干到户为中心》，《中国经济史研究》2006 年第 1 期。
② 同上。
③ 同上。
④ 张广友：《万里访谈录》，《百年潮》1997 年第 5 期。转引自李正华《论邓小平的"三农"思想对中国农村改革的重大意义》，《当代中国史研究》2005 年第 2 期。
⑤ 《邓小平文选》第 3 卷，人民出版社 1993 年版，第 374 页。

阻力之大，农村改革推进之不易。可以看到，中央虽然在农村改革伊始就做出了决策，但对改革中农民创造的适合农村实际的"双包"责任制却经历了一个排拒—认同—提倡的过程。随着政策的松动，在文件上不断修改提法，表述由开始的"不准"、"不许"到"不要"再到"有条件的允许"，直到最终给"双包制"正名，向全国推广。

可见，尽管中国的农村产权改革是由基层发动的，但归根结底仍然取决于中央政府的承认和支持。仅仅"两包"就已经是党内意识形态领域激烈斗争的结果，有些学者对农村改革之所以没有实现土地私有化的其他解释，显然是没有认真研究和思考当时改革所面临的严峻的政治环境的，显得牵强附会①。应该说，1998年9月江泽民在安徽考察农村工作时强调的，深化农村改革，首先必须长期稳定以家庭承包经营为基础的双层经营体制。这是党的农村政策的基石，任何时候都不能动摇。"一条是不搞土地私有，一条是不改变家庭承包经营，这就是有中国特色的社会主义农业。"② 就是中国农村产权改革的一条难以逾越的"红线"。但从近30年的农村改革来看，对土地产权的安排还需要从土地要素的双重特性出发，进行理论和实践创新。唯有如此，才有可能破解中国农村产权改革的"困境"。

（四）简评

正如第一章第四节中所探讨的，土地生产要素具有自然和社会的双重特性，从人类历史和土地产权演进的过程来看，民族国家是土地名义所有权的唯一主体。在生产实践和经济活动中，土地的重要性并不在于其名义所有权，而在于对以使用权为核心的产权结构的科学安排。我国农村改革存在的问题主要在于"家庭"并不完全拥有对土地使用权的支配权力，土地名义上的集体所有实际上变成了土地使用权的集体所有，这是由土地的特性所决定的。因为对于土地来讲，国家所有和集体所有仅仅是一个控制权的边界大小问题。对于国家这个抽象主体而言，它最终还是要将土地交给具体的经济主体去使用的。而对于边界缩小和控制权清晰的集体来

---

① 如周其仁（1994）认为，农民最终放弃将土地私有化是因为他们遇到了公共选择难题，分地时无法找到一个大家接受的标准来平衡内部成员之间的利益冲突。而谭秋成（1999）则认为，从合作化到人民公社体制，国家长期保留着对私有财产剥夺、否定的记录，失去了保护私有财产的信誉，社队基层干部和农民不相信国家会承认和保护这种土地完全个人所有的产权。

② 江泽民：《江泽民论有中国特色社会主义》（专题摘编），中央文献出版社2002年版，第286页。

讲，土地的集体所有在经济意义上当然是土地使用权的同义语。因此，从实践本义看，土地集体所有是与土地家庭承包经营相矛盾的。他们之间并不是一个和谐的共同产生效益的产权结构，相反却存在着集体严重的寻租冲动。

从中国的产权改革历程来看，之所以出现农村产权改革的始发却滞后，存在的原因很多。土地产权安排不合理应该是一个主要问题。正是这一核心问题，才进一步导致了农村产权改革中的一系列问题。从宏观层面归纳，起码有三个大的方面决定了农村产权改革必然会处于"低水平循环陷阱"：其一，土地由于产权不合理无法实现其在农业生产中重要生产要素的作用，其主要的标志就是农民无法对土地的使用和效益形成稳定预期；其二，农业作为第一产业，规模小，市场化程度低，无法与其他产业形成市场谈判意义上的公平；其三，农民在政治诉求上处于弱势地位，他们缺乏维护和获取自己正当权益的有效途径。

因此，对于农村产权的改革"红线"，人们通常都当然地认为是对土地所有权的"个体化"，实际上这是没有真正理解和把握土地特性的结果。我们只要在宪法上规定农地归国家所有，而把农地使用权永久性地交给农民家庭就能够完全解决这种实践和理论困境。

二　城市产权改革

对于所讨论的主题而言，城市产权改革本身不是本书深入研究的对象。我们仅仅需要比较和关注的是，为什么后来进行的城市产权改革无论在理论和实践上都取得了较大的突破？在这个过程中，土地要素又是被如何安排的？相对于农村产权改革，我们只需要比较二者在理论和土地要素安排上的差异，就能够比较清晰和深刻地揭示本书所要表达的观点。此外，城市产权改革是一个庞大的系统工程，本节中只是以国有企业改革为比较对象。因为国有企业改革是城市产权改革的重头戏，具有显著的代表性及理论和实践上的可比性。

尽管国有经济在社会主义建设过程中功不可没，但我们必须清醒地认识到，我国国有工业企业总体上效益不佳，亏损严重。改革开放以前，我国国有企业在国民经济中所占比重过大（1978年，国有工业占工业总产值的77.6%）。这种大一统的国有产权显然不利于产权高度分散化、多元化的市场经济的形成。国有产权缺乏排他性的天然缺陷，使其缺乏内生的动

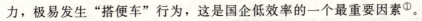

力，极易发生"搭便车"行为，这是国企低效率的一个最重要因素①。

（一）改革阶段

理论界通常将这一过程分为三个阶段：1978—1986 年为探索起步阶段；1987—1991 年为全面推进阶段；1992 年以后为深化改革阶段。本书仅仅列出一些主要的时间和政策点，不对其做过多评价，如表 4—1 所示。

表 4—1   国有企业改革大事表

时间（年限）	政策点（内容）
1978 年 12 月	十一届三中全会，启动了意识形态领域内的思想解放高潮，与之相适应，理论上也拨乱反正，社会主义多样化理论和全民所有制实现形式多样化的思路开始形成。市场机制、价值规律的调节作用在理论上得到了充分的肯定
1979 年	出台利润留成政策。少数企业被允许保留因出售政府指令性计划产品所得的利润，而在其他情况下，企业只能保留因出售超计划产品所得到的利润
1983 年	合同责任制度（即承包制）开始出现
1984 年 10 月	十二届三中全会，首次提出要建立自觉运用价值规律的计划体制，发展社会主义商品经济。同时决定全面推进以增强国有企业活力，特别是大中型国有企业活力为中心的、以城市为重点的经济体制改革；并确定"要使国有企业真正成为相对独立的经济实体，成为自主经营、自负盈亏的社会主义商品生产者和经营者。具有自我改造和自我发展能力。成为具有一定权利和义务的法人"的改革目标
1985 年	开始用收入所得税来取代承包制，也就是"利改税"改革。企业可以按照市场价格出售计划产品
1985 年	赋予企业经理在用人方面更大的权力以实现劳动力的合理配置
1986 年	国有企业又回到了承包制
1987 年	实施了多种形式的"承包责任制"，包括中小企业租赁制、承包经营责任制、企业经营责任制，以及资产经营责任制等
1992 年	赋予经营者更大的自主权，包括有权进行生产决策、确定投入与产品价格、购买物资和原料、做出投资决策、招募工人、决定工资奖金等
1993 年	十四届三中全会，通过《中共中央关于建立社会主义市场经济体制的若干问题的决定》，提出了建设社会主义市场经济体制和建立现代企业制度的目标。这个《决定》描述了在 1999 年前需要采取的 50 项改革工作，包括一些有关国有企业改革的重要政策。其中两点非常重要：一是提出了"现代企业制度"的概念，包括与现代企业制度相关的公司结构、公司治理和基于公司化原则的管理，以及实现国家行使所有权与企业行使法人财产权的彻底分离；二是鼓励包括"私营、个体和外资"在内的多种所有制形式的共同发展

———————————

① 以工业企业为例，1987—1990 年，国有亏损企业增加 92%，1992 年，国有企业的亏损面仅占 22.7%，至 19% 年增为 37.7%。全国国有独立核算工业企业的亏损额连续 10 多年急剧增加，1984 年仅为 26.61 亿元，1997 年竟增加到 830.95 亿元。张仁德、王昭凤：《元制度设计与中国国有企业产权改革》，《经济社会体制比较》2005 年第 5 期。

续表

时间（年限）	政策点（内容）
1992—1993 年	股份制和股票市场的发展实现了一定的突破
1994 年	承包制再次被收入所得税所取代
1994 年	一些地方开始自发地尝试通过产权重组改革国有小企业的各种途径，在其后的几年中，这方面的改革取得了长足的进展
1994 年	政府发布了两项通告，标志着 1993 年改革的进一步深化。第一项通告名为"万一千一百一十"工程，即 10000 家大中型国有企业将在 1995 年 7 月以前全部采取新标准；1000 家大型国有企业将在 1997 年 7 月以前全部实行国有资产管理条例；100 家大型企业将按 1994 年 7 月通过的《企业法》改制成有限责任公司或股份公司；10 个城市（后扩大到 18 个城市，最后又扩大到 111 个城市）将实施综合性的企业改革方案，包括合并、联合、破产，和将国有企业的社会服务职能分离出去。第二项通告是关于产业组织政策的。根据这一政策，在四大支柱产业，即汽车及零配件、电子机械、石油化工、建筑行业组建 56 家企业集团。这一举动的目的是发展大型生产企业，培育大型国有企业或企业集团的比较优势
1995 年底	新的指导思想被总结成一句俚语："抓大放小"
1996 年 3 月	八届全国人大第四次会议，政府宣布将集中精力致力于 1000 家大型国有企业和企业集团的改革和发展，它们将成为中国现代企业建设的核心。同时政府将通过重组、合并、接管、承包、租赁和出售给非国有企业等多种方式放松对小型国有企业的控制
1997 年	中共十五大对大量出现的多种多样的股份合作经济做出了明确的肯定。在提出要确保国有经济主导地位的基础上，大会通过的《报告》旗帜鲜明地指出了在国有经济非主导性领域进行非国有改造的历史任务，尤其是明确了对小型国有企业的非国有改造，提出了改组、联合、兼并、租赁、承包经营、股份合作制及出售等七种形式，除承包制外，其余六种形式都是对产权制度的根本改造
1999 年	十五届四中全会，提出了对国有经济进行战略性改组的国企改革新战略，提出国有经济要在关系国民经济命脉的重要行业和关键领域占支配地位，国有经济要逐步从大部分竞争性行业中退让出来
2002 年	中共十六大提出"除极少数必须由国家独资经营的企业外，积极推行股份制，发展混合所有制经济。实行投资主体多元化，重要的企业由国家控股……进一步放开搞活国有中小企业"
2003 年	在中国共产党第十六届三中全会上，《中共中央关于完善社会主义市场经济体制若干问题的决定》指出：推行公有制的多种有效实现形式，坚持公有制的主体地位，发挥国有经济的主导地位，大力发展混合所有制经济；非公有制经济是促进我国社会生产力发展的重要力量，要大力发展和积极促进非公有制经济
2007 年	十七大报告在部署国有企业改革时如是表述："深化国有企业公司制股份制改革，健全现代企业制度，优化国有经济布局和结构，增强国有经济活力、控制力、影响力。深化垄断行业改革，引入竞争机制，加强政府监管和社会监督……"

时间（年限）	政策点（内容）
2012 年	十八大报告在论述全面深化经济体制改革时指出："要毫不动摇巩固和发展公有制经济，推行公有制多种实现形式，深化国有企业改革，完善各类国有资产管理体制，推动国有资本更多投向关系国家安全和国民经济命脉的重要行业和关键领域，不断增强国有经济活力、控制力、影响力。毫不动摇鼓励、支持、引导非公有制经济发展，保证各种所有制经济依法平等使用生产要素、公平参与市场竞争、同等受到法律保护"

（由著者根据资料整理）

（二）改革理论

我国国有企业的改革过程一直伴随着理论上的激烈争论，归纳起来，其理论观点主要有以下三个方面。

其一为产权理论，也是国有企业改革的主流观点。该理论观点认为国有企业产权不清，企业内部治理结构不健全，导致职责不明、契约不完备、"搭便车"现象和机会主义盛行，是国有企业效率低下的主要原因。只有通过企业改制等手段健全企业产权制度、完善企业治理结构，才能使企业自主决策、使财产所有者的利益得到保障。在产权理论看来，国有企业改革的关键之处在于政府与国有企业的分离。产权改革被认为是帮助政府从国有企业的日常控制中解脱出来，实现政企分离目标的重要手段，许多经济学家都对这一学派的观点进行了精彩的阐述[①]。

其二为竞争理论。该理论观点认为现代公司治理结构的有效运作，有赖于一个充分竞争的产品、要素、经理、股票等市场体系。中国经济中还缺乏这样一个市场体系，企业的政策性负担仍旧存在，所以，软预算约束仍难根除。

其三为管理理论。该理论观点强调通过赋予国有企业员工自主权和利润激励来提高国有企业的管理绩效的重要性，相信国有企业并不必然是天生低效率的，认为国有企业与市场经济中的那些广泛社会性持股的上市公司并没有什么区别。在该观点看来，导致国有企业效率低下的原因是政府虽然身为最大的股东，但管理其投资的效率不高。因此，解决国有企业问题的办法是提高政府管理国有企业的水平。一些可能的措施包括给予国有企业的经理人员

---

① 例如，在科尔奈（Kornai, 1992）对苏联模式的社会主义制度的分析中，他认为社会主义国有企业的低效率的根源在于官僚控制。（Kornai, Janos, *Socialist Systems*, Cambridge University Press, NY: New York, 1992）类似地，谢尔夫和维斯尼（Shlerfer and Vishny, 1994）也指出政府官员对企业决策的影响是导致国有企业低效率的重要原因之一。（Shleifer, Andrei, and Robert Vishny, "Politicians and Firms", *Quarterly Journal of Economics*, 109: 995—1025, 1994）

自主权，并把国有企业的经理和员工的奖金与国有企业的绩效联系在一起①。

（三）土地要素安排

1. 我国土地管理体制的演进路径。

新中国成立初，国家在内务部下设地政局，统一管理全国的土地改革工作。1954 年撤销地政局，在农业部设土地利用总局。1956 年又在土地利用总局的基础上成立农垦部，主管全国所有荒地和国营农场建设工作。从此，我国专门行使地政管理职能的机构不复存在。直到 1982 年，我国实行的都是城乡土地分割，用地部门分散管理的体制②。1982 年，农业部成立了土地管理局，形成了农村土地由农业部管理，城市土地由建设部管理的格局。随着社会经济的发展，城乡分割、分散管理的土地管理体制已不适应我国人多地少，耕地资源严重不足的基本国情，更不适应保护耕地的客观要求。1986 年又成立国家土地管理局以统一管理城乡地政。经过十几年的努力，形成了中央、省、地（市）、县（市）、乡（镇）五级土地管理体系，也形成了以"城乡地政统一管理"和"条块结合、以块为主"为特点的体制格局。城乡土地的统一管理是一个历史性的进步，但随着我国社会主义市场经济体制改革的深入，土地作为要素进入市场，其经济效益日趋显现，分灶吃饭的财政体制，使得地方成为相对独立的利益主体，加上农业特别是种植业作为弱势产业，与其他产业在比较利益上的巨大差距，使得难以有效保护耕地和合理利用土地，由土地引发的矛盾不断。针对土地管理体制方面出现的问题，党和国家于 2004 年底确立实行省级以下土地垂直管理。改革后省级国土部门维持现状不变；市、县国土资源主管部门的领导班子由上一级国土部门任免；设区的市（州），土地管理权上收，区一级国土资源局改为市国土主管部门的派出机构。乡（镇）国土资源管理所的机构编制上受到县（市、旗）人民政府管理；县（市、旗）可以根据实际情况和工作需要，按乡（镇）或区域设置国土资源管理所，为县（市、旗）国土资源主管部门的派出机构③。

---

① 施少华：《产权与中国国有企业改革》，复旦大学博士学位论文，2003 年。

② 这种体制的特点是：各级政府机构中没有专门的土地管理机构；城乡土地分开管理，农村土地（包括农田和林地）由农业部门管理；城市土地由用地部门分散管理：水电、交通、铁路等部门对自己使用的土地负责；军队负责管理军事用地；城市建设机构负责城市土地的征用、规划、使用与管理。

③ 田庆昌：《对我国现行土地管理体制的思考》，《河南国土资源》2006 年第 12 期。

2. 国企改革中的土地产权流动和管理。

为改革国有企业体制，解决国有资产管理混乱、浪费严重的情况，1988 年国务院成立国家国有资产管理局，于 1994 年自全国范围内开展新中国成立以来第五次国有资产清产核资工作，将土地清查估价作为重要内容之一。通过清产核资工作，查清各企业、单位使用国有土地的权属界线和面积，进行土地估价和土地登记，确立国有资产产权包括国有土地产权。

1992 年，国家土地管理局、国家体改委联合发布了《股份制试点企业土地资产管理暂行规定》。1993 年，国家土地管理局、国家体改委又联合发布了《关于到境外上市的股份制试点企业土地资产管理若干问题的通知》，设计了土地资产入股、出让、出租三种处置方式，并在操作层面上对土地资产的处置方式做出了具体规定。1994 年《股份有限公司土地使用权管理暂行规定》出台，对股份制公司获得土地使用权的方式进行了规范。1998 年国家土地管理局颁布了《国有企业改革中划拨土地使用权管理暂行规定》，对国有企业实行公司制改造、组建企业集团、股份合作制改组、租赁经营和出售、兼并、合并、破产等改革涉及的划拨土地使用权，规定可根据企业改革的不同形式和具体情况，可分别采取国有土地使用权出让、国有土地租赁、国家以土地使用权作价出资（入股）、授权经营和保留划拨用地方式予以处置，同时规定了处置程序和相关内容①。1999 年 8 月《国务院办公厅转发外经贸部等部门关于当前进一步鼓励外商投资意见的通知》［国办发（1999173）号文件］明确了以出让方式取得土地使用权的外商投资企业，不再缴纳场地使用费，至此外商投资企业用地全面实行有偿使用。1999 年 11 月出台的《国土资源部关于加强土地资产管理促进国有企业改革和发展的若干意见》［国土资发（19991433 号）］明确规定：完善和协调出让、租赁、作价出资（入股）、授权经营等不同处置方

---

① 土地使用权出让是土地使用权取得的一种方式，同时也是土地资产处置的一种方式。出让的土地使用权是土地使用者向国家购买的一种财产权，土地使用者在出让年限内不仅可以占有、使用和取得土地收益，而且还可以独立支配和处分土地使用权；国有土地租赁是企业通过签订租赁合同取得土地使用权，经出租方同意可以将租赁合同转让，租赁合同转让时，合同中约定的权利义务同时转移；国家以土地使用权作价出资（入股）是指国家以一定年限的国有土地使用权作为出资投入到改革后的新设企业，该土地使用权由新设企业持有，可以依照土地管理法律、法规关于出让土地使用权的规定转让、出租、抵押；以划拨方式取得土地既是一种用地方式，同时也可以作为一种处置方式。目前，大多数国有企业使用的土地是划拨用地。

式之间的权责关系。并且要考虑划拨土地使用权的平均取得和开发投入成本，合理确定土地作价水平。为适应国有企业改革的需要，明确了划拨土地使用权的权能和相应的权益价格，并对出让、租赁、作价入股和授权经营等土地处置方式进行了规定①。

（四）简评

在国有企业改革的现有文献中，并没有关于土地要素的专门研究。土地被改革者和理论界几乎当作了一个必然的外部条件——对于企业来讲，厂房之下的土地是一个能够完全稳定预期的概念。就像空气一样，我们平常几乎不去注意它，但实际上空气对任何人都是不可缺少的。换言之，一个被建立的适应市场经济的"自主"企业，对土地产权（最少是使用权）的长期安排是一个前置的必要条件。否则，企业就无法存在。从这种特性可以看到，土地产权的清晰对于一个独立的企业而言不存在任何争议，所谓企业的产权清晰，仅仅是一个国家和企业主所有权主体的转换问题，土地产权被当然地内含到了这种企业产权清晰的过程之中。只不过对于政府而言，土地管理体制的改革无非反映的是土地价值的市场化实现和分配问题。过去"免费的空气"，现在也成了能够换来大笔钞票的商品。而土地价值的市场化和对国有资产的保护，与企业对土地使用权的清晰实际上是一个问题的两个相对独立的范畴。从本质上来讲，处于产业下游的工业企业对国民经济的重要性及其高企的退出成本，决定了土地使用权的稳定是一个不言而喻的必然。否则没有任何人会将"高楼大厦"建立在一片随时都可能被淹没的沙滩之上。因此，对于法律和经济意义上的企业来讲，无论任何性质，都不存在土地使用权的随意性问题。它们所面临的仅仅是缔结契约前土地市场价值的实现和分配问题。这也是土地管理体制转变过程中对土地有偿使用的应有之义，所体现的是国家作为土地所有权者的剩余索取权力，是对国有资产的市场化保护。相对于个体农民家庭而言，企业还有一个巨大的谈判优势。这种优势不仅体现在企业缔结契约前，还体现在契约被违反之后。违反者可能面临很高的诉讼成本。因此，国有企业改革过程中一个个阶段性的理论和实践突破，同时也必然界定了土地使用权的清晰和长期稳定性。只要符合土地管理程序和土地使用规划，企业就不存在由于土地被可能随时褫夺的担忧。实际上，随着土地管理体制的不断

---

① 潘世炳：《中国城市国有土地产权研究》，华中农业大学博士学位论文，2005 年。

健全和完善，土地使用权的稳定将是一种必然趋势。

三 产权改革非平衡的提出及成因比较

在前两节对我国农村和城市（国有企业）产权改革的一个基本的回顾基础上，本小节提出了城市和农村产权改革非平衡的观点，并对形成这种非平衡的原因做了比较深入的分析和探讨。

（一）界定

所谓城市和农村产权改革的非平衡性，从根本上讲就是理论和实践中对二者参与生产活动的主要生产要素在所有权清晰问题上的非平衡。其中产权结构仅仅是第二性的，它完全取决于所有权对市场的认同程度。具体到城市产权改革（主要以国有企业改革为代表），从计划经济、有计划的商品经济、商品经济一直到市场经济，可以清晰地看到各生产要素从被动所属走向自由高效的轨迹，而这一过程也正是一个所有权不断清晰化的过程。私人资本的遍地开花和国有企业的"抓大放小"标志着理论和实践的彻底突破。相应地，政府管理方式也在渐进中得到了根本转变。对于农村改革来说，围绕着家庭承包经营和双层经营模式，二十多年来的改革之路除了拾遗补阙之外，实际上效果并不显著。换言之，农村产权改革在理论和实践两个方面都没有实现突破。当然，这种存在性有其诸多的原因，理论界也有着各种各样的解释。如果不考虑企业家才能、技术等新的生产要素（实际上它们在某种程度上都可以归源到劳动和资本之中），单从传统的三大生产要素——劳动、资本和土地的比较来看，我们就能够清晰地看到城市和农村产权改革的非平衡问题，如表4—2所示。

表4—2 　　　　　城市和农村产权改革中的生产要素比较

	劳动	资本	土地
城市产权改革（国企改革）	劳动者对其劳动力具有所有、使用、处置和收益的自由，换言之，劳动要素实现了市场化配置	资本所有权明晰，实现了市场化配置	在城市土地国家所有的前提下，土地经营使用权、收益权和处置权权益明确，使用期限明确，不存在频繁的行政性调整
农村产权改革	劳动者对其劳动力具有所有、使用、处置和收益的自由，但劳动要素就农业经济领域的市场化配置程度不高	资本所有权明晰，实现了市场化配置，但没有形成规模优势	农村土地集体所有，农民对土地调整的预期不稳定，而事实上的确存在着集体或上级政府对农村土地的频繁变动

从表4—2中可以看到，就主要生产要素而言，城市和农村产权改革的一个根本区别就在于两者在"土地"要素上的差别：前者是以行政、经济或法律途径将土地使用权等界定给企业（尽管名义上城市土地归国家所有，但企业获取的实际上是土地在法定期限中的排他性权力），企业对土地要素的使用预期是稳定的；后者则以集体的名义占有土地，加上土地归国家所有这一大的前提，实际上形成了以各级政府为主线的一条长长的所有权代理链条，农民对土地使用的排他性权力和稳定性预期很小。从这个角度看，尽管农村产权改革先于城市产权改革，但由于我国国情、意识形态、经济发展水平及理论困境等各方面特殊的原因，时至今日，农村产权改革已经被城市产权改革远远地抛在了后面，陷入了理论和实践的双重困境。那么，为什么会出现这样的局面呢？

（二）背景比较

从产权结构上看，如果抛开农村多极所有的管理体制（实际上国有企业也是一种多部门或多极所有的管理体制），二者在所有权、经营使用权、处置权及收益权等方面都是大同小异的，都存在产权主体不清的问题；从生产要素（劳动、土地和资本）的所有、使用和分配方面来看，二者也没有太大的差异；从管理方式和生产效率方面来看，都是一种金字塔式的计划经济管理体制和低效率的产出状态。

从实践上看，农村产权改革当时是"摸着石头过河"，没有任何参照的案例和模板。城市产权改革却是在农村产权改革初见成效、大量乡镇企业蓬勃发展的背景下开始的，有丰富的本土经验可资总结和借鉴；从理论上看，农村产权改革实际上延续了土地集体所有的惯例，给农民的仅仅是生产经营权和部分收益权。尽管一直以来农村的制度变革不断，但这种相对残缺的产权结构并没有得到根本改善。以国企改革为代表的城市产权改革从当初的"承包制"一直到"抓大放小"等一系列的产权清晰化过程，都无一不伴随着理论上的突破和指导，这种理论参考不仅仅来源于对中国改革的总结，也来源于对西方实践和理论的引进与吸收。

实际上，新中国成立后对私人资本的改造和农村的合作化运动除了对社会主义的经典理论解读外，更多的压力来自由意识形态对立所主导的外部硬约束的存在。从理论和社会理想两个层面，社会主义国家都不可能将自身的发展建立在对其他民族国家的掠夺之上，面对西方世界政治和经济的双重封锁，要生存就只有自力更生一条路可走。这就是当时摆在新中国政府面前的不容回避的最大难题。如果不集中社会最大的力量和资源发展民族工业，我们就可能永远无法缩短与西方发达国家的差距，就可能永远无法摆脱国际分工中的被动局面和产业结构中的劣势地位。在这种生死存亡的选择面前，新中国政府的国有化运动不仅仅是一种社会理想需要，更多地还是一种自救和自保的必然。

在这种背景下再来看我国改革开放前的政治和管理体制，我们就能够理解其金字塔式结构的必然性和合理性。除了巩固政权的需要外，这种体制的一个最大优势就在于能够最有效地集中和调配有限的社会资源，将其用于城市建设和工业积累。具体到农村，土地私有的合作化过程不仅是一个所有权的重构过程，同时也是一个管理体制的自然生成过程。由村社（在当时为"生产大队"和"生产小队"，实际上还有更小的组织"生产小组"）到乡（当时为"公社"）再到县、市（相当于"地区"）和省，这种逐级严密的管理体制在当时体现的不仅是政治管理的需要，而且也是对农村经济管理的需要。除了农村劳动力的简单再生产需要之外，这种以拥有生产要素所有权为基础的合二为一的政治和管理体制拿走了农村经济几乎全部的剩余收益。也正是由于这种集中的制度优势，才实现了如罗森斯坦所谓的"大推动理论"式的工业基础的建立。对于当时的新中国政府来说，这是唯一的也恰恰是最节约成本的一条工业化之路。当然，正如诸多学人指出的，农业和农民就成了工业化原始积累的主要承担者。从激励原则看，劳动效率的提高主要来自一种社会理想和精神诉求，物质（或收益）激励则很少或几乎没有。从实践来看，农村这种闭环式的简单再生产不可能永远建立在"自我牺牲"的基础上，机会主义等自利算计将会逐渐侵蚀掉农民联合生产的积极性。这时候，简单再生产的条件也已经难以为继。

（三）产业特征和生产要素的主导性比较

城市和农村产权改革的共同点也就是任何产业所必需的基本生产要素相同，它们都离不开劳动、土地和资本等。但从各自的产业特性和主导生产要素来看，二者又具有很大的差别。产业特性实际上是由其主导生产要素决定的。农业产业的主导生产要素就是土地，这一点在传统粗放经营的农业阶段表现得尤为突出。土地供给的有限性及其不可移动（或流动）性，决定了农业产业与以资本为主导要素的工业产业的巨大差异。对于传统农业产业而言，尽管产权改革后联合劳动向个体劳动的转化在一定程度上提高了生产主体农民的劳动效率，但却无法促成粗放式经营向集约式经营的转化。一个主要的原因就在于农民对农业产业的主导要素土地没有长期稳定的预期，加上传统农业利润率低，农民缺乏资本和技术投入的动力。而土地的所有者"集体"则更没有向土地进行资本投资的任何积极性。这样，农村产权改革与传统农业的改造成了无法绕开的矛盾。

尽管资本和技术要素在现代化农业生产中所起的作用越来越大，但作为第一产业的农业起主导作用的生产要素仍然是土地。原因就在于土地在农业生产中是一个活跃性和生产性的要素，这种作用与土地在其他产业（如第二、三产业等）中充当"场地"的作用有天壤之别。换言之，农业产业中的每一个生产主体（劳动）都必须与土地这一生产要素结合才能够实现生产目的，而在工业、服务业及知识等第二、三、四产业中，劳动者只要与企业签订劳动合同，就能够实现其工作（或生产）的目的（得到工资收入等），土地这一生产要素在产业升级的过程中的生产作用已经隐性化或者可以说资本化了。在以资本（或技术）为主导的城市产业中，政府只需要与企业（实际上是与企业法人）厘清所有权问题即可。在厘清所有权的过程中，土地这一隐性化的生产要素成了资本自然而然的伴生物。除了将其看作国有资产的一个组成部分之外，人们在实践和理论方面对此并无异议。国企改革所谓的资产盘活，其实在很大程度上就是对土地的资本置换。这种转化的过程不仅仅是一个"抓大放小"的过程，同时也自然而然地实现了企业对其"场地"的完整产权。"土地"是企业进行生产的必备要素，但并不是企业生产过程中的主导要素，企业的一切生产经营活动自企业投产运行后好像与"赖以其上"的土地再没有任何关系。从收益分配来讲，第二、三产业的生产特性和城市的集聚消化功能也能够在一个不长的期限内让每一个利益相关者体认到绝对福利和相对福利的增加，从而稳定繁荣了城市经济。对于第一产业的农业而言，其最大的约束条件就在于组织化的困难（这里指企业化经营），这不仅受制于粗放式经营所必然的低利润甚至亏损，而且还主要面对着无法消化和吸收的巨大农业劳动人口，在培育企业化的农场经营和社会稳定面前，稳定肯定是压倒一切的。这不仅是农业产业特性使然的，而且也是我国的基本国情使然的。因此，从本质上看，我国的农村产权改革实际上仅仅是在土地集体所有这顶大帽子下的一种经营方式的变革，由过去以"生产队"为主的联合劳动变为以"家庭"为主的个体劳动，在技术和资本含量很低的粗放式经营条件下，这种生产方式的变化适应了生产力的要求，在一定程度上激发了农民的生产积极性。但这种积极性是有限的，摆脱不了舒尔茨"低效率陷阱"的困境。随着城市化的不断发展和现代农业技术的普及，个体劳动必须向联合劳动回归，这同样也是适应生产力发展的需要。但在实践和理论层面，农村产权改革正是在这里几乎停止了前进的步伐。

显然，通过行政手段实现传统农业向现代化农业的转变是不现实的，否则就没有必要进行当初的农村产权改革。同样，个体劳动也不会在现行的产权结构中自动地向联合劳动回归。因为这种转变和回归过程不仅是一个"做大蛋糕"的过程，而且还是一个利益重新分配的过程。与其他产业不同，农业产业的规模化仍然还是一个对土地生产要素所有权的界定问题。在没有内生稳定预期的产权安排下，联合劳动本身所对应的较高生产力也很难培育。没有基于生产过程收益权的土地所有权代理者"集体"和短期化行为的农业生产主体，都无法基于市场原则进行组织和生产活动。对于前者而言，它可以通过寻求和创造寻租空间实现效用最大化；对于后者而言，农业产业和土地要素的特性恰恰在生产范畴上限制了其退出和选择权。

（四）社会体制、意识形态和理论创新比较

无论是改革前还是已经或正在进行的农村产权改革，从我国政治经济系统的整体发展和改革目标来看，它们所起的主要作用都是基础和保障功能。产权改革前，农村合作化运动的主要经济目标就是为民族工业的起步和发展提供坚强的物质后盾。这一点是通过资源的直接划拨和甚至在农村产权改革后还长期存在的工农业"剪刀差"实现的，是一种典型的原始积累。而我国农村产权改革的非经济功能则尤为突出，其主要表现在以下几个方面。

其一，农村产权改革的体制稳定功能。面对体制惯性，"冷火鸡"式的改革方式都是非理性甚至十分危险的。在土地所有权问题上，当时至少可以有三种选择：一是收归国有；二是农民所有；三是集体所有。农地所有权国有在意识形态上不存在障碍，但却面临着管理体制的巨大变革；农民个体（或家庭）所有不仅在意识形态上无法接受，而且还和农地国有一样也将带来管理体制上的"震动"；集体所有则可以避免这种困境，它是将未来必须进行的体制改革暂时搁置，通过改变生产经营方式（个体劳动取代联合劳动）提高个体劳动效率，从经济效果上来证明改革的合理和成功。显然，无论是从理论的衍变规律还是实践的结果来看，这种选择都是科学和充满智慧的。但是，时至今日，随着城市产权改革的深入推进和社会主义所有制理论的不断创新，当时被"搁置"的体制改革已经成了农村经济走上新台阶的主要障碍，农村产权改革的进一步深化有赖于对当前管理体制诸多代理层级的破解和消除。

其二，农村产权改革的社会稳定功能。尽管农村产权改革是一种体制内的"微调"，但它成功地调动了农民个体（家庭）农业生产的积极性，提高了个体劳动效率，解决了十多亿人的"吃饭"问题，从而为后来的城市产权改革奠定了良好的社会稳定条件。由于农业生产的特性，尽管土地所有权的代理和管理体制等问题限制了农业劳动效率的进一步提高，但正常条件下（宏观经济和自然条件稳定等），农业产出总会有一个基本的产出保有量（即使在"低效率陷阱"下也如此）。这就为处于改革剧变中的整体社会提供了一个很好的"保障"功能。农民可以选择外出打工，也可以从事农业生产，对于我国这样一个农业人口占绝对比例的农业大国而言，农村的稳定是改革成功的必要条件。用一个不太形象的比喻来描述就是，如果说城市产权改革是发动机的话，农村的稳定就如同底盘厚重的车身，它保证了汽车在高速行驶过程中的稳定。在城市产权改革没有步入正轨或者说成功之前，农村产权改革的这种社会稳定功能将会被理性地延续下去。

其三，农村产权改革的成本承担功能。这里所谓的成本主要指的是"改革成本"，农业不仅是工业原始积累的主要承担者，而且也成了城市产权改革过程中商品化原始积累的主要承担者。国有企业的"抓大放小"和私人资本的遍地开花，使得处于代理状态下的农村土地成了改革过程中各方"利益"角逐的"唐僧肉"。城市化的无序推进也在不断蚕食着已经濒临"耕地红线"的农村土地。农村集体所有所固有的代理缺陷打开了资本和权力相互唱和的"潘多拉盒子"，农民成了环境污染和失去土地的"默默承受者"。本来应该通过产权清晰和市场谈判循序渐进的城市化和产业升级过程，却恰恰在渐进主义的所有权背景下走上了"高速通道"。这种对社会财富"最后晚餐式"地非市场分配，不仅拉大了整体社会的贫富差距，而且也再一次将农民推向了改革成本承担者的无法选择的困境。

社会主义社会的实践和理论解读为我国的农村产权改革和城市产权改革设置了其社会体制和意识形态的硬约束条件。对于最先试验的农村产权改革，土地不仅是生产要素，而且也是最大的国有资产，因此，在农村土地所有权不变的前提下，对土地使用权的分解则更多地是激励意义上的。个体劳动的确有利于消除和规避普遍的"偷懒"和"机会主义"。这种原子式的生产方式也的确与比较落后的生产力相适应，解决了我国看似无法绕过的"温饱"问题。现在看来，当时对体制的突破及政府所选择的渐进主义路线是符合社会和经济发展规律的。试想，如果当时就实行农村土地的家庭所有制，不仅体制和制度惯性不允许，理论和意识形态也会因此陷入混乱。但这种偏向于政治和意识形态的合理并不意味着经济发展过程中的合理。而农村产权改革一直就在这个基调上徘徊不前。

同样，面对以国企改革为代表的城市产权改革，社会体制、意识形态和理论层面也存在着巨大的阻碍因素。但这些问题都得到了一一解决。劳动、资本和土地等生产要素在国企改革中都实现了其市场化配置。政府只要抓住"大"的，就可以为有中国特色的社会主义提供强有力的社会体制和意识形态的保障。因此，城市土地在这个意义上的社会保障功能很小，它也不会是第二、三产业层面社会不稳定的根源。如果不考虑如房地产市场等后来对土地的投机行为，一个闲置的废弃厂房显然就是让政府最头疼的。这也是我们不断听到和看到许多地方政府将土地以近乎奉送甚至补贴的方式去招商引资的原因之一。

面对城市和农村产权改革中对土地的不同态度，除了社会体制和意识形态的最初路径依赖，在理论上为什么不能尝试突破？我们可不可以反过来借鉴城市产权改革的经验，对已经处于新的生产力条件下的农村产权关系进行重新反思和界定？既然农村产权改革的保障功能已经实现，整体产业结构需要农业的大力发展，那么，解决"三农"问题的钥匙是不是就隐藏于一直没有触碰过的土地集体所有制之中？我们是否也可以对农村经济"抓大放小"呢？

（五）土地所有权层级和管理体制比较

城市土地国家所有，农村土地集体所有，表面上看，后者的所有权更清晰和更具体。但从实践来看，城市土地反而在二十多年的产权改革中市场配置性更强。除了前面分析的相关因素外，一个主要的区别就在于城市土地的所有权层级反而要少得多。如果不考虑城市内部的辖区划分，在某种程度上就可以简单地认为城市土地的所有权主体只有两个：国家和城市。而国家实际上更多地是一个名义上的概念，城市土地的真正所有者实际上只有城市政府。从城市的发展历史和产业特征来看，土地的贡献已经随着产业升级隐性化了，它已经不是城市正常经济活动中的主导要素。因此，对于一个正常经济活动中的城市政府而言，它关心的应该是各类经济主体的最后产出。要实现这一点，国企改革中的产权清晰过程也就必然内含了其所"占有"土地的权能实现问题。一个负责任的、法治的、遵循市场经济规律的城市政府不可能随意收回企业所拥有的土地。因为与农业经济不同，企业的退出成本很高。我们可以用图4—1描述城市土地的所有权层级及其简化的管理体制。

图4—1中单线箭头表示城市土地所有权的两个主体，其中虚单线箭头表示城市土地的国家所有通常是一种名义所有权，而实单线箭头则表示城市政府才是城市土地的实际所有权主体；双线箭头表示政府对城市土地的一个简化管理体制，国家（中央政府）以所有权的最终主体从宏观上指导、监督并委托城市政府行使城市土地的实际所有权权利，城市政府在土地的合法使用上要对国家（中央政府）负责，二者之间类似于一种委托代理关系。从这里可以看出，城市土地的寻租主要并不在于管理层级之间的寻租，而在于各类城市经济主体向城市政府的反向寻租。如果不考虑这些非市场的因素，实际上单就土地这一生产要素而言，其产权的明晰和完善反而是成本较低的。

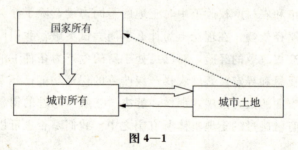

图 4—1

与城市土地所有权不同，农村土地集体所有在现实中却存在着诸多的权力层级。这些权力层级都有着对农村土地产权调整的权力和倾向。我们可以用图4—2来对此进行描述。

图4—2中单线箭头表示尽管农村土地归集体（由村级政府实施）所有，但其他四级政府都有间接或直接的干预和处置倾向，这就可能导致农村土地产权安排上的非稳定预期。双线箭头表示各级政府逐级都有对农村土地行使管理的行政权力，现实中土地所有权的真正主体村级政府成了这

个金字塔最底层的一级组织，面对行政权力和机会主义，这种管理体制就不可避免地存在对农村土地频繁调整的内在冲动。与城市土地简化的管理体制相比，不算中央政府，农村土地面对的是至少5级的代理关系（其中包括了村级政府与农民之间的代理），这样一种管理体制所衍生的产权安排其稳定性是难以保证的。

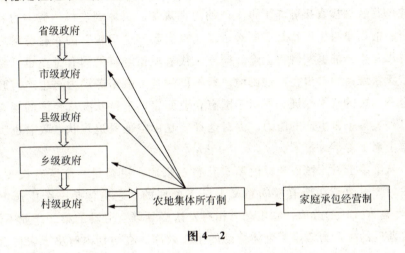

图 4—2

从图 4—1 和图 4—2 的对比中可以看到，过去我们一直认为国企的"婆婆"多，实际上农村土地的"管家"更多。在这个基础上我们再回过头去看当时的农村产权改革，采取土地集体所有制这种形式的体制惯性就一目了然了。我们不是不可以选择农村土地家庭所有，除了前面所讨论过的意识形态障碍之外，一个主要的原因还在于无法消解这么多行政层级。换言之，政治体制还无法适应农村土地的家庭所有。这也是一直到现在农村产权改革陷入困境的一个不得不思考的问题。

（六）紧迫性和结果比较

城市和农村产权改革的所有权背景在本质和管理体制上大同小异，这一点已经在前面有过探讨。从最直接的原因看，二者都导源于生产效率的极度低下。这就迫使人们开始在体制内寻求创新，从而进一步引致了农村产权改革的发生。

从城市和农村产权改革的路径上看，农村改革是先由民间创新再到政府，走的是一条自下而上再自上而下的道路；城市改革则是由政府直接推动，走的是自上而下的道路。不同的是，在自上而下的改革路径中，城市和农村却在生产要素——土地的产权安排上了出现了很大的差异。我们虽然对这种差异已经进行了多角度的解释，但是并没有从源头和结果上进一步分析其所内含的规律和可能导致的路径依赖。

实际上，从紧迫性而言，农村产权改革是在农业支持工业（换言之也就是农村支援城市）的巨大压力下才不得不进行的。农业和工业之间资源配置的行政划拨直接破坏了再生产的内在规律。具体到农村，劳动力和生产资料的简单再生产都处于断裂边缘。没有政府"口粮"的农村劳动力只有寻求自救才能够实现再生产。同样，代表城市经济的国有企业也已经陷入了无法维持简单再生产的困境。所不同的是，城市劳动力再生产有政府核定和划拨的基本保证。但对于国有企业而言，这种状况从经济的意义上也已经丧失了再生产的能力。面对这种坐吃山空的紧迫现状，政府也就必须自上而下着手改革了。

从结果上看，城市产权改革进行得更彻底，更像是一个所有权改革；而农村产权改革在所有权的意义上是不彻底的，它更像是一个生产方式（或经营方式）的改革。和生产力相对发达必须联合劳动的第二产业不同，农村落后的生产力激发了个体劳动的生产效率，在短期内解决了农村劳动力的再生产问题，也为第二产业提供了必要的生产资料。但随着城市产权改革的不断推进和农业生产力的逐步提高，个体劳动已经远远无法适应新的市场和竞争需要。农村产权改革面临着严峻考验。那么，为什么农村经济并没有像城市经济一样走出困境开拓创新呢？这虽然与农业产业的特殊性紧密相关，但归根结底仍然是由一个初始产权安排导致的结果。我们可以用图4—3来对此加以描述。

在图4—3中，我们用曲线表示不同条件下的农业绩效，T_1点不仅表示农村产权改革前农业绩效已经非常低下的情况，也是农村产权改革的一个分界点；T_2点表示家庭承包经营制后调动了农民的生产积极性，农业产出所达到的一个比较高的水平；T_3表示随着个体劳动效率对农业产出的逐步释放和城市产权改革所出现的劳动空缺等，农业绩效开始进入一个低水平循环的陷阱。面对我国如此庞大的农村人口和多层的行政管理体制，农村经济的这种低水平循环在经济上已经不具有太大的意义，它所起的主要还是社会保障和社会稳定器的作用。在假设自然条件这个外在变量稳定的前提下，农业的这种低水平陷阱至少能够保证农业的简单再生产，它天然地成了我国经济改革的缓冲器。与农业不同的是，对于企业生产来讲，它不存在一个无限期的低水平产出陷阱。借用图 4—3 来说明的话，就是在 T_3 点之后某一个时点，企业的产出曲线可能突破横轴进入负产出阶段，这时候劳动力再生产成了一个严重的社会问题。这也就是我们说国企改革实际上要比农村产权改革更紧迫的内在原因。

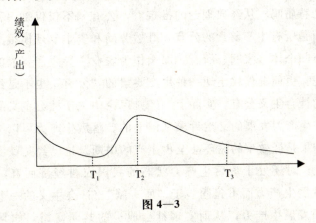

图 4—3

四 实现平衡：对农地集体所有的进一步思考

可以看到，城市和农村产权改革的一个根本区别就在于二者在土地这一生产要素上的产权安排不同。导致这种结果的原因很多，我们也在第四节中做了多角度的诠释。要寻求城市和农村产权改革的平衡，本质上也就是要求二者在对土地的产权安排上实现基本的市场平等。那么，在实践和理论中存在这种可能性吗？

（一）农地集体所有权"锁定"

农村产权改革的理论"锁定"在某种和程度上也就是农地的集体所有权"锁定"。从前文的分析来看，农地集体所有符合当时的制度环境和价值取向，仅仅是把过去的"三级"所有明晰到了村集体这一层级，是一个谨慎的"微调"，其政治意义远远大于经济意义。在这个所有权前提下的产权安排对劳动效率的激励只能限于传统农业中简单劳动潜力的挖掘，而无法通过市场化实现基于资本和技术投资的现代化劳动效率的提升。从而在实践上不可避免地陷入了低效率循环的陷阱。那么，我们又如何从理论上看待和解决这一难题呢？

首先，农村土地集体所有除了在体制上的路径依赖之外，还是一个在农村经济中如何看待社会主义公有制的问题。农村土地集体所有所表征的正是传统理论中我们对社会主义的一个固有（或片面）理解。尽管我们现在对社会主义所有制问题已经有了比较客观成熟的看法和理论阐释，但这是建立在对城市经济改革的理论探索和经验总结之上的。农村产权改革实际上被一直"排除"在这种理论攻关之外。那么，土地集体所有就一定是社会主义的特质吗？从经典理论的推定看，公有制不仅仅是一种生产要素的公有，而是所有生产要素的公有，既然劳动和资本（规模很小）通过承包经营可以归个体（家庭）所有，那么作为农业主导生产要素的土地为什么就不能呢？更何况仅仅土地一种生产要素的"公有"也不是经典理论完整意义上的社会主义公有。实际上，经典理论中关于社会主义所有制的论断是建立在生产力发展的必然诉求基础上的。落后生产力可以与公有制并存，但其结果是低效率的循环甚至再生产的中断。这已经是被实践所证明了的。因此，对还处于落后生产力状态的我国农村经济而言，其首要任务是如何发展生产力而不是固步于"所有制"。社会主义的一个重要本质就是解放和发展生产力，从而实现社会成员的共同富裕，如果农村集体所有不利于农业生产力的进一步提高，那么就有必要去探索更适合的所有权形式。

其次，农村土地集体所有与我们对财富或者说"国有资产"的理解相关。"土地是财富之母"，这一点在农业产业中表现得最为突出。从人类的发展历史中也能够看到，土地对一个民族或国家是生死攸关的。可以说，没有土地就没有人之社会存在的物质基础（当然，这里的土地是广义的）。这也是一直到现在世界上还充斥着"寸土必争"的流血战争的主要原因之一。正是由于土地的这种历史文化特性，对于我国这样一个有着悠久农业文明的国家而言，土地的所有权问题就显得尤为重要。它不仅仅是对财富的实际占有，而且还体现着所有权主体的社会价值和社会理想。从这个角度看，社会主义关于所有制问题的经典假说，在面临土地这一重要"财富"时，其传统文化沉淀和人们对"公有制"的模式化理解就可能导致在土地所有权问题上的片面性。人们会觉得"公有制"与土地的个体所有（或家庭所有）是不可调和的，从而忽视了它们不过是生产力发展不同阶段的合理选择和必然结果。土地的不可转移性不仅决定了它是"最稳定"的国有资产，也使得土地的国家所有在效率和制度上成为可能。具体到农村土地，要从根本上消除体制层级的寻租冲动，就必须斩断其与农地所有权之间的关系，在将农地所有权收归国家所有的同时进一步深化和完善农村产权改革。这不仅与经典理论对"公有制"的论断相符，也有很大的制度创新空间去激励农业生产力的不断提高。

（二）农地集体所有权与资源的市场化配置

农村产权改革之所以选择土地集体所有，其政治因素要远远大于经济因素。从社会体制、意识形态、理论困境、制度惯性、政府管理体制、产业特征、生产要素（土地）特性、社会保障、改革成本、资源配置、劳动效率等相关因素（或变量）来看，除了产业特征、生产要素（土地）特性和劳动效率之外，其他的变量都是非经济意义的。而产业特征和生产要素（土地）特性实际上是客观存在的，它们并不因为产权安排或资源配置等的不同而有所变化。因此，与农村产权改革相关的经济因素实际上只有劳动效率，它不仅是农村产权改革的推动因素之一，也是农村产权改革的主要（或者说唯一）目的和结果。我们可以用图4—4来描述决定政府选择土地集体所有的相关因素及农村产权改革后的最终效果。

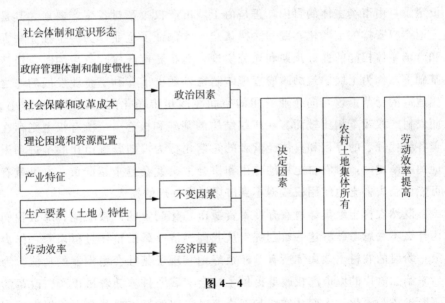

图 4—4

从图4—4中可以清楚地看到，政治因素是决定政府选择农村土地集体所有的最主要因素，政府通过农村土地集体所有这样一种制度安排仍然牢牢地掌握着土地这一重要资源的配置权。在这样的一个产权结构中，土地所有权代理者"集体"很难成为真正意义上的市场主体，而没有所有权保证的土地使用权在个体劳动者那里除了起到提高有限劳动效率的作用外，也无法将农民培育成真正的市场主体。在一个缺乏市场主体的农村经济系统中，土地这一最重要的生产要素和资源也就失去了其真正的负责者。农村土地集体所有天然地缺乏走向资源市场化配置的内在动力和自然扩展能力，一个最主要的原因就在于农村土地其本身就不是由市场来配置的。而对于农业生产而言，土地是最重要的资源，既然它不可能被市场化配置，则基于其上的劳动、资本、信息和技术等也就失去了市场化配置的经济意义。因为谁都没有积极性去为一个无法预期的未来买单。

（三）公正性问题与进一步的反思

尽管我们为农村土地的集体所有寻找到了很多解释和支持的理由，但归根结底，大多数理由并非源自农村劳动力自身，而是由外部因素决定的。无论是理论瓶颈还是体制惯性，渐进主义改革对发自民间的农村产权改革并没有超出"基本的温饱"预期。换言之，农民并没有被看作一个充满创新潜力的市场主体。相反，城市产权改革从一开始就为国有企业改革设定了自由市场主体的目标。正是由于城市产权改革对各生产要素尤其是土地产权安排的市场化实践和法律认定，才保证了企业作为一个独立法人和市场主体权能的良好预期和充分实现。而在城市产权改革后的既定经济基础下，作为上层建筑的政府管理体制也就做出了有利于企业发展的与之相适应的变革。政府向企业寻租的空间在逐步市场化的过程中越来越小。而农村产权改革相比较而言在产权结构的基础和核心——所有权上则存在着各级代理者的寻租和具体经营者的短期化行为，随着城市化的推进和土地的不断增值，对农村土地的寻租和机会主义就会越来越严重，农民就有可能面临失去土地使用权或得不到市场标准补偿的损失。

既然农村土地集体所有存在着资源市场化配置的产权缺陷，那么我们为什么不去思考破解这一难题呢？从我国经济改革的整体过程来看，作为第一阶段的农村土地集体所有已经很好地实现了其社会稳定器的功能，为后来第二阶段的城市产权改革提供了社会实践条件。随着城市产权改革的不断推进和深化，人们从实践和理论上对我国的经济改革都有了很大的创新和突破。农村产权改革已经落在了城市产权改革的后面，我国经济改革的第三个阶段应该是通过总结和借鉴城市产权改革的理论和经验，对农村经济进行第二次改革。这次改革不应是在传统框架中的缝缝补补，而应该将重点放在对土地集体所有的重新认识上。从本章的分析来看，坚持土地集体所有尽管有其必要性，但更多地是一种非经济意义上的需要。这种产权安排容易诱致代理者的寻租和制度上的锁定，不利于或无法形成有效和公平的市场竞争机制。

农村产权改革向城市产权改革学习的重点应该放在所有权清晰和政企分开两个方面。这里至少需要探讨以下三个问题。一是从事农业生产的家庭经营单位应该与企业同等看待，在市场经济中应该享有与企业法人同样的权利和义务。进一步说，家庭经营单位应该与企业一样拥有一个相对完整的土地产权。我们在实践和理论中一直没有把家庭承包经营看作一种企业行为，而事实上它与企业经营的本质相通。只不过家庭承包经营绝大部分所从事的是第一产业，而传统意义上的企业经营的产业范围更广。应该说，家庭承包经营是一种没有工商注册的企业化行为，除了特殊的产业政策外（如说对农业税的免除等），应该与传统意义上的企业享受平等的权利。二是在农地国家所有的前提下重新界定家庭承包经营。既然家庭承包经营实质上是一种企业经营，那么农地的集体所有所带来的代理问题实际上就与改革前的国企一样。正如前文中所分析的，土地是农业产业中的主导性和决定性要素，尽管家庭承包经营已经是农村产权改革的主要成果，但土地的集体所有却没有从根本上解决国有资产（农地）的代理问题。这就有必要将农地收归国有，与国企改革中政府对土地的处理方式类似，并在此基础上明晰政府与家庭承包经营之间的产权关系。三是农地集体所有本质上是一种政企不分的表现。与国企比较，农村产权改革面对的"婆婆"则更多。这也从另一个角度提示我们，要解决"三农"问题，不从体制改革下手是很困难的。那么，我们又应该如何进行制度重构呢？这就需要我们从农地所有权这个核心问题寻找可能的答案。显然，农地集体所有已经成了农村产权改革一个亟须重新思考的命题。在目前的管理体制下，它成了导致农村经济徘徊不前的主要产权原因。如果我们放弃农地集体所有，那么就只有农地国家所有和农地家庭（个体）所有两种途径可供选择。农地国家所有主要所面临的仍然是一个代理权的问题，它需要一个制度设计去实施监督。我们可以学习城市土地的产权安排经验，但面对生产力相对落后和分散化经营的农业产业现状，其代理设计的复杂程度恐怕要远远大于城市土地。不过，与对国企改革的"抓大放小"一样，我们为什么就不能思考对农业产业领域的"抓大放小"呢？农地的家庭所有虽然不存在代理方面的问题，但它却面临着最棘手的管理体制改革和意识形态方面的阻碍。不过，既然国企改革能够成功推进并突破意识形态阻碍，同样是国有资产的农地就为什么不能呢？可见，无论是农地国家所有中的代理设计还是农地家庭所有中的管理体制改革，其共同的核心问题只有一个，那就是改革目前的这种金字塔式的管理体制。这种改革至少有两个方向：一是切断管理者与农地所有权的主导关系；二是减少管理层级。从目前的实践来看，地级（市级）和乡镇这两个层级就大有重新界定的必要。尤其是乡镇一级，在失去对农地的主导权之后，除了转变职能还可以考虑撤并的问题。如果我们仍然坚持农地集体所有，那么这个"集体"就必须"法人化"，就必须从管理体制中完全剥离出来，转变成一个由农民认可的自发的与农民激励相容的能够被农民监督的"自组织"。而乡镇以上的管理主体不应该具有对农地所有权的任何干预处置权，相反，则应该通过法律赋予的权力对土地的使用方向（用途）等实施严格的控制和监督。当然，这里仍然存在着至少两方面的制度重构问题：一个仍然是减少管理层级的问题；一个就是政府（尤其是中央政府）必须出台针对农地使用（用途）等的一系列严格的规划和法律法规。

五 产权改革非平衡与"圈地"

从"圈地"的历史角度看，在一个国家或地区经济发展的过程中，无论是正义还是非正义，原始积累都是难以避免的。尽管本书仅仅将产权改革非平衡界定在新中国成立之后，尤其是 1978 年我国农村经济改革后的城市和农村产权改革对土地要素的不同制度安排上，但是从本小节关于原始积累的历史梳理来看，实际上产权改革非平衡的解释力可以涵盖整个人类经济的发展历史。当然，这种广义的产权改革非平衡除了经济的意义之外，更多地是权力分配意义上的。换言之，在权力还不受公正这一变量的制约时，实际上不存在契约式的"温文尔雅的"产权改革，存在的无非是对财富的权力意义上的"强制性"分配。具体到土地要素，由于其"财富之母"的特殊性，在人类历史的漫漫长河中，权力就一直充当着产权界定的主要角色。从这个角度看，"圈地"首先所表现的是人类对土地财富的偏好，这种偏好不是通过市场交易而是通过权力或武力强迫实现的。对于失去土地的个体或民族国家而言，这时候谈产权改革非平衡就是一种太过"温和"的学术修辞。因为在以土地为主导生产要素的时期或产业中，没有经过市场谈判而失去土地的群体，无疑同时失去了其本来就没有或不充分的政治权力和基于土地的市场权力。他们有可能沦落为"圈地"者群体的纯粹劳动力意义上的另一必不可少的"财富"——"财富之父"。本质上而言，这种非公正的土地"掠夺"，实际上最后所掠夺的是劳动本身。这样的一个历史过程显然是一个"鲜血淋漓"的过程，应该不在本书所界定的产权改革非平衡的范畴之内。但是，从产权的核心——所有权的角度看，所有权的变化当然是产权变化的源头。对于土地来讲，不考虑既在所有权的权力非公正分配的历史，单就效率或产业升级考察，如果是在一个所有权对等的市场中实现产权重置或交易的，那就是符合公正性要求的。但是，这种"公正性"已经是土地所有权变更（"圈地"）之后的事了。只不过是将借由权力而来的土地资本用符合市场规则的方式投入到了再生产领域，从而在一个足够长的时期中让人们忘却其曾经的"非公正"获取。可见，对于土地所有权的问题，历史交给我们的只能是一个沉痛的话题。对于社会主义国家而言，能否从中吸取教训，就是一个权力为谁服务的问题。难道我们只能认为这是经济发展过程中的一种必然吗？对于土地这个特殊的生产要素，使用权的获取实际上是更符合其自然特性的。因此，社会主义国家完全可以搁置土地所有权问题，而将重点放在对土地使用权的合理安排上，这样就能够解决看起来无法消除的"圈地"现象了。对于土地使用权的界定，并不存在多么严重和复杂的意识形态和程序问题，存在的仅仅是"知其可为而不为"问题。这种"不为"就可能导致现实中各类经济或利益主体对残缺土地产权的寻租，就可能成了优势群体对弱势群体的一种权力"欺压"。而社会主义国家本应该完全能够避免重走土地在人类漫长历史长河中的"所有权"之争的。因为对于社会主义国家而言，其权力为民的本质属性决定了土地所有权并不是问题的核心，核心在于如何更好、更有效率、更公正地界定好土地使用权。如此，也就不存在产权改革在土地要素意义上的非平衡问题，也就斩断了优势产业或优势群体对弱势产业或弱势群体的"权力欺压"的源头，当然也就不存在非市场意义上的"圈地"问题。

如同价格双轨制一样，我国城市和农村土地产权改革的非平衡所导致的直接后果是逐渐或已经觉醒的个体所有权对土地集体所有权的寻租。与生产资料和消费资料不同的是，土地是农业产业的主导生产要素，对它的寻租的危害后果要严重得多。但是正如第二章中所分析的，我国特殊的社会、政治和经济改革背景，决定了土地集体所有是当时唯一的选择。在后来的城市经济改革中，面对个体所有权对最大化的不遗余力和不择手段，市场化和产业升级过程中突然显现的土地级差地租就不可避免地成了各路诸侯的必争之利。应该说，土地所有权的"双轨制"和政府对城市和农村管理上的体制一体化，使得寻租者有了所有权和公共权力两把"尚方宝剑"。在势如破竹的全国范围的"圈地运动"中，起主导作用的并不是个体所有权者，而是掌握着公共权力的各级政府。农村土地就如同没有主人的羊群，成了以政府为主导的各个利益主体的"盘中美味"! 在能够既获取优异的政绩又实现个体利益最大化的监督缺失时期，各级政府尤其是贪渎官员饱尝"甜头"、欲罢不能，在"圈地运动"中形成了"瘟疫式"的棘轮效应和学习效应。这种景象就如同一大群秃鹰抢食草原上的动物尸肉，听不见"枪响"，就只能以"抢光"、"吃光"为最终结局。

六　产权改革非平衡与农地可持续利用

（一）农地可持续利用及其与农地产权的关系

联合国粮农组织（FAO）在 1993 年提出了可持续土地利用的五大基本原则[①]：1. 保持和提高生产力（生产性）（productivity）；2. 降低生产风险（安全性和稳定性）（security）；3. 保护自然资源的潜力和防止土壤与水质的退化（保护性）（protection）；4. 经济上可行（可行性）（viability）；5. 社会可以接受（可承受性）（acceptability）。土地资源是最主要的自然资源，它不仅是任何物质生产不可替代的生产资料，也是人类生存所必需的物质条件。就农业可持续发展来说，土地的可持续利用更为重要。这是因为：土地是农业的重要生产资料，其直接替代性差，没有土地，农

---

① 可持续土地利用的思想是 1990 年 2 月在新德里由印度农业研究会（ICAR）、美国农业部（USDA）和美国 Rodale 研究中心共同组织的首次国际土地持续利用系统研讨会（International Workshop on Sustainable Land Use System）上正式确认的。该会议主要评价了世界不同地区的持续土地利用系统的现状和问题，建议建立全球持续土地利用系统研究网。之后，于 1991 年 9 月在泰国德迈举行了"发展中国家持续土地管理评价"研讨会，1993 年 6 月在加拿大 Lethbridge 大学举行"21 世纪持续土地管理"的目标学术讨论会。这两次会议的主要结果是提出了持续土地利用管理（management）的明确概念、五大基本原则和评价纲要。其五大基本原则如下：（1）保持和加强生产、服务（生产性），即保证土地资源的合理利用和加强生产服务而提高生产潜能；（2）减少生产风险程度（稳定性），即改善土地生产的生态条件而保证生产的稳定性；（3）保护土地资源的潜力和防止土壤与水质的退化（保护性），即不能因生产或高产而破坏水土资源；（4）具有经济活力（可行性），即生产与经济要双向持续发展，决不能"高产"出"穷村"；（5）社会可以承受（可承受性），如要持续，则必须考虑社会的可承受性。在这些国际会议的基础上，FAO 于 1993 年颁布了《可持续土地利用评价纲要》（《FESLM》）等指导性文件。

业生产无法进行；土地稀缺，农业生产就会受到制约；土地贫瘠，农业生产率就难以提高。同时，土地作为农业生产资料可以永续利用，其他生产资料在生产过程中被消耗就不能再用了，土地则不同，在农业生产经营过程中，对土地只要注意合理利用，维持其生态平衡，就可以往复利用，并永远延续下去。因此，在土地利用问题上遵循可持续发展思想，尊重自然规律，实现土地资源的可持续利用是农业可持续发展的基础。近些年来，随着生产的发展，特别是城镇化、工业化的兴起，人口数量的增加和人类活动范围的扩大，我国农村耕地的数量在减少，质量也在逐步退化。农户土地经营规模较小，生产效益低下；耕地数量减少，质量下降，土地资源污染严重；农村土地产权界限模糊不清，农村非农建设用地问题不少[①]（陈良、张云，2004）。农地产权的变迁和创新不仅决定着与其相适应的经营模式，而且也决定着农地的使用效率和农业绩效。土地可持续利用是经济社会可持续发展的最核心内容。在诸多影响土地可持续利用的因素当中，土地产权是至关重要的因子。土地产权与土地可持续利用之间的密切关系主要体现在：一方面，土地资源稀缺是它们共同的形成基础；另一方面，土地产权通过其特有的功能对土地可持续利用发生作用。完整的土地产权有助于激励产权主体不断提高土地生产率，获取经济利益；土地产权的约束功能有助于约束产权主体的用地行为，降低土地利用风险，防止土地质量下降；土地产权的资源配置功能有助于优化土地资源配置，提高土地利用效率[②]（曲福田，2000）。如在经济要素流动活跃的浙江农村，农民与土地的关系正在悄然发生着变革。土地在家庭联产承包责任制的框架内，在确保村集体经济组织对土地的所有权、稳定村民的土地承包权、不改变土地的农业用途的前提下，通过反租倒包、有偿转包或转让、土地投资入股、土地信托服务等方式，成功地实现了流转。土地流转实现了农业规模经营、提升了农业科技含量、推动了农业产业结构调整、提高了土地产出效益和推动了外向型农业的发展[③]（胡亦琴，2002）。浙江省的农村土地流转，据不完全统计（缺余姚、慈溪、象山、北仑 4 个县的统计资料），截至 2001 年 3 月底，流转涉及的村数占总村数的 66.4%，涉及的农户占

---

① 陈良、张云：《农村土地利用中的问题及对策》，《农村经济》2004 年第 1 期。

② 曲福田、陈海秋：《土地产权安排与土地可持续利用》，《中国软科学》2000 年第 9 期。

③ 胡亦琴：《新土地革命：浙江农村土地流转方式调查》，《经济理论与经济管理》2002 年第 2 期。

总农户的 20.8％。其中，土地流出的农户占总农户的 15.9％，土地流入的农户占总农户的 5.9％；有 150.04 万户农户流出土地，比 2000 年年底增长 1.6 倍；土地流转面积 277.67 万亩，比 2000 年年底增长 1.23 倍，占承包土地面积的 13.1％。流入工商企业经营的土地面积占总面积的 7％。在农地流转中，共有各类中介服务组织 3069 个，占村数量的比例为 7.8％，其中，2910 个为村级中介服务组织（占 94.8％），153 个为乡级中介服务组织（占 5％）。据浙江大学农业现代化与农村发展研究中心、浙江省农业厅联合调查组的调查显示，土地流转的范围大小、速度快慢取决于农村经济发展水平、农村产业结构、人均耕地数量和地方政府的政策取向。其基本规律是：农民人均收入水平高、第一产业比重小、人均耕地数量适中、地方政府对土地流转的政策扶持力度较大，那么土地流转的规模就大，速度就快；反之，则相反（胡亦琴，2002）。浙江省各级政府高度重视土地流转，全省 70％以上的县（市）政府都已相继出台了加快土地流转、发展效益农业的政策措施。土地流转从农民间的自发流转向组织化、有序化流转发展。农地流转后的经营对象由原来的种粮大户逐渐向工商企业转移，经营内容从种粮为主转向高效种养殖业。2001 年，绍兴县抓住粮食购销市场化改革这一机遇，建立了县、镇、村三级土地信托服务组织，以调整农业种植结构为目的，对土地进行余缺调剂。这些遍布全县的信托组织就像银行吸储一样，接受农户申请托管的农田，再通过网上招租、登报招租等方式，把农田转包出去。绍兴县政府一位干部说，这样做使土地流转时经营大户就不需要同农户一家一户签约，解决"我想转包，谁要"和"我想承包，谁有"的土地使用供求矛盾问题，"如果把农民种地搞规模经营比作炒股，我们农业、县政府有关职能部门就是证监会：给他们发布信息，规范'游戏规则'。只有这样才能把有限的土地资源利用盘活"[①]（沈锡权、傅丕毅，2002）。绍兴县农业局长葛美芳说："农业要有效益，要现代化，必须结合市场，必须在土地上有资金、技术的注入。农业结构怎么调，对经济发达地区来说关键是土地使用权的调整。没有土地使用权的调整就形不成规模，就无法使资本注入到农田上来。"浙江省副省长章猛进说："土地是国家给农民的利益，土地承包户可以凭土地使用权获得正当收益。如

[①] "浙江农村土地流转问题的调查和思考"，见新华网（http://news.xinhuanet.com/fortune/2002-06/27/content_460096.htm）。

果流转损害了农民的利益，农民就不会答应，流转就不会成功。"（沈锡权、傅丕毅，2002）

（二）存在的问题及其改进

就目前的情况而言，理论界对于农村经营模式、农地产权创新和农地可持续利用内在关系的结合研究还缺乏深入和系统性。从本书掌握的有限资料来看，大部分文献都是针对三者之一的专门性研究，对于近几年农地产权和农村经营模式的演进、创新及其对农地可持续利用的影响还没有公开的总结和相关书籍。实际上，这三者无论从权利还是绩效上都存在着十分密切的关系。作为农业生产的基本要素和广大农民生存的根本保障，土地资源能否实现合理、高效的利用，对于中国农村的发展和农民生活水平的提高无疑具有十分重要的意义。一直以来，农民经营耕地、生产粮食的效率就受到包括自然条件、生产投入、技术进步等诸多因素的影响。然而，随着经济理论的发展，特别是对制度经济学研究的深入，人们愈来愈感到制度，尤其是产权制度，对于经济发展（包括农业生产）的重要性（林毅夫，2000）。尽管如此，目前对于农地产权制度与农业绩效间关系的研究仍偏重于探讨农地产权本身，尤其是特定产权安排形式对农业绩效的影响[1]（姚洋，1998）。显然，这忽视了农地产权主体的差异以及各权利束的不同组合在产权对绩效的影响过程中所具有的作用。因此，通过考虑权利主体的差异、细化产权的权利束来系统、深入地研究农地产权制度对农业绩效的影响就显得非常有意义（陈志刚、曲福田，2006）[2]。

农村经营模式和农地产权创新是农村经济发展同一性中的两个实践层面，两者密切联系。有什么样的农地制度安排就有与之相对的农村经营模式，它们又都决定着农地利用效率和农业绩效的高低。因此，研究农地可持续利用就离不开制度安排和制度创新这一本源驱动。从前面的文献梳理来看，这方面的结合性研究还是比较缺乏的。从我国农地制度安排的历史轨迹来看，政府始终处于主导地位，诱致型变迁是主要特征。这不仅说明了政府作为提供"制度"这一公共产品的主体的重要性，同时也说明了政府行为的"双刃剑"特性。未来的研究有必要对农地产权、经营模式与农地可持续利用进行实证研究，剖析各权利主体的差异性，探索政府提供

[1]　姚洋：《农地制度与农业绩效的实证研究》，《中国农村观察》1998 年第 6 期。

[2]　陈志刚、曲福田：《农地产权结构与农业绩效：一个理论框架》，《学术月刊》2006 年第 5 期。

"制度"产品的上界和市场创新"制度"的可能程度。从而在效率和可持续的评价体系中寻求基于产权创新的市场主动性和政府职能转变的拐点。经营模式与农地产权的进一步细化和深化是一个伴随着地区整体经济发展的系统性变迁过程。这就使得经济发达地区在解决"三农"问题时有了较大的选择空间。一些沿海发达省份（如浙江省）正经历着所谓的"第二轮土地革命"，在这一充满活力和希望的制度变迁过程中，如何及时地总结经验教训，不仅是政府必须解决的问题，也是理论界需要进一步深入研究的课题。

（三）一个新的研究框架

对于农地可持续利用这一目标来说，它除了与农地产权紧密相关之外（陈志刚、曲福田，2006），在实践层面的直接和唯一表现就是农村经营模式。而经营模式又是与农地产权安排互为因果的，它们又都制约于政府职能的适时转化。本节在汲取了各位学者研究成果的基础上，进一步将农地可持续利用、经营模式和农地产权置于一个系统的框架之内。有别于大多数研究者自上而下或者将政府、农地产权视作前提的研究方法，本节拟沿着"农地可持续利用→农村经营模式→农地产权创新→政府职能转变→农地产权创新→农村经营模式→农地可持续利用"这样一条从"具体→抽象→具体"的研究路径，将研究对象划分为自下而上密切联系的三个子块——农地可持续利用与经营模式的内在关系及其创新机理；经营模式、产权创新与政府职能的内在关系；创新机理和农地可持续利用的产权支持和监督考核体系，从而为农村经营模式、农地产权和农地可持续利用内在关系及其创新机理构建一个全新的研究框架。

1. 农地可持续利用与经营模式的内在关系及其创新机理。

作为农村重要的资源和资产，农村土地可持续利用的实质包括以下三个方面。第一，农村土地利用的自然可持续性。所谓自然可持续性，是把土地作为一种资源，作为生态系统而提出的。它要求人们在利用土地资源的过程中，要按照自然资源的容量决定其利用强度，并最终保护资源，提高其持续利用的能力。第二，农村土地利用的经济可持续性。经济可持续性是指在土地资源质量不发生退化的前提下，人们可以利用土地持续不断地取得净收益，使整个利用系统持续保持下去。经济可持续性要求土地资源利用效益不仅要考虑当前收益，而且要考虑未来收益。那些当前收益虽高，但利用方式或强度导致土地资源质量下降，引起未来收益降低的利用系统是不具备经济可持续性的。第三，农村土地利用的社会可持续性。社会可持续性主要是指局部区域与国家或全球、单个集团与整个社会阶层的公平性①。如果不从抽象的推论出发，研究农地可持续利用的出发点就只能是现实中农地被利用的现状。这种实践的具体性又体现在特定的经营模式之中。因此，研究农地可持续利用问题就必须从农村经营模式入手。为了进一步理清脉络，本子块的研究基于对农地可持续利用和经营模式作如图 4—5 所示的思考和理解。

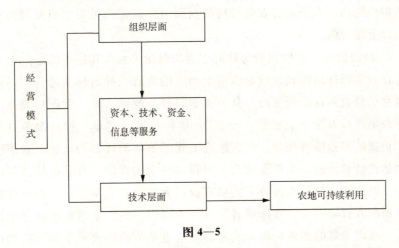

图 4—5

在图 4—5 中，我们对经营模式的制度设计和实际操作进行了区分。尽管实际操作的效果取决于制度支撑，但农地可持续利用的程度却直接与实际操作相关。目前的文献在论述经营模式和农地可持续利用之间的关系时通常并没有做这种区分。本节认为应该将经营模式分为两个不同的层面：其一为组织层面，主要指经营模式的制度框架、制度结构和制度特性等方面，如农民合作组织、各种类型的中介组织、土地市场、金融机构、企业商业化运作、一体化模式、股份合作、反租倒包及信托服务等；其二为技术层面，主要指经营模式中直接施于农地之上的生产方式，如产业化、产业结构调整、产业链延伸、规模经营，以及资本、技术、资金和信息和人工的投入等。从农地的使用状态看，其所直接表现出来的实际上就是经营模式的技术层面。这就像我们随机地进入不同工厂的生产车间，先观察到

---

① 谢经荣、林培：《论土地持续利用》，《中国人口、资源与环境》1996 年第 4 期。

的就是一线的工人如何生产操作。如果要进一步分析其效率差异，我们就可以在这种观察基础上回溯之所以出现这种差异的制度原因。同样，从本质上理解，农地可持续利用无外乎代表着一种科学的生产要素结合方式。如果要分析农地利用的可持续现状，我们就可以从经营模式的技术层面入手，进而将分析回溯到其组织层面。这样，我们就可以对经营模式两个层面之间的关系做出进一步的界定：组织层面决定着技术层面，为技术层面提供资本、技术、资金、信息等服务；反过来，技术层面要求与自身相适应的组织层面。本子块对农地可持续利用与经营模式关系的研究视角正是基于以上理解的。

2. 经营模式、产权创新与政府职能的内在关系及其创新机理。

在改革以计划模式也就是以自上而下的政府主导的模式进行时，通常的研究思路也是自上而下的。具体到农村经济改革，其一般逻辑就是"政府→农地产权安排→农村经营模式"。这种思维其实是一种对改革过程中制度提供的路径依赖现象，在方法论上属于整体的计划的范畴。对于改革的初始设计者来说，不仅要求改革取得经济上的肯定，而且必须改革保证政治上的成功。除了克服原子式私有权巨大的交易成本，这也是最终将农村土地所有权界定为"集体所有"的个中原因。当产业结构还处于低端状态时，政府主导的制度提供方式是必然的也是节约社会成本的。但当产业结构上升到高级阶段，农业在整个国民经济总值中所占的比重很少时，面对选择空间的不断扩大和城乡间以收入吸引为主的劳动力流动的越来越频繁，政府主导就逐渐失去了其原初的优势。对于理论研究而言，我们不能仍然像通常那样因循思维定式，而应该先从对实践的仔细观察和分析做起。正是出于这种考量和认识，接着前面对农地可持续利用和经营模式关系的分析思路，我们仍然需要先用图4—6直观说明本子块对经营模式、产权创新与政府职能关系的一个基本看法。

从图4—6中我们可以提出这样依次的问题：为什么会是这样的一种经营模式？它内含着什么样的产权安排？这种产权安排是如何运行和发生演进的？这一切的基点——农地集体所有制有没有可以改进的地方，换言之，农地集体所有制的存在有没有条件限制？对政府的地位和作用又该如何评价和定位？当然，这仅仅是我们研究问题的一种路径选择。现实中并不存在独立于产权约束之外的纯粹的经营模式，也没有不具有经营模式的抽象产权（那种脱离于生产之外的个体意义上的所有权则不在我们的考虑

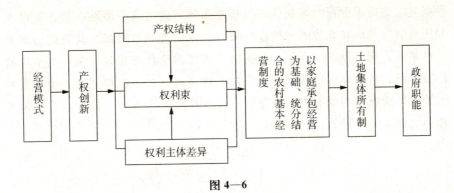

图 4—6

范围）。本质上，经营模式是特定产权在生产中的延伸和具体形式。因此，从分析的角度我们可以画出图 4—6 这样比较清晰的概念或者制度因素框架。但在现实中图 4—6 从"经营模式"到"土地集体所有制"却表现为一个整体的不同侧面，它们是不能够截然分开的。这里就存在三个必须解决的问题：一是产权创新过程中需要深入分析产权结构、权利主体差异和权利束之间的关系；二是通过来自实践对既定所有权的进一步完善、肯定或者质疑；三是从具体的实践路径思考政府职能转换的必要性及其经济基础。在现有的研究文献中，从家庭承包经营权出发探讨产权结构（如使用权、收益权和处分权等）的研究者很多，但系统提出对农地产权进行细化和深化研究的是陈志刚、曲福田，在《农地产权结构与农业绩效：一个理论框架》一文中，他们认为："通过考虑权利主体的差异、细化产权的权利束来系统、深入地研究农地产权制度对农业绩效的影响就显得非常有意义。"他们将农地产权结构定义为农地产权在不同主体间的安排以及产权内部各项权利构成的总体反映，并试图从理论上深入探讨其对农业绩效作用的一般框架。产权通过特定的产权形式或是不同的产权结构对权利主体的目标和行为产生影响，在这一影响下产权通过其激励约束功能、外部性内部化以及资源优化配置效应等，促使权利主体的相应行为向有利于增加产出、提高效率和降低成本等绩效提高的方面发展。在这里，我们在方法上接纳两位学者的研究成果。但在本子块的具体研究中，我们首先是要将经营模式从产权安排中分离出来，然后从对现在的实践着的经营模式的观察再回溯到对隐藏于其后的农地产权的分析，目的在于不从既定的产权前提出发，这样可能更容易发现产权设计中的缺陷。对于经济发达地区，这种研究思路应该更符合客观性。但是要找到问题的真正所在，就必须对农地所有制以及政府职能的转换进行来自实践的进一步考量。从目前的研究文献来看，理论界已经在这方面提出了诸多的诠释和建议。循着本子块的研究思路，从农地可持续利用→农村经营模式→农地产权创新，接下来对土地集体所有制和政府职能转变的分析就显得尤为重要。这一点我们也可以通过图 4—7 得到直观的影响。

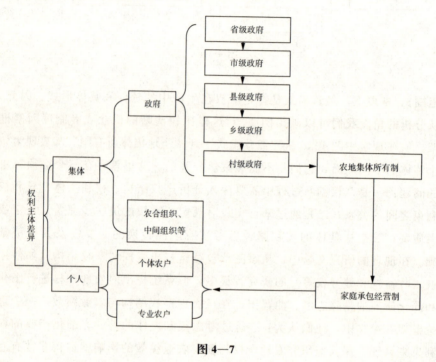

图 4—7

3. 农地可持续利用的产权支持和监督考核体系。

在目前的文献中，研究者基本都是从既定的农地集体所有制出发，除了理论诠释外，一个有意思的实证结论是农民并不想长期地持有土地承包经营权（姚洋，1998）。但研究者在解释这一现象时认为农民对未来的土地调整寄予期望，同时又指出这并不能说明农民在真正拥有土地所有权时的行为，因为实证仍然建立在土地集体所有制的前提之下。的确，从我们的推理来看，真正从事农业生产的农户之上有太多的其他权利主体。他们作为土地所有者通常具备农民个体无法对抗的行政力量。因此，对于农地可持续利用来说，除了与经营模式的技术层面直接相关外，农户的收入预期和所有者的行为都至关重要。而前者归根结底又取决于后者的理性规范。问题的关键在于，农地的农业化生产和非农化使用都涉及利益分配，在这一谈判过程中承包经营权和所有权是无法平等对抗的。改革是要付出成本的，但为什么付出成本的总是承包经营权呢？显然，这种状况不能完全归咎于贫穷或产业升级过程中的必然，而与农地的产权安排尤其是所有制息息相关。我们认为，如果在改革前期这是一种原始积累的必然的话，当农业在国民生产总值中比重很低时，就应该从经济角度反思这种所有制安排的继续合理性。具体到农地可持续利用，从本节自下而上的研究路径来看，到底什么样的产权安排更有利则需要实证支持。不过可以肯定的是，除了与经营模式技术层面直接相关外，农地可持续利用显然更取决于所有制形式。因此，农地可持续利用的产权支持在这里就不仅仅是来自实践的简单对应，这不是本架构研究的真正目的。我们的设问是：既定的产权安排有没有激发行为人对农地可持续利用的主动性？如果没有，是否能够通过产权创新甚至所有权重置达到？在这一过程中，农地可持续利用的监督考核又是如何实现的？政府正在或应该充当什么样的角色和作用？关于本子块的研究对象和思路可以从图4—8得到直观的说明。

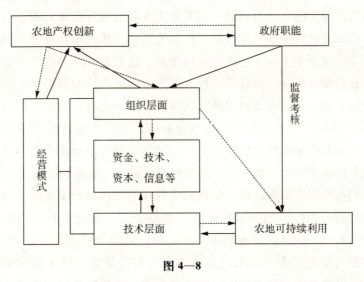

图 4—8

　　图4—8中，实线代表本节的研究路径，由"农地可持续利用→农村经营模式→农地产权创新→政府职能"。可见，要理清农地可持续利用的产权基础，将两者直接放在同一层面分析是将研究对象简单化的做法。在它

们中间还存在着一个内涵丰富的经营模式系统。只有在农地利用的实践基础上，我们才有可能带着真正的问题逐步走向之所以如此的产权起点，并将解决问题的目光进一步投向政府层面。图4—8中的虚线所代表的就是基于实践的来自政府的制度供给或者说改革和创新。我们在这一环节要问的是：政府提供制度资源或者改革和创新的动力是什么？从前面的分析中我们看到，仅仅政府所具有的那么多层级，如果没有一个清晰的产权划分，制度供给所期望创造的社会剩余就有可能被完全内耗掉甚至出现社会亏损。对于政府来说，除了在体制上减负之外，一个主要的环节就是如何进一步完善或明晰所有权的问题。在这个产权创新的过程中，我们有理由怀疑集体所有制在不同的经济发展阶段所具有的一贯优势和合理性。当虚线经过产权创新到达经营模式这一板块时，从目前的实践来看，农合组织、各种类型的中间组织、金融机构、土地市场等都在为经营模式的技术层面提供着必需的服务，在这一复杂的组织创新过程中，政府又不可避免地充当着主动或被动的创造者或参与者。这样的一个复杂代理关系不仅需要来自政府或其本身的严格规范，而且还必须将其建立在清晰的产权基础之上。唯有如此，技术层面才有可能因为对长期的理性预期而真正走上农地利用的可持续道路。作为政府，如果要实施对农地可持续利用的监督和考核，就应该通过体制改革和产权创新激发经营主体的市场理性，而不能一味地将希望寄托在无休无止的行政程序上。这就要求政府部门不仅要由行政命令转向制度服务，而且应该将大部分职能分离给经营模式中的组织层面去实施。因此，从本架构的研究思路看，对于农地可持续利用的监督和考核应该至少界分三个主体：其一为政府；其二为经营模式中的组织层面；其三为具体使用农地的经营个体。当然，除了政府主体外，其他两个主体的主动性就完全依赖于产权创新对其利益的市场保护程度。

我们所要提出的问题是：在如此多的权力主体博弈下，改革初期出于经济节约和政治保障的农地集体所有制是否应该经受来自实践的严格考量？显而易见，在众多的权利主体中，集体尤其是政府这一块太庞大了，它们都有可能在制度不规范时将寻租之手伸向掌握在村级政府手中的农地。而村级政府恰好处于政府层级的最底端。这样的代理成本可能完全使得改革设计中所设定的节约改革成本的社会目标落空。农地可持续利用除了已经被用于农业用途的土地的可持续之外，大量农业用地的非农化则基本肇源于这样的一种制度安排。那么，有没有可能减少这些过多的政府层级则是改革者无法回避的体制改革难题。这也就是农村经济发展中政府职能转化的一个必然命题。在图4—7中，我们还没有细分如农民合作组织、各种类型的中介组织、金融机构以及土地市场中不同的权力主体。从目前研究者所提供的情况来看，它们都与政府有着千丝万缕的关系，有的是政府直接设立的，有的还处于政府扶持发展的阶段。除了与整体经济环境相关之外，这种自上而下的制度生成方式都与政府掌握了基本的土地资源有关。那么，对于个体来说，他们在农业实践中到底是如何看待这一问题的？他们有没有自己支配农地的强烈愿望？

第三节　农地可持续利用与新农村建设能够双赢吗

自2005年10月中国共产党十六届五中全会提出和开展新农村建设以来，尽管新农村建设取得了一些成绩，但存在的问题很多。从全国各地的实践来看，政府主导的形象工程、规划不科学、资金短缺、农民主动性不足和缺乏产业支撑等都是被普遍提及的问题，尤其是农民自身的保守和积极性不够几乎成了新农村建设不能尽如人意的最好挡箭牌。无论是政府报告还是学术调研，对目前我国新农村建设出现的问题挖掘多流于表面。本书尝试从农地可持续利用与新农村建设能否双赢的视角，对我国新农村建设存在的问题进行以下层面比较深入的探讨，以期找到从根本上解决这些问题的政策路径。

一　农地产权改革深化应该是新农村建设的基础

在中国共产党十六届五中全会提出和通过的对新农村建设"生产发展、生活宽裕、乡风文明、村容整洁、管理民主"的20字方针中，生产发展、生活宽裕和管理民主都是与农村改革尤其是农地产权改革紧密相关的。在没有解决现行农村改革面临的深层次问题的前提下，期望通过"运动式"的外力强行介入实现新农村建设只能是南辕北辙。那么，何为农村改革面临的深层次问题呢？最关键有两点：其一是农地产权缺陷；其二是农村改革中的"政企不分"。这两者紧密相关，前者是后者赖以存在的产权和经济基础，后者是前者得以维系的体制保证。农村改革30多年来，尽管我国基本解决了十多亿人的"吃饭"问题，农村面貌也有了很大的改观，但家庭承包制在释放了相对落后的生产力基础上有限的个体劳动积极性之后，随着工业化和城市化浪潮的到来，其固有的过渡性和制度缺陷却成了制约农村经济进一步发展的障碍。

农地集体所有更多地体现和保证的是非经济意义上的吁求，也为基层行政管理体制强力干预农村经济发展的延续提供了充分的所有权基础。渐进主义使得这种产权缺陷和由此而更加严重的"政企不分"现象成了农村改革演进过程中"制度锁定"的恶性循环，从而从根本上消解了来自农民自身尤其是上级政府层面破解"三农"问题的努力。在没有任何选择权的计划经济时期，农地仅仅是农业生产的核心要素，除了农村向城市单一的原始积累输送，城乡之间不存在真正意义的要素流动，土地的财富性质和农民的创造性都处在封闭和压抑状态。农村改革正是因应了来自农民自身打破这种低效的闭环状态的现实吁求。然而，无论是农地产权改革还是与农村直接相关的基层行政管理体制改革都是过渡性的。在城市改革全面展开之后，面对城乡之间基于收益引力的巨大的要素流动，不仅农民成了商品化原始积累"自愿"的廉价劳动力，而且农地也在城市化和工业化拓疆开土的迅猛进程中成了资本逐利的主要对象。这时候农村改革所内含的以"集体"为基础的基层管理体制的代理者与农民之间的激励不相容就彻底"暴露"了，在农地非农化产生的巨额级差租金面前，农地所有权成了剥夺农地使用权权利的法理依据和制度惯性。农民在这个市场化挖掘和释放土地财富的过程中被完全边缘化了。

在新农村建设中，农民应该是主体，生产发展、生活宽裕和管理民主等如果丧失了农民的主体性就只能是一种口号。在远离城市和工业辐射的落后地区，集体代理者没有积极性组织农民进行符合市场需求的生产创新，农民也更愿意流向城市获取低廉的比较收益。在城市近郊和工业化延伸的地区，集体代理者的积极性却聚焦在了如何开发和占有农地的级差租金上，这种租金只有通过与城市资本和行政权力的合谋才能够顺利实现，其导致的结果只能是农地非农化的加速。可见，无论是落后地区还是相对发达地区，目前的农地产权安排和基层管理体制都无法使代理者或管理者与农民在生产发展上形成共识和合力，生活宽裕成了既得利益最先实现的目标，农民则更多地是通过在城市打工缓解由于成本不断上升带来的生活压力，管理民主则在农民无法获得真正主体地位的现实面前只能是一个形式主义的幌子。显然，只有通过农村改革的进一步深化，真正确立农民的主体地位，才能够为新农村建设打下一个坚实的产权和体制基础，也才能够实现新农村建设和农地可持续利用的双赢。

二　新农村建设规划与农地可持续利用的矛盾

新农村建设规划理应是农地可持续利用的组成部分，其核心在于对农村建设用地的科学利用和在此基础上对耕地的更严格保护。新农村建设规划也理应是城乡规划的基本单元，是国土规划在城市化和工业化过程中能否科学落实的微观体现。但由于我国特殊的行政管理体制、长期的城乡分割和土地所有权"双轨制"的存在，造成了国土规划、城镇规划和新农村规划之间的断裂和各行其是。而各层次规划之间缺乏统一性、长期性和科学性的结果就是对土地资源尤其是农地资源的浪费和侵蚀，给土地尤其是农地的可持续利用带来了严重的威胁。具体到新农村建设，目前普遍存在的政府形象工程和农民的不配合是缺乏规划制约的惯性和不执行规划的惰性共同作用的结果。从帕累托改进的角度看，尽管新农村建设的结果可能会增大农民整体的福利，但从其具体的实施过程看，存在着农民个体之间的效用损失和成本负担不均的问题，也存在着集体代理者和基层管理者的偷懒、寻租和机会主义行为。其共同作用的结果不仅增大了新农村建设的成本，而且最终导致了农地的浪费。

所谓缺乏规划制约的惯性主要是从农民个体的角度进行的考察。农村改革前，由于实行的是公社体制下的农业计划经济，对农村建设用地有相对严格的审批。农村改革后，尽管各地对农民的住宅面积也有规定，但在审批和执行上都不够严格。农民个体往往通过扩大住宅面积和门前屋后的花园场地等追求利益最大化，因为他们知道建设用地既成事实后一般很难被调整收回，耕地则在承包期结束后就可能被重新分配。这就无形中造成了农村建设用地和耕地在长期使用意义上的本质区别，从而诱致了农民个体对道路等公共用地甚至耕地的"住宅化"占有。在这种学习效应下，农村建设用地主要是农民住宅面积的规划控制形同虚设，这又反过来进一步助长了农民扩大建设用地的欲望。同时，伴随着城市改革的进行，农村劳动力的逐渐城市化和不同地域之间农村"移民"的大量出现，形成了耕地抛荒和农村建设用地的闲置与不断扩展共存的奇特现象，从而对农地的可持续利用造成了严重威胁。

所谓不执行规划的惰性主要是从集体代理者和基层管理者的角度进行的考察。这种惰性从前面对农民个体缺乏规划制约的分析就可以看到。正是管理者某种程度的"不负责任"或"玩忽职守",才导致了农村改革后农民个体对本身就不健全的农村建设用地使用规定的不遵守。这首先与集体代理者——村干部带头违反建设用地的行为息息相关。乡镇对村干部的错误做法持"睁一只眼闭一只眼"的姑息态度,从而给其他农民个体的挤占行为起到了负面激励和挡箭牌的作用。在法不责众的普遍失范心理下,作为基层干部不仅存在执行规划的高额成本,而且也没有积极性认真执行规划。当这种状态延续近30年,已经成为农民对农村建设用地使用的一种潜规则时,自上而下的新农村建设的实行就变得十分困难了。如果要在既有的集体建设用地上进行新农村的建设规划,势必就要触及每个农民建设用地的使用权益,而这种触及则更多地意味着农民个体在建设用地上要承担或大或小的帕累托损失,其阻力可想而知。如果要重新建立新的农村住宅区,就势必要占用耕地资源,同时也会形成原有集体建设用地的浪费。在这样的两难处境下,作为主导的基层政府代理者在没有确实的行政压力和经济诱惑时,就会表现出对新农村建设的惰性。当存在巨大的行政压力和经济诱惑时,则耕地的流失和农民权益的丧失就成为造就政府形象工程的必然。

三 效用预期的主体差异与新农村建设的被动特征

新农村建设本来是有利于农民的"民心工程",但却没有得到农民普遍的主动响应,除了前面论及的土地产权缺陷、"政企不分"和规划执行不力之外,归根结底还是一个收入问题。其主要表现是农民当下收入的偏低和对未来收入预期的悲观情绪。对农民而言,可以将收入看作是决定其效用大小的主要自变量。在没有产业基础和缺乏对未来收入预期的足够信心时,冀求农民对新农村建设的主动性是不符合其经济理性的。在广大落后的农村地区,维持日常的基本生活需要是农民面对的主要问题,他们没有能力拿出格外的资金投资新农村建设,更何况新农村建设还有可能减少他们现有的建设用地使用面积,从而降低或抵消其效用。在相对发达的城乡结合部,尽管农民有投资新农村建设的积极性,但由于集体代理者和基层管理者对骤然升值的农地级差租金的可能占有,也导致了农民个体的不配合和对建设用地甚至耕地的"竞争性占有"。这种"竞争性占有"通常是以加大原有建设用地的建筑密度的方式出现的,给新农村建设的顺利开展制造了人为的障碍,同时也造成了农地资源的浪费。尤为严重的是,这种"一哄而上"的最大化个体农地租金效应的局面往往会导致科学有序的规划无法真正落实，从而丧失了整体意义上农地租金最大化的机会，也无法形成长期持续的产业支撑。对集体代理者和基层管理者而言，其效用大小除了取决于收入之外，还与工作绩效和个人的职务晋升息息相关。从收入的层面看，与农民个体不同的是，他们拥有对农地的所有权优势，这就意味着他们能够从对农地使用安排的整体或规模上获取更大的租金。如果这些租金被全部用于新农村建设，就会普遍增大农民个体的效用。但遗憾的是，全国各地尤其发达地区频频爆发的村干部和乡镇干部的贪腐案件，说明了这种租金存在着被集体代理者和基层管理者合谋攫取的极大可能。从工作绩效和个人的职务晋升看，在可能存在着农地租金流失的前提下，通过形象工程和对上级部门的"感情联络"就成了新农村建设被"运动化"的必然路径。在这样的基础架构下，来自中央和省级层面本身不足的新农村建设资金就有可能成为流经沙漠的小溪，在树木成荫之前就已经被沙漠炙烤而尽。

此外，城乡收入差距的不断加大，也使得没有产业支撑的新农村建设失去了客观上的比较优势。某种程度上，典型意义的村容整洁是有可能做到的。但没有基于本地特色的生产发展，无法减少和消除城乡收入差距带来的对农村青壮劳动力的引力效应，村容整洁的新农村充其量只是一个农村劳动力大军"新"的驿站而已。它所起的作用与旧村庄没有什么本质区别，仅仅是满足了某些感官舒服的需要罢了。城乡统筹发展的核心在于培育长期可持续的与城市收入差别不大的农村新产业，在此基础上才有可能改变农民个体的效用函数，使其自愿主动的参与到新农村建设的事业中去。但从目前来看，这个必要条件还远未具备。因为农村改革经历30多年后，渐进主义已经形成了维持农村利益分配现状的既得利益阶层，只要能够从农地不断上升的租金中分得"一杯羹"，既得利益阶层就不会放弃对农地所有权的控制。如此，则新农村建设的"生产发展"和"民主管理"两个要件就很难实现，对新农村建设效用预期的主体差异就将长期存在，有限的资金在无法形成合力的现实面前就只能成了"撒胡椒面"的游戏。

四　农地可持续利用与新农村建设如何才能双赢？

从前面的分析来看，农地可持续利用与新农村建设的双赢主要取决于农村改革的深化，这主要包括两个方面：其一是农地产权改革的深化；其二是农村基层行政管理体制改革的深化。实践和理论已经证明了农地集体所有只能是一个改革初始阶段的过渡型产权设计，集体代理者对农地所有权的实际控制不仅诱致了对农民个体农地使用权益的可能侵犯，而且还导致了农地的不可持续利用，同时也为"政企不分"的农村基层行政管理体制提供了经济基础。从产权经济学和公共选择理论的视角看，在潜在的租金收益面前，农地集体所有造成了所有权主体和使用权主体目标上的非激励相容，导致了农村公共资源的"公地悲剧"和农村公共设施供给的"反公地悲剧"。这些制度设计上的本质缺陷，决定了建立其上的新农村建设最终只能走向理想的反面。那么，如何才能实现农地可持续利用与新农村建设的双赢呢？

本书认为根本的出路在于对农地集体所有的反思。要克服基于其上的农地产权缺陷，合理的选择当然是取消农地的集体所有，重新构建一个具有完善产权的农地产权结构。基于意识形态障碍，传统意义上的农地个体所有是不可取的，只有农地国家所有才是农地集体所有的最佳替代方案。农地的国家所有在符合意识形态需要的同时，最大的好处是消除了中间代理者借由农地所有权名义对农民农地使用权的剥夺；通过赋予农民永久性的农地使用权，鼓励和培育拥有清晰农地产权的农民个体重新走向联合，建立新的集体，实现真正的民主管理，从根本上转变农村基层管理体制与农村经济"政企不分"的局面，使其真正彰显和回归政府服务职能的本质。只有在具备了完善的农地产权平台和"政企分开"的基层行政管理体制平台的基础上，才能通过农民个体的主动创新真正实现"生产发展、生活宽裕、乡风文明、村容整洁、管理民主"的新农村蓝图，也才能够真正实现农地可持续利用和新农村建设的双赢。

第四节　农地国有的理论和实践合宜性问题

在工业化和城市化的浪潮下，农地集体所有为农地所有权的实际控制者提供了占有基于农地用途多样化产生的巨额级差地租的制度条件，与改革前工业化原始积累归全民所有不同，改革后农地释放的资本化财富被以商品化原始积累的方式攫为个体所有，农民成了这一名义市场化过程中的帕累托损失方。农地集体所有已经成了解决"三农"问题一个无法绕开的产权难题，它存在的合理性更多地体现在意识形态而非经济意义上。如果仍然因循于渐进主义路径，则不仅无法从根本上破解"三农"难题，而且只能使其积重难返。本小节尝试从土地的特性及其作为生产要素与财富、资本的本质关系出发，结合土地产权随社会经济变迁的历史路径，探讨我国农地集体所有转变为国家所有的必要性，以期为"三农"问题的根除构建其一直缺失的个体资产自由意义上的市场主体要件。

一　土地的特性及其在社会经济中的角色定位

　　土地是先于人类而存在的，这本身就决定了土地的自然性是第一位的。人之原初也是土地的必然组成部分，因此自然性同是人的首要特性。从物存在的平等性而言，土地作为载体是物本身自然权利的必然。但无论是植物还是动物，都有一个宣告存在后基于生存需求对一定土地及其产出的排他性要求。这不仅仅为人类独有，也是万物共适的自然法则。因此，竞争不只是专属于人的社会性意义的，而更是与自然性俱来的生存竞争。这正是霍布斯"丛林法则"的源处。尽管充斥着杀戮和野蛮，但这种生存竞争在整体的意义上是没有破坏性的。个体也许在竞争中被淘汰，但这种"物竞天择"是以土地为核心的整体可持续的应有之义。社会性是物种为了更好地适应自然竞争而发展起来的一种自我保护功能，同样不为人类独有，但人类却创造了最为发达和复杂的社会性网络，并最终实现了社会性对自然性的统治。至此，人类不仅成功地从与土地的一体之中挣脱出来，将自己异化成了土地的对立面，成就了其"万物灵长"的权威，而且还在将自身编制进社会性大网的同时，也赋予了土地社会性。土地的社会性是以人类创造的土地产权制度为其社会存在的。从人类社会经济的发展历史来看，人类在满足自身存在需求的对土地及其产出的合理性排他基础上，借由不断膨胀的欲望挤压和打破了土地整体意义的可持续性，将土地包括人都转化成了财富或者更后出现的所谓生产要素。在这样一个由人向土地的自然性竞争到人与人之间的社会性竞争的过程中，土地所有权在个体的意义上一直是不稳定的，即使在"普天之下，莫非王土；率土之滨，莫非王臣"的皇权专制时代也莫不如斯。其中一个重要的原因就是人类在社会化过程中无视个体存在的基本自然法则，丧失了人类个体之间的同理性。从而不仅招致了土地自然意义上的报复，而且更多地引起了人类自身基于分配不均的社会革命。从公平正义的价值观和社会实践来看，作为主要财富和基本生产要素，农业文明时期土地所有权的少数人占有显然是违背个体存在的自然权利的，是一个强制的不稳定的社会系统。同样，在工业文明时期，尽管资本成了生产要素的主导者，但土地仍然是"财富之母"，是愈来愈复杂的社会性赖以生发的自然之源。资本的通约性和市场名义下对人与土地的看似合理的分割，本质上还是违背个体存在的自然权利的，以资本为核心的工业文明仍然是一个隐性强制的不稳定系统。因此，在一个以民主自由和法治为普世价值的社会系统中，诸如土地这种作为人自然存在的不可或缺的基础财富，其所有权不应该为某个个体（如皇权）或某些个体所有，在一定地域内形成的稳定的民族国家才是其所辖区域的土地所有权合适的主体。本质上，民族国家对土地的所有权是将物存在的自然权利上升到了社会意义的国家权力，目的在于保护每个个体基本的自然存在权利。土地的民族国家所有更多的是象征意义的，但这种象征性又是不容质疑的。它所宣告的是平等正义的普世价值，是对既在和未来所有个体的普遍关怀。

土地的国家所有是社会性逐渐转向公平公正后对自然性的回归，是对一部分人借由土地所有权名义剥夺另一部分人自然存在权利的否定。它所昭示的是任何个体都有在同一块蓝天和同一片土地上生存的天然权利。但国家毕竟是一个抽象的概念，土地作为"财富之母"和生产要素，在通常情况下其使用权还是需要排他性的。这种使用要么是个体的，要么是集体的。但从人类的社会经济实践来看，个体使用更符合效率原则。即使在发达生产力下，也只有建立在个体使用权基础上的联合生产才是更有效率的。人作为个体的自我意识是其自然性的必然反映，人对土地使用权的排他性要求也是实现这种自然性的社会性吁求。这些与土地的国家所有并不矛盾，相反，正如前面论及的，正是人的这种自我意识才逐渐扬弃了土地的个体所有。这仅仅意味着，个体再不能以所有权主体的名义行使对土地的权力。个体拥有的是在经济和市场意义上对任何个体都平等的土地使用权。换言之，只有通过基于自愿谈判的市场交易，个体才能获得属于其他个体的土地使用权。除了国家行使土地的公益属性时对个体土地使用权的征收外，个体使用权之间是相互平等的，不存在相互强制的法理依据。正因为土地的特殊性，决定了个体对基于垄断性质的土地剩余并没有实然的贡献，这种剩余在自然性的意义上就应该属于由个体组成的整体所有。就如同土地本身非由人所创造，从而任何个体意义上对土地的所有权要求只能是历史某一阶段的强制和牵强附会一样。土地超出社会平均利润的剩余归国家所有是符合自然法则和公平公正的普世价值的。同样，土地发展权所产生的超额剩余也主要源于土地的特殊性，其超出社会平均利润的部分也应该归国家所有。

如此，我们就从理论上明确了土地国家所有的合理性以及由此推论的土地超出社会平均利润的剩余归国家所有论断的必要性。诚然，在一个土地充裕的社会体系中，土地所有权和土地使用权之间并不存在个体生存的必然矛盾。但在土地资源越来越稀缺的社会经济系统中，土地所有权的个体所有就存在着对其他个体自然生存的社会性否定。这种否定是必然要被扬弃的。但在土地国家所有的同时，土地的稀缺性和公共资源问题使得土地使用权的个体清晰化显得同样重要。土地使用权满足的是个体自然存在基础上对利益的市场化追求，这是顺应人的自然性和创造性的，有益于社会财富的不断增大。而土地的个体所有往往具有寄生性，不利于生产效率的提高，也不利于社会财富的创造。这些都是由土地的特性所决定的。

二　农地集体所有的历史局限性及其弊端

（一）为什么是农地集体所有

新中国的成立尽管是历史的必然，但与中国共产党土地改革的成功有着直接的关系。正是土地改革彻底激发了广大穷苦农民的革命精神，才使得这个具有绝对数量的阶级成了新中国得以成立的用之不竭的群众基础。这也是中国革命从农村包围城市能够取得成功的最主要原因。所谓"打土豪，分田地"正是对一部分个体"土豪"垄断土地所有权，在实现自身存在的自然性的同时借由社会性的土地产权规定否定了其他个体"农民或者说佃农"的自然存在性，从而必将遭到后者迫及生存极限的反抗。这也就是为什么历史上不断上演着所谓农民起义的根本原因，也是本书认为农业文明时期是一个强制的不稳定体系的历史见证。新中国成立后，对于选择合作化运动的解释很多。但从本质上讲无外乎两条主线：其一是思想，也可以说是革命道路的选择问题；其二是现实需要。关于思想，既然是社会主义，个体所有的小农经济显然是与此相悖的。因此合作化运动和对资本主义的社会主义改造是必然的，关键在于合适的实现形式。苏联的集体农庄也就顺理成章成为了对小农经济进行改革的最好也是唯一的参照。刚刚得到土地所有权的农民从个体的自然性层面并不是很自愿地加入到合作化运动中去的。对于习惯于没有土地的农民而言，还没有形成根深蒂固的个体土地所有权观念，加上合作化是将土地所有权收归"社"所有，农民作为"社"的成员与土地所有权仍然具有某种关联性。这与土地归一部分个体或者"土豪"所有是完全不同的，因而来自农民的阻力并不是很大。关于现实需要，新中国成立后首要的任务就是在最短的时间内建立工业体系，实现国家富强，面对冷战时期的国际环境，只有集中全国所有资源才可能实现这一目标。而农业合作化运动为我国工业化的原始积累提供了基本的制度平台。应该说，当时的决策是正确的，是在历史的约束条件下挖掘土地和人的最大潜能的一个过渡性的但又必然的选择。但这种体制模式同时内含着两个致命的缺陷，那就是对个体自然性的否定和容易滋生官僚主义。这两者的合力最终导致了生产效率的低下。因此，改革开放同样是一个历史的必然。农地集体所有承认了农民个体的自然存在意识，释放了基于个体自然性的创造力，从而提升了与相对落后的生产力相应的劳动效率。但同时，农地集体所有仍然是一个绥靖的产物，除了意识形态的需要之外，它并没有触动植根于土地所有权之上的官僚主义。在工业化和城市化的浪潮面前，这种官僚主义成了与农民争夺农地巨额级差租金的核心力量。

（二）农地集体所有的弊端

1. "政企不分"和个体自然性膨胀的回归。

农地集体所有以"集体"的名义获得主流意识形态认可的同时，保留了改革前已经十分严重的官僚主义存在的管理体制，以集体为基本单元的少数代理者成了农地所有权的实际控制者。在农地仍然充当农业生产基本生产资料的地方，集体成了一个虚置的概念。而在工业化和城市化延伸波及的地方，随着农地转换用途可能产生的巨额级差租金的出现，集体却成了一个实实在在的释放个体自然性欲望膨胀的制度平台。与改革前的工业化原始积累不同，农地借由用途转换产生的级差租金落入了部分集体代理者的腰包，这是市场经济建立过程中以个体所有为目的的商品化原始积累，已经失去了工业化原始积累整体层面上的合理性。与国企改革一样，农地集体所有实际上存在着更加严重的"政企不分"问题，基层政府通过集体这一管道控制着农民最基本的土地生产资料，当市场化将个体自然存在以追求利益的形式表现出来时，集体代理者的自然性就超越了其合理的限度，走向了对农民个体存在的自然性的否定路径。这一点与封建时期少部分个体土地所有权对大部分个体自然存在的否定是没有本质区别的。因此，对于土地这一基础财富，其所有权任何范围或层面的具体化，都有可能导致所有权主体对其自然性膨胀的强制性实现。这是市场经济过程中应该引起注意和必须区别对待的，因为土地的所有权和其他任何物的所有权是不一样的。更为本质地讲，作为后来者的人对土地仅仅具有自然存在意义上的使用权，对土地所有权的任何个体努力都是违背自然性的，也在社会性稳定的意义上是徒劳的。

2. 阻挠农地产权改革深化的既得利益阶层的出现。

如果说改革前农地所有权主体的问题涉及意识形态的考量，那么改革30多年后农地产权改革的深化所面临的则是更为强势的源于农地集体所有的既得利益阶层的阻挠。社会主义公有制在土地的意义上实际上就是对个体存在的自然性膨胀的否定，这是与土地作为财富之母的自然性相一致的，是社会性由狭隘的个体层面向整体层面演进的一个对自然性回归的必然。但基于这种目的的"集体"的设计显然并不是一个整体的概念，它在实现管理意志的同时也给了代理者获取经济收益的产权机会。这种机会就是学术界所谓的产权缺陷。显然，用产权缺陷来解释农地的非农化和农民权益的丧失并没有错，但其容易走入的误区就是将农地的个体所有作为解决问题的方案。殊不知土地的个体所有在条件成熟时仍然会上演个体存在的自然性膨胀对其他个体自然存在的否定。目前围绕在农地集体所有周围的诸如村、社、乡镇、县及更高层级的政府部门，与市场化和城市化进程中的诸多个体或法人利益主体相互结合，形成了一个规模庞大的以食利农地巨额级差租金为主要目标的既得利益阶层，他们不仅会提着意识形态的大棒反对农地的个体所有，而且也会不遗余力地否定农地国家所有的合理性。

3. 农地集体所有和城市土地国家所有的"双轨制"问题。

土地所有权双轨制是改革30多年来通过商品化原始积累对农民权益的制度化掠夺，基于产业收益的不同和城乡差别对农民土地使用权的极低补偿已经不是为了整体利益的需要，而是纯粹对农民个体自然权利的习惯性漠视。土地所有权双轨制的人为设置，成了城乡差距不断拉大的发动机。这种显失公平的产权设计，为土地所有权的实际代理者创造了极为便利的寻租机会。农地在转换用途中所释放的巨额级差收益被各类强势利益主体以市场的名义瓜分殆尽。这种直接取自土地垄断权或者发展权的租金，如果不是用于整体社会福利或者在相关利益方之间公平分配，就只能是一部分个体存在的自然性膨胀对另一部分个体自然存在的残酷否定。但问题是这样一个显失公允的制度安排，却为什么能够长期存在？农地集体所有初始的意识形态需要显然已经被后来的既得利益需要所替代，成了后者提取农地级差收益的产权保障。

三　农地国家所有的理论和实践合宜性

我国的国家体制决定了土地包括农地的个体所有缺乏意识形态的支持，这是符合人类社会发展的历史经验的。无论如何，土地的个体所有存在着历史倒退的可能。这是由个体存在的自然性膨胀所决定的。主张土地个体所有的观点仅仅关注的是土地产权清晰的问题，却忽视了这种产权清晰存在着对其他个体自然存在的否定的可能或已经是在否定其他个体自然存在的基础上产生的。农地集体所有则不仅无法实现农地产权清晰的诉求，而且在某种程度上甚至带来了比走向个体自然存在膨胀更为负面的影响。因为土地个体所有权的膨胀仅仅否定的是其他个体的自然存在，对土地本身的可持续并没有伤害。农地集体所有则不仅会否定农民对农地使用权的自然权利，而且还会破坏农地的可持续性，从而从根本上摧毁土地这一基础财富。这是由不合理的土地产权安排所导致的最严重的"公地悲剧"问题。可惜的是由于渐进主义改革的路径依赖，加上既得利益形成后导致的制度锁定，这一"悲剧"至今还没有得到根本的改变。农地集体所有的优势在于维持了改革前紧密扎根于农村的行政管理体制，实现了社会底层的强制性稳定，但无法将农民培育成基于财产自由的市场主体，更不利于农地的可持续利用。因此，为防止渐进主义模式最终滑向农地的部分个体所有，从而丧失农村改革初始的公平性，有必要提出和实践农地国家所有的土地产权模式。在这一所有权前提下，赋予农民个体永久的农地使用权，从而彻底抽掉附着于"集体"的代理者对农地的所有权主导。正如前文所论述的，农地的国家所有本来就是社会经济发展到高级阶段后，个体自然存在的普适性对土地产权演进否定之否定的必然结果。中国特色社会主义的建设不应该放弃对公有制主体的坚守，土地作为"财富之母"和基础财富，农地的国家所有不仅能够消除目前城乡土地的所有权"双轨制"问题，还农民一个与城市居民一样的平等的市场主体身份，而且还体现了以公有制为主体的政治理念，不存在意识形态的问题。尤为重要的是，农地的国家所有是农村改革中"政企分开"的必要条件。对"集体"代理者农地所有权主导性的剥夺，实际上就是对建立在已经异化为以提取农地剩余为目标的官僚主义管理体制的否定。只有构建以农民永久农地使用权基础上的自愿联合的"新集体",才能真正厘清和界定基层政府在农村改革中以服务为主体的管理功能,也才能依靠农民的市场主体能动性真正破解"三农"难题。在具体操作层面,农地的国家所有仅仅是收回了实为"集体"代理者的农地所有权,当然会遭到这些既得利益者的反对,但这种反对显然是缺乏正当性的。对于农村改革的主体农民而言,农地集体所有和农地国家所有本身没有多大的区别,在农民的意识中农地本身就是国家的。因此,农民对农地国家所有下的农地永久使用权的获得不可能持反对态度。实际上,农村产权改革的深化主要取决于基层政府管理体制的转化,而这种转化又取决于中央政府对农地集体所有过渡性的体认和反思,而不是将其看作农村改革永恒不变的唯一产权模式。

第五节　小结

通过本章对产业升级、产权改革非平衡和农地可持续利用的研究,可以得出如下的基本观点和结论。

1. 我国农村和城市产权改革的非平衡主要表现在对土地这一重要生产要素产权安排的不同上。由于土地在农业生产中的特殊性,这种产权安排不利于传统农业向现代化农业转变过程中市场主体和企业化的形成,无法从制度上破解农业经济"低效率陷阱"的困境。从我国经济改革的整体过程来看,农村产权改革取决于诸多的非经济因素,它主要起的是一个社会稳定器的作用。随着城市产权改革的成功和生产力的飞速发展,如何借鉴城市产权改革的经验进一步深化农村产权改革,如何实现农村和城市产权改革在土地要素安排上的市场平等,如何重新审视农村土地集体所有,则需要依靠实践和理论上的共同创新和突破。

2. 产权改革的一个主要目的在于提高经济主体的劳动和市场效率,国企改革如此,农村产权改革更是如此。我们知道,农村产权改革是走在以国企改革为代表的城市产权改革前面的。但它却在产权的进一步深化上落后于城市产权改革。尽管农村产权改革一直以来是理论界所关注的热点,但绝大多数文献都集中在对土地使用权等从属性范畴的探讨,很少有学人从主导性的所有权角度质疑和反思农地产权安排所固有的矛盾和发展突破问题。实际上,农村产权改革由当初对个体(家庭)劳动积极性的释放到目前的徘徊不前，一个主要的问题在于没有厘清管理体制与土地所有权之间的关系。从生产力和生产关系的角度分析，农村产权改革实际上仅仅是一个对生产力的有限解放，生产关系则并没有得到根本性的触及。代理者要通过对土地的主导权寻求可能的制度收益，农民则通过短期化经营或土地抛荒实现自己的理性化选择。这样的一种产权安排及其演变过程从源头上就注定了其非市场化特性，农民很难成为真正的市场主体。

3. 农村产权改革本质上是在所有权关系基本不变的前提下对生产经营方式的调整，与城市产权改革相比，农村产权改革实际上处于一种"锁定"困境。这种"锁定"主要导源于管理体制、要素特性、理论局限和功能取向等多方面因素。其中，管理体制与农村土地集体所有的相互绑定是当前阻碍农村产权改革进一步深化的主要原因。从事农业生产的主体农民由于担心土地在将来会被调整（或收回）而不愿意或不敢进行长期的资本和技术投入，作为对农地享有所有权（也就是最终支配权）的各级政府管理者则不会"真正"关心具体的农业生产经营问题，他们关注的是农地调整过程中所产生的租金问题。正如代理理论所分析的，农业生产经营主体农民与管理主体之间不存在激励相容条件。他们之间不存在合力（或合作）的制度约束基础，加上我国这种由计划经济延续而来的具有强大控制力的金字塔式的管理体制，农民在农地的最终处置上则基本没有任何抗争的权力和习惯。当他们的权利被损害时，并没有一个独立的（或中立的）的制度设计能够为他们主动维权，他们所能做的就只有"上诉"这一条途径。而这个"上诉"对象恰恰是"侵犯"他们权利的管理体制的组成部分。这就形成了一个制度怪圈：管理主体主动"侵犯"农民权利，农民被动"求助"管理主体。这种制度怪圈就只能导致机会主义盛行和大量的"贪渎"出现。我国农村产权改革已经走到了亟须进一步深化的临界点。与城市产权改革一样，农村产权改革也必须"政企分开"和制度重构。

4. 从农地可持续利用与经营模式的内在关系及其创新机理，经营模式、产权创新与政府职能的内在关系及其创新机理，农地可持续利用的产权支持和监督考核体系等三个子块出发，为农村经营模式、农地产权和农地可持续利用内在关系及其创新机理研究构建新的理论框架。在经济发展的一定阶段，应重新认识农地集体所有制的存在条件和必要性，"三农"问题最后的落脚点仍在于经营主体基于产权创新的市场主动和对未来的良好预期。

5. 由于我国新农村建设缺乏完善的农地产权平台和"政企分开"的农

村基层行政管理体制平台，因此，尽管近年来取得了一定的成绩，但存在的问题很多。从农地可持续利用与新农村建设能否双赢的视角，本书对目前新农村建设中出现的诸如形象工程、资金短缺、规划不科学、农民主动性不足和缺乏产业支撑等问题进行了深入分析，提出了以农地国家所有取代农地集体所有，赋予农民永久的农地使用权，鼓励和培育拥有清晰农地产权的农民个体重新走向联合，建立新的集体，实现真正的民主管理，从根本上转变农村基层管理体制与农村经济"政企不分"局面的观点。只有在具备了完善的农地产权平台和"政企分开"的基层行政管理体制平台的基础上，才能通过农民个体的主动创新真正实现"生产发展、生活宽裕、乡风文明、村容整洁、管理民主"的新农村理想，也才能够真正达成农地可持续利用和新农村建设的双赢。

6. 尽管从农村产权改革的背景来看，农地集体所有是符合渐进主义的一个理性选择，是体制惯性的结果。但是，随着城市产权改革的成功进行和社会主义所有制理论的创新发展，农地集体所有已经与多层管理体制"多位一体"，成了进一步深化农村产权改革和转变农业经济增长方式的主要制度障碍。农村产权改革已经走到了一个难以破解的怪圈。多极管理体制和土地集体所有之间的相互绑定意味着后者已经成为进一步深化农村产权改革的"盲点"。要简化管理体制，将其转化为一种基于市场的公益性或有偿性的非政府组织，就必须切断其对农村土地所有权的代理。如此，农村土地在所有权归属上就至少有两个选择：其一就是农村土地也为国家所有；其二就是像新中国成立初期一样，农村土地归农民家庭所有。

土地的特性和人存在的自然性膨胀可能导致一部分个体对其他个体自然存在权利的否定，因此土地的个体所有是不稳定的，一定地域的土地国家所有在个体自然存在的普适性上是土地产权演进的必然结果；农地集体所有是过渡性的，在获取意识形态的支持的同时，导致了集体代理者凭借农地所有权对农民土地使用权自然权利的剥夺，保留和强化了基于农地产权缺陷的官僚主义管理体制，使得农村改革陷入了"政企不分"和与城市土地不平等权利的城乡土地所有权"双轨制"困境，从而为改革后个体商品化原始积累对农地巨额级差租金的占有提供了制度平台。因此，农地的国家所有不仅符合由土地特性决定的土地所有权演进的合宜结果，而且也符合建设中国特色社会主义的意识形态和政治理念，对彻底解决农村改革"政企不分"的官僚主义痼疾和破解"三农"难题至为关键。

第五章　相关实证分析

第一节　引言

　　本章拟对中国土地资本化过程中出现的、基于产权缺陷的土地巨额级差租金的不合理分配进行实证考察，这是一个严重依赖制度扭曲分配土地财富的过程。从本章的考察来看，巨额的土地财富基本被转化为政府的财政收入、开发商的高额利润和其他与土地（包括矿产资源等）相关的既得利益者的收益。土地的真正使用者（尤其是农民）在这一个过程中受到了严重的不公平对待。这也导致目前中国城乡差距和贫富差距不断拉大。并且已经达到世界范围内差距最大的、寥寥可数的几个国家之一。这种现状与中国建设和谐社会和实现中国梦的美好愿望格格不入，亟须引起中国政府高层的重视。在对中国土地资本化的实证中，本书没有论证土地资本化的必然性和合理性，因为这些问题在前面相关的章节中已经做了充分的论述。理论界和学术界也颇多这方面的研究。本书所关注的重点在于通过选取大量的实证案例，指出中国土地资本化之所以会出现这么多严重犯罪事实的制度原因，从而从这一视域反证土地资本化成了既得利益者们实现财富极化的一种"高效"手段。本章的另一个实证对象是财富极化问题，前面相关章节已经从理论上对这一问题进行了比较深入的论证分析。本章拟通过具体的统计数据、社会经济现实和产业结构等对其进行进一步实证说明。

第二节　对指标和案例资料的说明

　　本章对土地资本化的实证主要从土地财政收入、与土地有关的贪污腐败犯罪及案例（分部级、厅级、处级、科级和基层村干部等不同级别的犯罪）、强拆案件和村民因征地上访典型案例等四个方面的指标来进行，这些违法犯罪案件在中国大地上可谓"遍地开花"、"层出不穷"，从一个侧面反映了中国土地资本化的真实景象。从资料来源看，本书所列案例和数据大部分得益于发达的网络资源。从网上关于这方面的"海量"信息看，中国的土地资本化的确成了"近水楼台先得月"者们瓜分土地财富的"盛宴"。为了保证所选取的案例和采用数据的可靠性，本章都是从诸如《人民日报》、新华网、国土资源部网、新浪财经、腾讯财经、《经济观察报》、法律快车、《法制晚报》（北京）、《第一财经日报》、《金融时报》（英国）、《21世纪经济报道》、《浙江日报》和一些正式出版发行的杂志期刊上搜集相关的资料，并且在脚注中全部注明了应用来源。本章对财富极化效应的实证主要选取了收入分配、贫富差距（分中国、国外），穷国、富国差距，城乡、区域差距，以及产业升级等几个方面的指标加以说明。这种指标的选取也符合本书的整体论证思路，尽管没有复杂高深的统计分析，但显然这些数据和客观经济社会现实已经足以证明本书所拟论证思想的正确性。为了保证数据等的真实有效性，本部分主要是从中国国家统计局网站、光明网、新华网、国际在线、金融时报（英国）、经济学人、国际先驱论坛报、第一财经日报、亚洲新闻（香港）、中国经济时报、中国统计年鉴（2008、2012）、世界银行WDI数据库、国家统计局课题组、北大的相关社会调查，以及西南财经大学的相关社会调查等权威网站和报刊杂志获取相关资料，并且全部在脚注中注明了出处。

第三节　实证分析

一　土地资本化

土地资本化本身是为了更好地利用稀缺的土地要素，引入资本化经营，实现土地使用，尤其是在农业生产上的规模化经营。但是，中国特殊的土地产权安排，尤其是农地产权安排上存在的严重缺陷，使得土地资本化变成了各方既得利益者侵蚀和瓜分土地巨额级差租金和由土地发展权带来的巨大利润的工具和借口。本书无意于对土地资本化经营的好处进行"锦上添花"的实证，在一个正常合理的产权制度体系和市场体制下，这是一个常识，是显而易见的。本书主要是对改革开放以来，尤其是近十几年"风起云涌"、愈演愈烈的中国式土地"资本化"——对土地尤其是农地的肆意侵占和"掠夺式开发"进行一个一般性地"事件"罗列，这些"事件"主要体现在与土地相关的腐败案件、拆迁案件和农民上访，以及基层组织尤其是村级组织的违法犯罪方面。通过这样一个"实证"，我们可以清楚地看到在事关国计民生的稀缺土地利用方面，我们正在面临一个什么样危险的处境。

1. 土地财政收入概况。

近十多年来，各地土地出让金收入迅速增长，在地方财政收入中的比重不断提升。资料显示，2001—2003 年，全国土地出让金达 9100 多亿元，约相当于同期全国地方财政收入的 35％；2004 年，收入近 6000 亿元[1]。据财政部统计，2009 年，全国土地出让收入为 14239.7 亿元，比 2008 年大幅增长 43.2％。2009 年地方政府本级收入总额为 32581 亿元，土地出让收入占比接近 43.7％，成为地方财力不折不扣的"顶梁柱"[2]。2010 年全国土地财政收入 2.9 万亿元，超出预算 113％[3]。

据测算在 1999—2011 年，13 年中土地出让收入累计为 12.9 万亿元，相当于 2011 年国民生产总值的 27.3％。这 12.9 万亿元就使得地方政府得以维持高速增长的基础设施投资和地方债务链条。现在要让他们放弃这占GDP27％的收入，乍看起来并不是一件容易的事情[4]。

2009 年，杭州土地出让收入在全国排名第一，达到 1200 亿元，而其地方公共财政收入仅有 500 多亿元。大量的基建和公共项目依赖土地出让金，这些基建项目又带来了巨大的相关税收。土地带来的收益不止出让金，还进而影响到营业税、城建税、土地增值税、耕地占用税、城镇土地使用税、契税等多个地方税收收入。2009 年，在全球金融危机下，全国税收仍增长 11.7％，其中房地产相关税收贡献率达 30％以上。同一年，上海以 991 亿元的土地出让收入荣登榜眼。北京以 922 亿元收入排名第三。

---

[1] 于猛：《人民日报》，http：//finance. eastmoney. com/news/ccjdd. html，2010 年 12 月 27日 08：01。

[2] 《中国产经新闻报》，http：//finance. ifeng. com/news/special/dfzwwj/20100519/2209276. sht-ml，2010 年 05 月 19 日 19：49。

[3] 新华网，2011 年 03 月 06 日 13：42。

[4] 席斯、陈慧晶、宋尧来源：《经济观察报》，http：//finance. ifeng. com/news/macro/index. shtml，2012 年 07 月 20 日 22：37。

2010 年和 2011 年，上海蝉联土地出让收入冠军宝座。

2. 与土地有关的贪污腐败犯罪概况及案例（根据不完全统计）。

(1) 概况。

2003 年全国共发现各类土地违法行为 17.8 万件，立案查处 12.8 万件。涉及土地面积 5.59 万公顷。收回土地 5943.91 公顷；收缴罚没款 12.28 亿元；给予责任人行政处分 357 人，党纪处分 568 人；132 人被依法追究刑事责任①。

2006 年中国土地违法案件查处情况：查处结案土地违法案件 90340 件，处理相关责任人 3593 人，其中 2 名省级干部受到党纪处分；同时，及时发现并制止土地违法行为近 3.5 万件，挽回经济损失达 16.4 亿元②。

据统计，截至 2008 年 3 月 20 日，全国土地执法百日行动共查处"以租代征"、违反土地利用总体规划扩大工业用地规模和"未批先用"等三类土地违规违法案件 31737 件，涉及土地 25.04 万公顷，其中，已自行纠正 2871 件，应立案 28866 件，已立案 26905 件，已结案 22294 件，立案率为 93.2%，结案率为 82.9%；共收缴罚没款 40 亿元，没收违法建筑物面积 1690.7 万平方米，拆除违法建筑物面积 937.2 万平方米；移送纪检监察机关 3857 人，已追究党纪政纪责任 2864 人；移送司法机关 2797 人，已追究刑事责任 535 人③。

2009 年，全国共立案查处违法案件 4.2 万件，涉及耕地面积 20.8 万亩，同比分别下降了 31% 和 21%。全国一共有 719 名责任人受到行政处分，960 名责任人受到党纪处分，555 人被移送司法机关，其中 118 人被追究刑事责任④。

2010 年土地执法共发现违法土地案件 5.3 万件，涉及土地 41.8 万亩，其中耕地 16.4 万亩⑤。

2011 年，全国发现违法用地行为案件 7 万件，涉及土地面积 75.1 万亩（其中耕地 26.4 万亩），同比分别上升 5.8%、11.0%（其中耕地下降

---

① http://www.chinanews.com/cj/gd.shtml，2004 年 03 月 24 日 09：02。

② 法律快车，www.lawtime.cn] http://www.lawtime.cn/info/gongcheng/gcjzjd/。

③ 网易财经，2009 年 4 月 29 日 16：53：49。

④ 《法制晚报》（北京）http://sh.house.163.com/，2010 年 1 月 28 日 21：50：35。

⑤ 腾讯财经，2011 年 1 月 21 日 09：27。

2.4%)。依法拆除违法构建物近 1300 万平方米，收回土地 5.7 万亩（其中耕地 1.6 万亩），罚没款 30.9 亿元。2665 名责任人受到党纪、政纪处分，其中，1416 名责任人受到党纪处分，1149 名责任人受到政纪处分，140 名责任人被追究刑事责任[①]。

2012 年全国共发现违法用地行为案件 6.2 万件，涉及土地面积 48 万亩，其中耕地 16.1 万亩，和 2011 年度比，同比分别下降 12%、36% 和 38.8%。立案查处违法用地案件 3.7 万件，涉及土地面积 41.1 万亩，其中耕地 13.5 万亩，立案查处矿产资源领域违法案件 6126 件[②]。

2013 年上半年，全国违法用地量呈全面下降趋势。其中，全国发现违法用地行为 20883 起，涉及土地面积 10.5 万亩，其中耕地 3.4 万亩，同比分别下降 28.9%、40.7%、47.7%[③]。

"十一五"期间，全国共发现违法用地行为 49 万多件，与"十五"末相比，年均下降 10%，且违法用地宗数、面积及占用耕地面积，都呈现持续下降态势。应当说，这样的向好形势，与土地督察制度的实施密切相关[④]。

这些年来从村官到省部级高官，许多官员落马都与开发商有关。不仅规划、住建、国土系统官员落马与开发商有关，而且很多非楼市官员落马也与开发商有关。涉房涉地腐败案有三个鲜明特点：一是从村官到省部级官员，落马官员越来越多，级别越来越高；二是涉案金额越来越大，腐败官员受贿上亿元听上去已经不怎么新鲜；三是从个别官员腐败向"窝案"发展。这些特点说明，尽管反腐部门保持着应有的强度，但房地产腐败却没有减少、降温的迹象[⑤]。

（2）根据本书不完全统计，下表列出的是副地（厅）级以上职务的"涉土"腐败案件：

---

① 蒋彦鑫：《新京报》，http：//news.dichan.sina.com.cn/，2012/1/13 7：27：01。

② 《人民日报》，国土资源部：去年全国发现违法用地行为案件 6.2 万件，2013 年 01 月 23 日。

③ 中国行业研究网，http：//www.chinairn.com/，2013 年 7 月 17 日。

④ 国土部网站，http：//www.mlr.gov.cn/xwdt/jrxw/201211/t20121101＿1152889.htm，2012 年 11 月 1 日 14：28：56。

⑤ 冯海宁：《落马高官多与开发商有关谁是"祸首"》，星岛环球网 www.stnn.cc，2013 年 7 月 21 日。

发案年份	省（市）、县（区）、镇（乡）等	姓名	曾任职务
2002	安徽省	王怀忠	副省长
2006	安徽省	王昭耀	省政协副主席
2006	上海市	陈良宇①	上海市委书记、中央政治局委员等
2006	北京市	刘志华	北京市副市长
2006	天津市	李宝金	天津市人民检察院检察长
2006	安徽省	何闽旭	安徽省副省长
2006	湖南省	李大伦（窝案）	郴州市市委书记
2006	福建省	周金伙	福建省工商局局长
2006	福建省	王炳毅等（窝案）	福州市国土资源局局长
2006	宁夏回族自治区	王英福	自治区土地局局长

---

① 陈良宇案发"社保基金案"，百亿上海社保基金涉嫌通过委托贷款方式流向上海房地产。2002—2003年，陈良宇在担任上海市市长、中共上海市委书记期间，明知其弟陈良军不具备土地开发的资质和条件，为徇私情同意有关部门违规为陈良军征用土地，导致537亩土地被征用，其中183亩系由耕地转为建设用地。陈良军最终违规获得354亩土地使用权，给国家造成直接经济损失3441余万元。后陈良军将其获得的土地使用权变相倒卖，非法获利1.18亿元。随着陈良宇案的揭开，上海房地产管理局土地利用管理处处长朱文锦落入法网，上海国有资产管理委员会主任凌宝亨和副主任吴鸿玫同时被"双规"。上海浦东发展银行董事长也因涉及此案被调查。紧接着，原上海市经委副主任、上海工业投资（集团）有限公司原总裁王国雄，原上海电气集团财务公司董事长徐伟，原华安基金总裁韩方河几乎同时进入司法程序，正式被移送上海市检察部门。刘志华案发于外商向中央举报刘志华大搞权色交易、收受外商巨额贿赂、插手重点项目、非法为公司做贷款担保、涉及批地黑幕等诸多问题。李宝金被"双规"的原因，与浩天房地产公司有密切关系，而此前浩天公司董事长王小毛已被中纪委涉案调查。据悉，何闽旭在任池州市委书记时，曾在城市拆迁建设及房地产开发等方面和一池州地产开发商有权钱交易。此房地产开发商随后被有关方面调查，而该商人则交出了一份长长的受贿名单，名单涉及众多政府官员。2006年9月，湖南省郴州市纪委书记曾锦春、市委书记李大伦、副市长雷渊利、宣传部部长樊甲生等落网。郴州市委书记李大伦的名言："谁影响嘉禾拆迁一阵子，我影响他一辈子"。就是他，受贿1325万元，家庭财产3200万元来历不明。2006年7月，福建省工商局局长周金伙在腐败案发后，仓荒出逃美国，福州市国土资源局局长王炳毅、福州仓山区土地局局长仲仲、仓山区区委书记张森兴等一批政府官员，因涉嫌违规拆迁和贪污等问题，也先后被"双规"。2006年7月3日，福州市人大常委会宣布，福州市国土资源局局长王炳毅被免职。而在此前，利用职权受贿的福州市城乡规划局原局长姜燕生、福州市土地发展中心原副主任王翼楷，福州市园林局局长王廷杰、福州市仓山区区委书记张森兴、仓山区土地局局长李仲纷纷落网。经初步查明，1998—2003年，王英福在任自治区土地局局长、自治区国土资源厅厅长和自治区残联理事长期间，利用职务之便，在为有关单位审批征地手续和发包建设工程项目过程中，非法索要和收受相关单位贿赂（含房产）达数百万元，其行为已涉嫌犯罪。杨祥云案是湘西自治州成立50年以来涉案金额最大的职务犯罪案件，贪污金额1495.6631万元。（资料来源：魏雅华 http://bbs.hlgnet.com/info/ul_10938633/）

续表

发案年份	省（市）、县（区）、镇（乡）等	姓名	曾任职务
2006	湖南省	杨祥云	吉首市国土局党组书记、副局长
2007	安徽省	夏天爽	宣城开发区）管委会主任（副厅级）
2008	北京市	周良洛	海淀区区长
2008	重庆市	王斌	重庆市国土局副局长
2010	江西省	陈爱民①	江西省国土资源厅副厅长
2010	浙江省	许迈永②	杭州市副市长
2010	江苏省	姜人杰③	苏州市副市长
2010	宁夏回族自治区	李堂堂④	自治区副主席
2010	新疆维吾尔自治区	尼加提·卡德尔⑤	新疆维吾尔自治区检察院原副检察长
2010	上海市	陶校兴⑥	市住房保障和房屋管理局原副局长

① 近日，江西省国土资源厅原副厅长陈爱民被景德镇市中级人民法院一审以受贿罪判处有期徒刑15年。而在此之前，江西省国土资源厅另外两名原副厅长许建斌和李江华同样因收受巨额贿赂分别被法院判处有期徒刑15年和无期徒刑。4名在职副厅长3人落马，江西国土系统一年多来共有13名领导干部被检察机关立案查处透过这一“腐败群案”，尤其是南昌市国土局原局长周宏伟一案中房地产开发商“排队送礼”等细节，充分暴露出国土资源管理权过度集中、权力监管严重缺失等问题。[新华网（广州）http：//news.163.com/topnews，2010年9月27日14：42：07]

② 号称“许三多”（钱多：贪污近2亿元！房多：近30多套！女人多：号称近百！）许利用担任萧山市副市长，杭州市西湖区代区长、区长、区委书记，杭州市副市长等职务上的便利，为浙江坤和建设集团股份有限公司董事长李宝库、浙江开氏集团有限公司等十四个单位或个人在取得土地使用权、享受税收优惠政策、承揽工程、解决亲属就业等事项上谋取利益，先后多次索取、收受巨额贿赂，还收受违规返还土地出让金共计人民币7100余万元，许迈永妻子因任涉案房地产企业董事和洗钱也被查。（黄树辉：《第一财经日报》2011年4月20日）

③ 贪污受贿1.0857亿元、5万港元、4千美元！姜利用负责城建、规划、房地产开发等工作的职务便利，帮助他人保留已被确定取消的土地开发项目、进行土地所有权置换、介绍工程业务及结算工程费用等，为他人谋取利益，先后非法收受他人贿赂。（黄树辉：《第一财经日报》2011年4月20日）

④ 贪污受贿近786万元！李利用职务便利，在房地产开发、企业建设用地审批、承揽工程、安排工作等方面谋取利益。（黄树辉：《第一财经日报》2011年4月20日）

⑤ 尼加提·卡德尔在担任喀什检察分院检察长和自治区检察院副检察长期间，利用职务上的便利在土地转让、工程建设、查办案件、人事安排等方面，为他人谋取利益或不正当利益，先后受贿金额4247588元人民币。（黄树辉：《第一财经日报》2011年4月20日）

⑥ 上海市第二中级人民法院2011年2月21日开庭审理上海市住房保障和房屋管理局原副局长陶校兴受贿案，公诉人指控其受贿财物共计人民币1045万余元。调查显示，陶校兴利用职务之便，为开发商获取土地大开方便之门，同时收受巨额非法利益。（http：//www.hapa.gov.cn/Article/pajszt/ffcl/Index.html）

续表

发案年份	省（市）、县（区）、镇（乡）等	姓名	曾任职务
2010	河南省	王庆海①	郑州市副市长、郑东新区管委会主任
2010	海南省	邢俊强②	东方市副市长
2010	贵州省	蒋永利	遵义人大常委会副主任
2010	云南省	吕亦才	云南人事厅副厅长
2010	陕西省	于永和	延边大学副校长
2010	江西省	许建斌	江西国土资源厅副厅长
2010	云南省	黄永华	大理州委常委
2010	浙江省	戴备军	浙江人口资源环境委员会主任
2010	青海省	何再贵	青海公安厅党委书记
2010	安徽省	周光全	人大常委会民族宗教侨务外事工委主任
2010	山西省	王义堂	山西国资委监事会主席
2010	北京市	刘志华	北京市副市长
2010	北京市	朱志刚	财政部副部长
2010	天津市	皮黔生	天津滨海新区管委会主任
2010	辽宁省	宋勇	辽宁人大常委会副主任
2010	江苏省	赵文娟	苏州市政协副主席
2010	重庆市	蒋勇	重庆市规划原局长
2010	四川省	周学文	成都市原政协副主席
2010	广东省	林崇中	江门市市委常委、常务副市长
2010	海南省	谭灯耀③	海南省东方市市长

① 法院认定受贿总额达1700万元！王除了利用手中的权力更改土地用途，还以提高楼盘容积率及在收受了河南某房地产公司提供的面积225.31平方米、价值95万元住房一套之后，为该公司办理房地产项目的用地、规划、建设等手续提供帮助；办案人员还发现，为了掩饰自己受贿的事实，王庆海还想出了不少手段。如2007年，王庆海先后收受河南某置业公司董事长雷某贿赂120万元人民币和20万元港币，还制造了有借有还的假象。（黄树辉：《第一财经日报》2011年4月20日）

② 邢曾担任海南省东方市国土海洋环境资源局局长、东方市副市长、临高县副县长等职务；期间利用担任东方市国土海洋环境资源局局长、东方市副市长的职务便利，在建单位宿舍楼工程、东方市感城地区饮水安全等工程中多次非法收受多人贿赂142.6万元人民币。（黄树辉：《第一财经日报》2011年4月20日）

③ 开发商绕开征地程序，低价"私占"集体土地，又通过收买政府官员，高价倒卖给政府变身"国有"，官商结成"利益输送"联盟——这起发生在海南省东方市的土地腐败大案，牵出包括原市长、原市委副书记和土地、建设、城投等部门负责人在内的25名干部。近日，东方市原市长谭灯耀被判刑18年。（《潇湘晨报》2011年2月15日）

续表

发案年份	省（市）、县（区）、镇（乡）等	姓名	曾任职务
2011	广东省	许宗衡	深圳市市长
2011	上海市	陈猛①	普陀区副区长
2011	甘肃省	张国华②	甘肃省国土资源厅副厅长
2011	北京市	刘希泉③	朝阳区委常委、副区长

（著者根据相关资料整理）

（3）以下是本书不完全统计的曾任副地（厅）级以下职务（有案犯姓名）的腐败案件，其中绝大部分职务都与国土部门有关：

省份	案件	曾任职务
辽宁省	江润黎案④	抚顺市国土规划局局长
贵州省	樊中黔案⑤	贵阳市国土、规划、建设部门负责人
江西省	何学锋案	南昌县国土局原局长
安徽省	王海风案	马鞍山市国土资源局局长
浙江省	刘长春案	台州市国土资源局局长
江西省	周宏伟案	南昌市国土资源局局长
浙江省	叶杰耀案	丽水市国土局局长
浙江省	何敏等人受贿案	丽水市国土资源局土地利用处原处长

---

① 检方称，陈猛2003年1月至2011年2月在担任松江区副区长期间，利用分管城建等职务便利，为他人谋取利益，先后收受马某等四名开发商，以及松江区新桥镇原党委副书记沈英的贿赂款、物等共计价1547.9万余元。（伏昕：《21世纪经济报道》2012年2月9日）

② 法院审理查明，2001年4月至2011年3月，在任甘肃省天水市副市长期间，张国华利用职务便利，为相关单位及个人在承包工程、申请银行贷款、办理土地使用手续等方面谋取利益，多次单独或与其妻刘淑萍共同非法收受款物共计428万余元。（新华网，http：//news. china. com. cn/index. shtml，2012年6月26日09：56：29）

③ 刘希泉与朝阳区委农工委、区农委两部门关系匪浅，事涉截留并挪用两亿元拆迁资金，其亲属抢先拆迁之前租地建房，以套取补偿款等经济问题。在其被抓后，北京市有领导到朝阳区通报称，刘希泉涉嫌行贿和受贿，且数额特别巨大。（张鹭、张杰：《财经》2011年第14期）

④ 辽宁省抚顺市国土规划局原局长江润黎、国土资源局顺城分局原局长罗亚平利用为开发商拿地、办理规划审批手续等机会搞权钱交易，甚至直接造假套取土地补偿金，敛财逾亿元，其中罗亚平一人涉贪上亿元，被称为"职级最低、数额最大、手段最恶劣的女贪官"，这在全国实属罕见。（新华网（广州）http：//news. 163. com/topnews，2010年9月27日14：42：07）

⑤ 法院查明，樊中黔在担任贵阳市国土、规划、建设部门负责人的十余年间，先后收受70多个开发商"礼金"上千笔，大肆受贿上千万元。（新华网（广州），http：//news. 163. com/topnews，2010年9月27日14：42：07）

续表

省份	案件	曾任职务
浙江省	郑宏峰案	丽水市国土勘察测绘规划院原院长
湖南省	余亚军案	郴州市规划局原局长
江西省	吴建华受贿案	新余市原市委常委
陕西省	葛雄案	中国华陆工程有限公司原董事长
海南省	曾清泉案	三亚市原市长助理
内蒙古	周玉案	赤峰市国土资源局原局长
浙江省	吴少雯案	杭州西湖区建设局副局长
河南省	王国华案	许昌市组织部长
广东省	陈寿斌案	韶关市国土资源局土地规划与耕地保护科原科长
辽宁省	罗亚平案	抚顺市顺城区国土资源局局长
河北省	史东升等案	石家庄国土系统腐败窝案①
吉林省	陈建设案②	松原市国土资源局局长
河南省	刘建国案	南召县县委书记
甘肃省	王先民案③	宕昌县县委书记
新疆	唐庆令案	乌鲁木齐市房产局局长
广东省	刘荣照和潘洪恩案	增城市副市长、市国土局局长
浙江省	龚义受贿案	义乌市国土资源原局长
新疆	张俊文受贿案	奇台县国土局局长
江西	易长征案	瑞金市国土局局长
山东省	王雁案	青岛市市长助理、原崂山区委书记

（著者根据相关资料整理）

（4）以下是本书不完全统计的曾任副地（厅）级以下职务（没有标明案犯姓名）的腐败案件④：

---

① 八官员虚报耕地建设用地指标并转卖骗取 6000 万元。（《法制晚报》2011 年 2 月 1 日）
② 陈在土地出让、工程发包、安排工作等方面为他人谋取利益，先后收受有关人员款、物折合人民币 1305.08 万元。（黄树辉：《第一财经日报》2011 年 4 月 20 日）
③ 王利用职务上的便利，非法收受他人财物 1053 万余元，同时对 349 万余元财产不能说明其合法来源。（黄树辉：《第一财经日报》2011 年 4 月 20 日）
④ 资料来源：新华网（广州），http：//news.163.com/topnews，2010 年 9 月 27 日 14：42：07；腾讯财经，http：//news.fz.soufun.com/more/166/1.html，2011 年 1 月 21 日 09：27；黄树辉：《第一财经日报》2011 年 4 月 20 日。

山东聊城国土资源局三官员相继获刑；

内蒙古赤峰3名贪官一审被判刑；

浙江台州国土局路桥分局原副局长受贿被判11年；

河北饶阳国土局贪腐窝案宣判，原局长获刑10年；

四川仁寿县国土局原局长受贿95万元被判刑10年半；

山西忻州原国土资源局局长受贿一审被判13年；

山西阳泉通报原市土地储备中心主任等人受贿案；

福建晋江市原国土局副局长受贿获刑13年；

江苏无锡国土局正副两局长疑涉腐败被免职；

重庆忠县国土局原副局长受贿19万元，获刑十年半；

辽宁一国土资源局长涉嫌敛财6000万元出庭受审；

浙江舟山市国土资源局副局长受贿被判刑11年；

安徽无为县原国土局局长被判8年零6个月；

湖北查处一批国土部门犯罪案件和腐败分子；

三门峡土地储备中心原主任代某受贿被判有期徒刑；

浙江景宁县国土局两任局长均因利用职务之便受贿落马；

安徽固镇县国土局原局长被判11年半；

四川省宜宾市翠屏区政府违法批地案；

湖北省宜昌市规划局等部门违规批准建设别墅、三峡鸿铭旅游地产开发有限公司违法占地违规建设高尔夫球场案；

福建省晋江市有关部门违法批准转让土地建别墅案；

湖南省郴州小埠古村生态园投资开发有限公司违法占地违规建设高尔夫球场案；

重庆市南川区中国海外集团违法占地案；

新疆丝绸之路户外体育健身有限公司违法占地违规建设高尔夫球场案；

安徽省马鞍山市南山开发公司南山坳铁矿越界采矿案；

山西省平定县晋东置业投资有限公司违法采煤案；

安徽利辛县国土局工作人员周文彬开通微博直播自首过程，牵出10余名腐败官员；

广东省深圳住建系统4人涉嫌受贿被查。

（5）以下是本书不完全统计的窝案案例：

浙江省 67 名 "土地爷" 被检察机关查处①；

江西省九江市国土系统腐败窝案②；

湖北黄冈 15 名官员和开发商涉房产腐败案③；

浙江省永康市国土资源局副局长陈放光案④；

广东省增城市土地腐败系列案的主要犯罪嫌疑人梁培堃被抓⑤；

海南最大土地腐败窝案⑥；

安徽省淮北市相山区南黎街道办事处土地征收拆迁领域中的腐败窝案⑦；

河南省国土资源系统自 2007 年以来便有 110 多名官员因贪污、受贿等被追究刑事责任，其中不乏一些窝案串案（据不完全统计）⑧。

（6）以下是本书选取的几例村镇基层干部与土地有关的犯罪案例：

①河北临城县黑沙二村千亩农地非法被征建房⑨。

---

① 黄宏：《浙江日报》2010 年 2 月 11 日。

② 2012 年 12 月，江西省瑞昌市国土资源局原局长舒明南因犯受贿罪、滥用职权罪，被九江市中级人民法院二审判处有期徒刑 10 年 3 个月。就在两个月前，九江市国土资源局土地利用科原科长张水生因犯受贿罪，被九江市浔阳区人民法院判处有期徒刑 13 年。初步核查后，市纪委成立调查组，以该举报信为线索，顺藤摸瓜，深挖细查，除张水生外，还查处了市国土资源局党组成员、土地储备中心主任叶金印，市国土资源局副调研员、瑞昌市国土资源局局长舒明南，星子县国土资源局局长周敏，瑞昌市国土资源局局长助理陈新宝等严重违纪违法案件。这是一起典型的国土系统窝案串案，牵涉人员众多，涉及面广，涉案人员中不仅有国土部门领导干部，还有数十个土地中介机构、房地产开发公司、工程建设公司及一些金融机构的工作人员。该案涉案人员共113 人，其中国土系统领导干部 44 人（处级干部 4 人、科级干部 31 人）；涉案金额 8000 多万元，暂扣违纪款 6800 多万元。（http：//www. ntlz. gov. cn/col/col37422/index. html，2013 年 7 月 2 日10：13：57）

③ 从 2012 年至今，黄冈有 15 名涉嫌房产开发行受贿官员、开发商投案自首。检察机关已对其中涉嫌犯罪的 10 人立案。（《东方早报》，http：//news. ifeng. com/mainland/，2013 年 05 月 12日 10：07）

④ 这是继 2006 年挖出永康市旧城改造拆迁安置一窝硕鼠后，反腐败的又一成果。就在一个月前，永康市房管会原主任梁新华、副主任吕争鸣因在旧城改造中犯滥用职权等罪，被永康市人民政府开除公职。（徐月蓉，拆迁大案落定一串贪官拿下，http：//www. jhnews. com. cn/jhrb/node_513. htm，2008 年 11 月 7 日）

⑤ 2006 年 12 月 15 日，广东省增城市土地腐败系列案的主要犯罪嫌疑人梁培堃被抓。随着梁培堃的落网，增城市荔城街道办事处主任黄士峰等多名在任或已退休官员被牵了出来。私营企业主与有关工作人员相互勾结联手作假，骗取国家闲置土地补偿资金 1.45 亿元。（黄金旺：《触目惊心的土地腐败》，《中国工人》2011 年第 1 期）

⑥ 资料来源：http：//bbs. ifeng. com/forumdisplay. php？fid＝349&filter＝type&typeid＝203。

⑦ 资料来源：《中国纪检监察报》，http：//www. lianzheng. cn/c34705/w10230901.asp，2012 年 3 月 26 日 14：58：27。

⑧ 陈曦、邱建军、李修乐：《打破土地腐败的 "魔咒"》，《中国纪检监察报》2013 年 6 月 27 日。

⑨ 资料来源：http：//dzh. mop. com/。

许多村民因为不同意交出承包地，齐喜国（村书记）带领社会闲散、劳教人员，拿着刀子在地头上威胁老百姓，晚上还派人去敲各家大门威胁。齐成群、苏巧云、齐建中、齐焕民、齐二马、张庆花等二十多位村民，先后都被齐喜国打伤，派出所、公安局包庇打人者，还让村民私了，村民多次向镇、县反映，一直无人来管。齐喜国一手遮天，说黑沙二村的地就是他自己家的，说收回就收回，根本没有征求过哪个村民的意见，理由是响应中央科学发展的号召。占地未经村民同意，征用土地程序不公开，企业占地既没有合法手续，也没有向村民公示征占土地的补偿标准及使用用途。他的行为纯属非法占有。村民到镇、县、市里，上访 20 多次，却没有人给一个说法。

②郴州查处土地领域系列腐败案，9 名原镇村干部获刑[①]。

郴州市苏仙区检察院历时三年侦查的苏仙区白鹿洞镇土地领域腐败系列窝案审结。这起系列腐败窝案，共有 9 人被立案查处，涉案金额达 1000 多万元。2011 年 3 月，苏仙区检察院接到群众举报称：2007 年，苏仙区白鹿洞镇企业办主任梁某金在四普庄村新农村建设过程中，有非法倒卖土地和贪污的行为。侦查员调查发现，开发商杨某于 2007 年 10 月 7 日在苏仙区信用社城东分社为梁某金存入了 18 万元的大额存款，情况异常。此外，苏仙区白鹿洞镇人民政府邓某、王某前、刘某伟、刘某芹、刘某清、段某勇、邓某娟 7 名国家公职人员利用职务便利单独或伙同他人，大肆收受开发商李某、王某、曹某、罗某、张某等 13 人的贿赂。他们还供出了苏仙区白鹿洞镇党委书记周某违纪违法问题。

③村官腐败新动：涉土腐败多发与开发商"互利互惠"[②]。

基层群众自治组织人员（主要指城市社区居委会管理人员和农村村组干部）是国家行政机器中的"末梢神经"。西安市雁塔区检察院提供的数据表明，在检察院受理的举报线索和查办的职务犯罪案件中，绝大部分都涉及社区、农村基层组织人员。伴随着社区管理职能的不断强化和城中村改造的快速推进，社区干部和"村官"手中的"权力"越来越大，经手管理的财物也越来越多，有的甚至动辄上亿元。向土地征用、土地开发、城中村建设是"村官"犯罪的"重灾区"。最新的作案手段是与开发商串通

① 资料来源：http：//www.xinmin.cn/，2013 年 6 月 5 日 12：42。
② 资料来源：《法制日报》2009 年 11 月 2 日。

实行"互利互惠"，侵犯村民的集体利益。西安市人民检察院反贪局副局长曲银海以 2004—2009 年西安市检察机关查办的 128 名"村官"职务犯罪案件为研究对象，总结出了这类人员的犯罪规律和特点。"村民小组长犯罪呈上升势头，土地征用、土地开发、城中村建设，以及农村资金管理、资源管理等环节是'村官'犯罪的重灾区。"西安市雁塔区检察院王艳文提出，"村官"职务犯罪发案地区大多为城市化建设步伐较快的城乡接合部地区，犯罪金额虽然不大，但是社会危害性大，影响面广。对于土地征用中的犯罪特点，西安市雁塔区检察院张波将其归纳为两点：一是从土地征用补偿费里"淘"，二是从集体土地征用款与承包款中"挪"。西安市雁塔区检察院检察员程琳则列举了新的作案手段——与开发商串通实行"互利互惠"，侵犯村民的集体利益。

④湖北武汉查办 12 村官，土地征用管理缺陷滋生腐败[①]。

截至目前，受理群众举报村官涉嫌职务犯罪线索 27 件，经初查立案 12 人，其中 10 人涉嫌贪污，2 人涉嫌挪用公款，均属村干部在土地征用补偿领域的职务犯罪。

案例：武汉鸿亚公司大洋彼岸二期工程需占用蔡甸区大集街塔尔山村集体所有的一块滩涂地，该村村支部书记张红兵安排村主任赵为华具体负责此事的协调工作。赵为华找到工程项目部，双方私下达成补偿 30 万元的协议。事后，张红兵、赵为华二人将其中的 22 万元侵吞。

案例：蔡甸区大集街某村村委会主任黄某与村理财小组组长杨某通谋后，以土地补偿款补少了为由，黄某以儿子的名义、杨某用自己别名，重复领取了土地补偿款 6.5 万元，后经黄某签字同意，在村财务上重复支出，予以侵吞。

案例：村官以购买商业保险为由变相将公款占为己有是他们"研究"出的一种新型手段。经查，包括张红兵、赵为华在内的 5 名塔尔山村"两委"成员，以解决村干部"福利"为由，擅自决定用土地补偿款在保险公司购买一款理财险。该险种可按保额领取保险金，还可享受分红。5 名村官以此种方式将 13 万余元补偿款予以侵吞。

3. 本书不完全搜集的各地强拆案件如下。

（1）强拆案件。

---

① 资料来源：《法制日报》2009 年 11 月 5 日。

年份	案件	概况
2008	辽宁本溪钉子户杀死暴力拆迁者事件始末①	2008年，辽宁本溪。华履房产以低廉补偿要求住户拆迁，并以掐电线、堵水井、打砸等方式强拆，拆迁过程中，张剑刺死拆迁人员，后来，张剑以"故意伤害罪"被判处3年有期徒刑，缓刑5年
2008	物权法难抗拆迁法规女业主用燃烧瓶抵抗强拆②	2008年，上海闵行区。上海机场集团兴建机场交通枢纽工程，计划拆除潘蓉480平米的四层楼房，潘蓉不满118万元的补偿，向推土机投掷"自制"汽油燃烧瓶，潘蓉夫妇被判处妨害公务罪
2009	6旬老人因拆迁补偿少22万元树上住3个月③	重庆奉节。因修建渝宜高速，陈茂国1200平方米房屋被推倒，双方理想补偿款相差22万元，老人爬上自家大树，抵御强拆，陈茂国在树上"安营扎寨"3个月，后来，陈茂国及其子以涉嫌聚众扰乱社会秩序罪被公安机关刑事拘留
2009	唐福珍死于愤怒，愤怒源于无力感④	成都金牛区。因修筑公路，强行拆除唐福珍夫妇投资700万元的综合楼，补偿217万元，因拒绝拆迁，唐福珍往身上泼汽油，自焚，最终唐福珍重三度烧伤并吸入式烧伤，不治身亡
2009	贵阳暴力拆迁居民气罐堵路 聚焦贵阳野蛮暴力拆迁事件⑤	贵州贵阳。数十名不明身份者携带钢管、撬棍和封口胶，破门而入，将正在熟睡的13名普陀巷居民强行拽入汽车，拖离现场。民警到场制止，而拆迁者继续指挥工人加快拆迁进度，居民用40罐液化气封堵路口，贵阳警方调集警力平息现场，刑事拘留24人
2009	安徽芜湖发生非法强制拆迁大案近200人强拆一民房⑥	2009年8月16日，安徽芜湖市鸠江区湾里镇合南社区方岗新村发生一起非法暴力拆迁案件，近200人将湾里镇合南社区方岗新村一房屋包围后，两台挖掘机将居民费八斤、王翠芳夫妇的合法房产非法毁坏
2010	河南郑州须水镇拆迁致人死亡⑦	2010年5月，阻止拆迁的商户陈先碧被挖掘机从二楼楼顶"扯下"，命丧当场。须水镇副镇长李文强来到拆迁指挥部。李文强称："这不是强制拆迁。"他了解到的情况是，"拆迁香锅里辣的邻居时，老板娘趁人不备，从亡"
2010	阜阳官员强拆致人死获刑开暴力拆迁问责先河⑧	2010年6月，安徽阜阳。由公权力主导的拆迁，其魄力之大，意志之不可违逆，令人坐立不安。接二连三的暴力拆迁及其引发的死亡事件，鲜有官员被问罪。此起事件被认为是开先河之举。法院认定，曹颍章在两起强拆事件中，犯有"滥用职权罪"，造成两家财产损失、导致一名市民服毒自杀成为植物人，并收受开发商贿赂。"植物人"指的是陈少坤，陈少远的三哥

① http://www.ptfish.com/portal.php，2010年10月8日22：44：06。
② 同上。
③ 同上。
④ 同上。
⑤ 同上。
⑥ 山东法制网，http://hexun.com/xwjdw/default.html，2010年1月25日19：42：23。
⑦ 同上。
⑧ 同上。

续表

年份	案件	概况
2010	农民田地搭炮楼自制"武器"炮轰百人强拆队①	2010年6月,武汉东西湖区。杨友德为了维护自己的合法权益,抵制开发商的非法强拆,自制了"火炮"进行抵抗,并且不断地改进和发明新式"武器",还在自家屋顶搭建了炮楼。老杨表示,一定要将维权进行到底
2010	武汉一暴力拆迁队刀砍3居民②	荆楚网2010年6月8日报道武汉市汉南区一民居拆迁惊现暴力一幕——一伙穷凶极恶的歹徒手持钢刀棍棒,追打不愿合作的屋主,场面触目惊心。潘道昌的父亲因不愿签拆迁协议被殴伤,当地警方介入调查,可就在调查民警离开不久,数名歹徒再次行凶,将老人的两个儿子和一名邻居砍伤。目前,拆迁公司在支付了部分医疗费后没有继续支付,伤者药费没了着落
2010	老战士父子自焚③	2010年3月27日,为阻拦强拆,江苏连云港市东海县68岁的陶惠西和92岁父亲陶兴尧自焚,陶惠西当场死亡,其父重伤,据称目前仍处于维持生命状态。由于陶兴尧是曾参加过解放战争的老战士,该事件更引起社会的广泛关注
2010	王广良被刺而死④	2010年4月8日,辽宁省抚顺市高湾区住建委主任王广良在组织强制拆迁过程中,被拆迁人杨义刺死。这是国内拆迁血案中拆迁方死者中职务最高者
2010	刘大孬驾车撞人⑤	2010年6月1日上午9时许,郑州市管城区十八里河镇南刘庄村的拆迁现场,村民刘大孬驾驶厢式货车撞向拆迁人员,致4死16伤。刘大孬投案自首后被捕,该案尚在审查起诉阶段
2010	抚顺截访命案宣判⑥	2010年9月30日,18岁的少年赵明阳因捅死暴力截访人员而被抚顺市中级人民法院一审判处有期徒刑八年,而庭审时,数百民众签名为其求情。该案暴露了当地村委会被黑恶势力把持,欺压村民的黑幕。事发于2009年10月9日,赵明阳随200多村民为拆迁补偿款的下落到开发区管委会上访途中,遭遇由小瓦村村书记臧军指使的一群社会人员截访,发生冲突。冲突中,赵明阳用手中的水果刀捅死李小龙。而事发前夜,李小龙及部分截访人员,拿刀闯入拟上访的村民家中,并将刀架到赵明阳母亲脖子上,警告其家人不得参与第二天的上访

---

① 山东法制网,http://hexun.com/xwjdw/default.html,2010年1月25日19:42:23。

② 同上。

③ http://bbs.ifeng.com/forumdisplay.php? fid=349&filter=type&typeid=203,2011年1月10日10:12。

④ 同上。

⑤ 同上。

⑥ 同上。

年份	案件	概况
2010	北海银滩强拆①	2010 年 10 月 10 日，北海市银海区银滩镇白虎头村外，建筑工人正在对包围白虎头村的围墙进行最后的合拢。围墙内还剩 50 余户村民拒绝拆迁，围墙外竖立着高档楼盘的广告。当天清晨 9 时许，由法院、公安、边防等多警种组成的执法队伍对位于银滩镇白虎头村的 3 幢建筑实施了司法强拆。据介绍，该项目涉及用地面积 4011 亩，分为拆迁改造区和安置回建区两大区域。工程总投资约 12 亿元人民币。工程项目房屋拆迁涉及银滩镇咸田和白虎头两个村委会、共 4 个自然村的拆迁户 1525 户，人口 5000 人，拆迁房屋建筑总面积约 21 万平方米，是北海城市建设房屋拆迁史上单次房屋拆迁涉及人口最多、拆迁建筑面积最大的一次
2010	昆明拆迁引起爆炸②	2010 年 8 月 20 日 12 时许，昆明高新区梁家河村城中村改造工程已拆迁的村民和相关工作人员与未拆迁 8 户村民进行交涉时，一幢房屋内发生液化气爆燃事件，造成 10 人受伤（4 人特重度烧伤，2 人重度烧伤，3 人中度烧伤，1 人轻伤）。经公安机关初步调查证实：爆燃系人为所致
2010	常州打死被拆迁人③	2010 年 9 月 1 日傍晚，位于常州武进湖塘中凉二村附近的一幢拆迁楼内，56 岁的被拆迁户盛有荣被打致小肠破裂、肋骨骨折，伤势严重。9 月 4 日凌晨，盛有荣不幸身亡。两名年轻男子行凶打人后迅速逃匿
2010	宜黄拆迁引发自焚④	2010 年 9 月 10 日，江西抚州宜黄县发生一起因拆迁引发的自焚事件，户主钟如奎的妹妹钟如琴、母亲罗志凤，大伯叶忠诚被烧成重伤。江西宜黄"9·10 事件"中被烧伤的 3 名拆迁户随后被送到南昌大学第一附属医院进行抢救，伤者叶忠诚（79 岁）因伤势严重经抢救无效死亡。钟如琴、罗志凤后被送往北京三〇四医院抢救已经脱离危险。相关部门对责任官员问责，包括原宜黄县委书记、县长在内的 8 名官员受到处分。处分人数与力度均超过嘉禾事件
2010	武汉拆违流血事件⑤	2010 年 11 月 16 日，湖北武汉黄陂区组织公安、城管、国土 2000 余名执法人员，对区内后湖村 80 余处、近 9 万平方米违建房实施强制拆除。村民龚泽林情急之下驾车冲向执法人群，撞伤 11 名城管执法队员
2010	五百村民黑暗中迎新年⑥	国务院办公厅《关于进一步严格征地拆迁管理工作切实维护群众合法权益的紧急通知》明确规定："对采取停水、停电、阻断交通等野蛮手段逼迫搬迁，以及采取'株连式拆迁'和'突击拆迁'等方式违法强制拆迁的，要严格追究有关责任单位和责任人的责任"。但是 2010 年 12 月 17 日，福建省莆田市秀屿区东庄镇秀屿村全村停电，全村变压器主线路和分叉线路全部被剪断，村民求助无门。五百余村民在黑暗中生活，至 2011 年元旦也没有恢复供电

---

① http://bbs.ifeng.com/forumdisplay.php?fid=349&filter=type&typeid=203，2011 年 1 月 10 日 10：12。

② 同上。

③ 同上。

④ 同上。

⑤ 同上。

⑥ 同上。

年份	案件	概况
2010	钱云会案①	浙江乐清蒲岐镇寨桥村人，2005 年当选村主任后，因土地纠纷问题带领村民上访。在 5 年的上访过程中，先后 3 次被投入看守所。2010 年 12 月 25 日上午 9 时许，乐清市蒲岐镇发生一起交通事故，导致一人死亡，死者随后被证实是钱云会
2010	郑州二七区强拆自焚案②	2010 年 11 月 3 日下午，郑州市组织约 300 多人的强拆队伍，来到王好荣位于嵩山路与二环路交叉口东北角的房屋，欲实施强拆。在与身上倒了汽油屋主王好荣和妻子周来勤对峙时，房屋着火，王好荣的母亲、81 岁的王刘氏被烧死
2011	四部委通报 6 起强拆典型案件③	2011 年 9 月监察部、国土资源部、住房城乡建设部、国务院纠风办最新通报了 6 起强制拆迁致人伤亡案件调查处理情况。6 起典型案件为：长春市强拆，被拆迁人被埋并窒息死亡，长春市市长公开道歉，朝阳区区长被撤职；盘锦市兴隆台区区长同意强拆致 2 人受伤，盘锦市兴隆台区区长被行政记大过；哈尔滨市呼兰区区长同意强拆致村民与强拆人员对峙，哈尔滨市呼兰区区长职务被免；湖北枣阳市一居委会主任组织人员强拆，湖北枣阳市委副书记被党内警告；唐山市路北区果园乡常各庄村主任授意强拆，唐山路北区副区长被行政警告；株洲市荷塘区法院组织强拆致人自焚死亡，株洲市荷塘区法院副院长被警告
2011	吉林省长春市朝阳区违法强拆致人死亡案④	长春市科信房地产开发有限公司在未与长久家苑棚户区改造项目中的 182 户居民签订补偿安置协议的情况下，于 2011 年 3 月 26 日与其委托的东霖拆除公司组织雇佣数百人、18 台钩机进入拆除现场，采取暴力手段对多栋楼房进行强行拆除，致使未及时撤离的被拆迁人刘淑香（女，48 岁）被埋而窒息死亡
2011	哈尔滨市呼兰区违法强拆案⑤	哈尔滨市呼兰区利民经济开发区袁家屯城中村改造项目中，截至 2011 年 1 月，共有 422 户村民签订了拆迁补偿安置协议，尚有 8 户村民未签订协议。3 月 28 日上午 7 时，区拆迁办、执法局等部门未经法定程序仅经呼兰区政府和利民经济开发区领导同意，组织 110 人、4 台钩机等，对未签订协议的 8 户村民房屋实施强拆。其间，3 名村民站在房顶与强拆人员对峙，并投掷汽油瓶。随后，群众与强拆人员发生冲突，多人受伤。这起经领导同意的强拆案件致多人受伤，黑龙江省纪委、监察厅决定免去刘志军呼兰区委副书记、区长职务

---

① http：//bbs. ifeng. com/forumdisplay. php? fid＝349&filter＝type&typeid＝203，2011 年 1 月 10 日 10：12。

② http：//blog. caijing. com. cn/wangcailiang，2012 年 1 月 9 日 19：40：04。

③《羊城晚报》2011 年 9 月 11 日。

④ http：//blog. caijing. com. cn/wangcailiang，2012 年 1 月 9 日 19：40：04。

⑤ 同上。

年份	案件	概况
2011	株洲市荷塘区法院组织强拆致人自焚死亡案①	2011 年 4 月 22 日凌晨 5 时许，荷塘区人民法院组织对汪家实施强拆，强拆人员破门而入，汪家父子爬上屋顶，并将汽油倒在身上阻止强拆。在强拆现场的株洲市人大常委会副主任曾侃融召集有关人员研究了长达三个小时却未作出撤退强拆队伍的决定。8 时 40 分，汪家正引燃身上汽油，从楼顶滚落。4 月 30 日，汪家正经抢救无效死亡
2011	宁波江北区法院"4·28"强拆案②	2011 年 4 月 28 日，宁波市江北区人民法院在没有提供周转安置的情况下组织千余人、各种车辆近百台强制腾退甬江街道姚江村八户村民居住多年的仓库房屋，并在此过程中引起冲突，后法院强制传传五十余人，司法拘留十一人，5 位农民被指控涉嫌妨害公务罪并被起诉
2011	辽宁省盘锦市兴隆台区违法强拆引发伤人案③	辽宁省盘锦市兴隆台区拆迁办在只与圣潮足道馆所在 4 层小楼的房屋产权所有人魏军签订补偿装修款协议，未按照有关规定与承租人签订补偿协议的情况下，于 2011 年 5 月 2 日凌晨，未经申请人民法院裁定强制执行，报经区政府分管领导同意后，组织区城市管理综合执法大队人员和民警对圣潮足道馆实施强拆。承租人持刀阻止强拆人员进入，砍伤 1 名协警和 1 名强拆人员
2011	江苏灌云违法强拆致房主自焚案④	2011 年 5 月 13 日上午 9 时 30 分左右，灌云县侍庄乡组织工作人员前往陆庄村强拆村民陆增罗搬出暂住的二层违建楼房时，陆增罗点燃屋内汽油，当场死亡
2011	长沙岳麓区假借建医院之名强拆企业案⑤	2011 年 5 月 30 日 6 时许，湖南长沙市岳麓区城管大队数百人未经征收补偿强拆长沙市星城家俱实业有限公司厂房近万平方米。经查，强拆该企业仅是为了建设"洋湖医院"项目，而拆迁的是占地达数平方公里的众多企业和农民住宅之一。然而，根据"长沙大河西先导区洋湖垸控制性规划图"，"洋湖医院"规划图显示所在地位于坪塘镇，距离星城家俱 5.5 公里。这是长沙市岳麓区以拆违代替集体土地上房屋征收拆迁的典型案例。半年多过去，人们发现，该被拆迁指挥部公告为"国内面积最大的医院"项目子虚乌有，拍卖开发流拍，土地在长荒草，企业和农民的房屋却被损毁
2011	山西朔州市朔城区强拆血案⑥	2011 年 6 月 23 日下午 2 点左右，朔城区人民法院组织法警和工作人员 50 余人到朔城区府东街，对居民吴学文的房屋进行强制拆除，并与吴学文及其母亲、妻子、儿子发生对峙。朔城区住房建设局局长刘志秀与该局职工钟卫爬上房顶，在夺下吴学文手上的刀后被吴学文从腿间抽出的匕首捅伤，钟卫经抢救无效死亡。而吴学文、乔香莲及儿子吴瑞曹被带回朔城区法院。下午 4 点多，三人由法院移交到公安机关。24 日下午 3 点 56 分，乔香莲被送到了朔城区人民医院进行抢救，晚上 7 点 23 分，乔香莲死亡

---

① http://blog.caijing.com.cn/wangcailiang，2012 年 1 月 9 日 19：40：04。

② 同上。

③ 同上。

④ 同上。

⑤ 同上。

⑥ 同上。

年份	案件	概况
2011	兰州城管违法强拆冲突案①	2011年7月26日，兰州市城关区组织城管执法队数百人未经法定程序对庙滩子旧城改造工程实行强拆而与村民发生冲突。冲突中数十人受伤，其中苗文晓等11名执法人员受伤。次日凌晨，警察出动，马忠亮、毛卫国等17位村民抓捕后对其提起公诉，这成为国内目前最大规模的针对钉子户的起诉案件。关于这一做法是否合法和符合以人为本的治国理念，国内法学界和司法实务界颇有争议
2011	江西抚州爆炸案：疑犯遭强拆上访无果②	2011年5月26日上午9时29分，江西省抚州市临川区行政中心西楼遭受炸弹袭击发生爆炸，这是当日3起连环爆炸案中第二个遭到袭击的地点。事件中，行政中心的两名保安应福、何海根身亡，中心西楼的外墙大面积损毁。一个是上访户，一个是地方官，双方的命运因征地拆迁产生交集。最终，前者以一种特殊的方式，做了一件让后者"用1000万元都无法了结的事"，并伤及无辜

（著者根据相关资料整理）

（2）湖南嘉禾拆迁事件简介③。

①项目由来。嘉禾县珠泉商贸城是于2002年9月经原国家国内贸易局商业网点建设开发中心批准设立的全国商业网点建设示范项目，是嘉禾县的重点招商引资项目。总投资2.5亿元，占地189亩，第一期投资1.5亿元，建筑面积7万平方米，占地面积89亩，拆迁涉及居民372户。

②事件过程。2003年元月，此项目在嘉禾县第十四届人大第一次会议通过，此后获得郴州市政府批准成为全市重点工程。开发商珠泉商贸城置业有限公司是北京的一家公司。珠泉商贸城所涉拆迁房屋，其中20世纪80—90年代建的占49.1%，90年代后建的占21.3%，而70年代前建的只有26.6%，70—80年代建的仅2.96%。

2003年7月，珠泉商贸城开工仪式在县城新建的体育馆举行。当天在体育馆旁，几条醒目的横幅上有如下字样："坚持服从和服务于县委、县政府重大决策不动摇。""谁不顾嘉禾的面子，谁就被摘帽子。谁工作捅不开面子，谁就要换位子。""谁影响嘉禾发展一阵子，我影响他一辈子。"为了使拆迁工作顺利推进，县委、县政府办于2003年8月7日联合下发"嘉办字（2003）136号文"，这份文件提出了具有株连性质的"四包""两停"政策。文件要求全县党政机关和企事业单位工作人员，做好珠泉商贸城拆迁对象中

① http：//blog. caijing. com. cn/wangcailiang，2012年1月9日19：40：04。

② 《南都周刊》2011年6月16日。

③ 新华网，http：//www. sina. com. cn，2004年6月4日20：44。

自己亲属的"四包"工作。所谓"四包"是指，包在规定期限内完成拆迁补偿评估工作、签订好补偿协议、腾房并交付各种证件、包协助做好妥善安置工作，不无理取闹、寻衅滋事，不参与集体上访和联名告状。136号文件规定，不能认真落实"四包"责任者，将实行"两停"处理——暂停原单位工作、停发工资。这一政策出台到后来被废止的9个月里，至少有4对夫妻离婚，6名公职人员被降职、解聘或调离工作岗位，另有4人接到了"调令"。

2004年3月23日，湖南省人大常委会办公厅以公函的形式，要求嘉禾县政府"应纠正错误行政行为，切实维护群众的合法权益"。但2004年5月1日前，县政府仍向余下的拆迁户下发强行拆迁通知——5月10日将对拆迁户停水停电；5月15日如有任何个人不在协议上签字，将实施强行拆迁方案。此前的4月21日，嘉禾县政府对李会明房屋实施强制拆迁，县人民法院出动200多人参与强拆行动。当天，李会明、李爱珍夫妇和陆水德三人站在房顶上抵制拆迁，被警方带走，数天后，三人均被处以拘留，罪名分别为"暴力抗法"和"妨碍公务"。李会明之子李湘柱，原广发乡政府公安特派员，因未完成"四包"任务已被免职。

2004年4月底5月初，一些媒体介入此事。2004年5月8日，《新京报》率先以《拆迁引发姐妹同日离婚》为题，报道了嘉禾县珠泉商贸城拆迁事件。与此同时，中央电视台《东方时空—时空连线》、《经济半小时》、《共同关注》等栏目组的记者也先后进驻嘉禾县，就此事展开调查报道。在媒体报道之后，湖南省和郴州市的土地管理、城市建设和监察等省市两级部门，派出联合调查组进驻嘉禾县，展开全面调查。报纸对此事进行了曝光之后，嘉禾县委、县政府于5月11日联合下发"嘉办字〔2004〕37号"通知，宣布取消"四包""两停"政策。

5月13日和14日，央视《时空连线》栏目接连两天播出了关于嘉禾拆迁一事的报道，其中报道了关于医生李静因未完成"四包"任务被远调县城的事实。但在央视记者准备往北京转送节目内容时，郴州市有关部门下发通知禁止任何单位协助央视转送节目，以至于他们不得不连夜驱车赶往广东。从嘉禾采访回京的央视记者表示，他们刚到嘉禾，县委、县政府就已驻守宾馆等着他们，以至于此后的采访"全是在政府官员的'监督'下进行的"。

③竞标情况。1.5亿元的项目，只有一家公司参加竞拍，在没有竞争对手的情况下轻松取得土地使用权。耐人寻味的是，珠泉商贸城建设用地

的土地出让时间为 2003 年 9 月 30 日，但是该工程的正式开工时间却是 2003 年 7 月，这就意味着，开发商未拥有土地合法使用权就已开工建设。

④土地价格。据《嘉禾县县城规划区基准地价及国有土地有偿使用费征收规定》，嘉禾县珠泉商贸城一期工程用地所在位置，是嘉禾县一类用地，其商业用地基准价是 1500 元/平方米，最低的也是每平方米 900 元。但一些拆迁户提供给记者的《国有土地使用权公开交易成交确认书》显示，该项目一期工程每平方米土地的成交价是 808 元，每平方米比市面上的最低价格降低了 92 元，如此计算这片土地总价格是 4808.576 万元。而嘉禾县国土资源管理局副局长夏社民证实，上缴给县级财政仅占 210 万元的 30%，即 63 万元。这相当于原本价值 4800 万元的 1.3%。这样算来，每平方米只是 100 元的转让金，这个土地就给了开发商，而最后 100 元当中的 70% 又返给了开发商，也就是说，开发商拿了 30 元钱就买到了 1 平方米土地的使用权。

⑤处理结果。对嘉禾县房屋拆迁中损害群众合法权益问题，中央高度重视。根据国务院领导的批示，湖南省政府、建设部联合调查组通过深入细致的调查取证工作，基本查明主要违法违规事实。调查表明，这是一起集体滥用行政权力、损害群众利益的违法违规事件。嘉禾县珠泉商贸城是一个以商业营业用房为主的房地产开发项目。嘉禾县在未进行规划项目定点的情况下，为开发商发放《建设用地规划许可证》；先办理《建设用地批准书》，再补办土地使用权挂牌出让手续；在开发商未缴纳土地出让金的情况下，发放《国有土地使用证》。在缺乏拆迁计划、拆迁方案和拆迁补偿安置资金足额到位证明等要件的情况下，为拆迁人发放《房屋拆迁许可证》；在没有按规定程序举行听证的情况下，对 11 户被拆迁人下达强制拆迁执行书。在项目实施过程中，县委、县政府滥用行政权力强制推进房屋拆迁，先后对 11 名公职人员进行了降职、调离原工作岗位到边远乡镇工作等错误处理，并错误拘捕李会明等 3 人。

6 月 4 日，国务院总理温家宝主持召开国务院第 52 次常务会议，同意了湖南省对嘉禾县珠泉商贸城建设中违法违规相关责任人员的处理意见。认定"这是一起集体滥用行政权力、违法违规、损害群众利益并造成极坏影响的事件"。

⑥遗留问题。"嘉禾事件"的遗留问题并没有因为国务院处理决定的出台而得到解决，事件所造成的各种利益冲突和矛盾仍在加剧。珠泉商贸城已成了一个名副其实的"烂摊子"。原来热闹繁华的市场变成了一片瓦

砾，周边的门面也变得冷冷清清。

4. 村民因征地问题上访典型案例。

截至 2005 年，中国失地或部分失地农民的数量在 4000 万—5000 万人左右，且这一数字以每年 200 万—300 万的速度递增。照此速度，在未来 20—30 年的时间里，中国失地农民将会增至 1 亿人以上[①]。据国研中心的调查显示，征地之后土地增值部分的收益分配中，投资者拿走大头，占 40％—50％；政府拿走 20％—30％；村级组织留下 25％—30％，而农民拿到的补偿款，只占整个土地增值收益的 5％—10％，这种格局引发冲突及社会不稳定性[②]。因征地引发的农村信访已占全国农村信访的 65％以上[③]。

（1）山东菏泽非法占耕地数千亩，村民上访被拘捕[④]。

韩庄村村民告诉记者，2004 年，佃户屯办事处党委书记突然下发通知，说国家要征用他们的耕地，一亩地按 1.2 万元补偿。"但最后却发现，他们不是在征地，而是在挖土，并且打着给高速公路用土的旗号，其实他们把土挖出来后直接卖给了砖瓦厂，所以只要最上面 3 米左右的土，因为烧出来的砖好！"因为挖出地下水，所以 3000 余亩良田才变成了一个千疮百孔的"人工"浅湖。记者通过层层调查发现，以租代征、非法占有耕地，在菏泽已不是什么新鲜事件。沿菏泽市开发区驱车走一圈，可以发现大量被圈起来的土地，有的甚至正在砌围墙，还有的由于圈起来后未开发，已经长满了荒草。在菏泽市开发区长江东路，记者看到一些人正在一片耕地处砌围墙。据旁边的村民讲，他们所在的张神店村的 2000 多亩耕地，被所属的岳程办事处租赁给了某公司，给他们的补偿标准是每年每亩 1500 斤小麦。在菏泽市开发区丹阳办事处大马庄村，村民反映共有 2500 余亩被租赁，价格为 800 元/亩/年。村民们向记者反映，2002 年 4 月 16 日下午，丹阳办事处以国家征地为名，用推土机推平了 5 个生产队的所有耕地，麦苗及树木、苗木被毁，该片土地闲置了很长时间。村民们又在该地上种了庄稼，结果又被丹阳办事处用推土机推了个"光头"。

---

① 温铁军：中国失地农民将超 1 亿，http：//opinion. hexun. com/2012 年 12 月 5 日/148701100. html，2012 年 12 月 05 日 07：24。

② 同上。

③ 张岳顺：《农民上访的行动逻辑和政府行为选择——善治语境下的农民上访消解研究》，《中共云南省委党校学报》2009 年第 6 期。

④ 来源：《中国商报》，东北新闻网，http：//news. nen. com. cn/72344609522450432/index. shtml，2006 年 10 月 31 日 16：11：11。

据了解，根据有关法律法规规定，各类开发建设活动需要占用农民集体农用地的，都必须符合土地利用总体规划，纳入土地利用年度计划；用于非农业建设的，必须依法按规定办理农用地转用和土地征收审批手续。但是，目前一些地方政府和部门规避法定的农用地转用和土地征收审批及缴纳有关税费，通过租用农民集体土地进行非农业建设，擅自扩大建设用地规模。针对"以租代征"现象，国土资源部要求，未依法进行农用地转用审批，国家机关工作人员批准"以租代征"的，按非法批地从重处理；单位和个人擅自"以租代征"的，按非法占地和擅自出租农民集体土地用于非农业建设从重处理。通过调整土地利用总体规划规避国务院基本农田占用审批的，按非法批地处理；违反国家产业政策或供地政策供地的，按非法批地处理；擅自占地或骗取批准占地的，按非法占地从重处理。

（2）浙江三门强征农地乱象迭出①。

章正迭原是三门县海游镇城北村的村长。据他介绍，从 2003 年起镇里陆续以各种名义征用城北村的土地，村里的良田开始被强行毁坏，章正迭不断向上级举报，却多次被打。遭到暴力对待的不只是章正迭老人，有多位当地村民向记者表示曾遭到殴打。

为了核实村民举报的相关情况，记者来到三门县国土资源局要求查看有关农用地转建设用地的审批手续，经过多次交涉，县国土局仅仅出示了海游镇城北村 4 个项目 7.1 公顷（合 106 亩）农用地土地的征用审批文件。记者从这 4 个项目的征用审批文件中看到，这 4 个项目属于三门县 2007 年到 2009 年的计划指标建设用地项目，规划用地性质多为居住用地。审批文件中包括《浙江省建设用地审批意见书》、《建设项目选址意见书》、《土地利用现状局部图》、《征地补偿协议》，但没有提供城北村的表决书。

章正迭明确地告诉记者，他从未在征地表决书上签字。记者在村里遇到了数十位村民，他们也均表示从未在征地表决书上签字。记者在三门县接到的数份举报材料还声称，镇里甚至伪造过村主任和村书记的签名，签署其他村里的征地表决同意书。

根据《国土资源听证规定》，村民对拟定的征地补偿标准、安置方案有要求举行听证的权利。但三门县国土局表示，在这四个项目中，他们全都没有收到当事人提出听证申请，故视为放弃听证。多位村民向《经济参

---

① 施智梁，地产中国网，http：//house. china. com. cn/land/column＿70. htm。

考报》记者表示，他们从未接到听证告知书。

记者在当地采访期间还收到海游镇、亭旁镇、沙柳镇、珠岙镇等数个三门县大镇的多位村民的举报，据他们估算，有约上千亩农保田被非法征用，手法和海游镇的情况类似。

（3）政府占地涉嫌违轨大庆村民上访千多次无果[①]。

6 年间，大庆村民上访了 1359 次。在村民名下的住宅 352 亩；实际拥有使用权的耕地只有 564.4 亩，人均仅为 0.27 亩；全体村民的草原、水面沼泽地使用权已全部失去。"荒地"被政府"租用"，打着开发旗号占地，失地农民如今无地可种、无鱼可捕、无牧可放、无工可打。

58 岁的农民王忠成给了记者一沓《上访日记》，一共 9 本。记录的是他及他们村许多农民这些年来每一次的上访经历。王忠成做了一个《永泉村民逐年上访的经历次数》统计：

2000 年到 2004 年，永泉村村民上访代表 6 人到镇、区、市人民政府等 11 个相关部门反映问题共计 160 次；2005 年到 2006 年，永泉村村民上访代表 7 人到镇、区、市人民政府等 25 个相关部门反映问题共计 1100 次；2005 年到 2006 年，永泉村村民上访代表 14 人到省政府 10 个相关部门反映问题共计 82 次；2000 年到 2006 年，永泉村村民上访代表 9 人前往北京，到相关部门及中央级媒体反映问题共计 17 次；从 2000 年到 2006 年 10 月，永泉村村民累计上访 1359 次。

村民们根据 2000 年大庆市土地管理局修测的《大庆市农村地籍图》测算认为，永泉村的土地总面积应该是 22947 亩，其中住宅占地 412 亩，耕地 4419 亩，草原 8612 亩，水面沼泽地 9504 亩。村里的绝大部分农地均位于村子的北边与东边。

目前在村民名下的住宅占地 352 亩；实际拥有使用权的耕地只有 564.4 亩，人均仅为 0.27 亩；属于全体村民的草原、水面沼泽地的使用权已经全部失去了。

根据村民们提供的资料，这个村庄在 1964 年之前，拥有耕地 3666 亩。20 世纪 70 年代到 80 年代曾经通过开荒增加了 800 亩左右。也就是说，这个村庄在近 40 年的历史中，总计有过耕地 4419 亩。但是经过 40 多年的"工业化"、"城市化"开发，目前实际在村民手里的耕地只有 564.4 亩，是

---

① 《中国经济时报》，http://news.hsw.cn/zgbd08,/2006 年 12 月 27 日 10：26。

当年土地总数的 1/10 多一些。

那么，永泉村的土地是如何流失的呢？

第一次流失：石油大会战指挥部占耕地 600 亩。20 世纪 60 年代初，大庆发现了石油，于是中国政府将发展石油工业作为大庆经济与社会发展的核心任务，"一切为石油开发让路，一切为石油开发服务"。1964 年石油大会战指挥部一纸文件，将还属于黑龙江省绥化地区安达县永泉大队的 600 亩耕地划走。

第二次流失：大庆石化总厂占耕地 1155 亩。1973 年，大庆石化总厂建设化肥厂（简称大化），当时的黑龙江省革委会发布了文件，不仅一次性征用永泉村耕地 1155 亩，而且还征用了这个村的林地 32.4 亩、荒地 1209 亩。

第三次流失：开发商占地 60 亩。1999 年，由镇政府实施的小城镇建设工程中，将村北的部分村民居住区进行拆迁，占用村里的住宅地 60 亩。

第四次流失：镇政府"租用" 2000 亩。2000 年及 2001 年，镇政府分别与村里签署两份合同，将当时属于村里的最大一块 2000 亩耕地全部租用，租期达 30 年之久。

至此，全村 4000 多亩耕地中的绝大部分被企业与政府占用。

二 财富极化

1. 收入分配、贫富差距概况。

（1）中国。

国际公认的基尼系数是衡量一个国家贫富差距或居民收入差距的主要指标。联合国有关组织规定，一个社会的基尼系数的值小于 0.2，为收入分配绝对平均；0.2—0.3 为收入分配比较平均；0.3—0.4 为较为合理；0.4—0.5 为差距较大；大于 0.5 为差距悬殊。基尼系数超过 0.4 就进入了贫富或收入差距拉大的黄灯区。我国 20 世纪 80 年代的基尼系数在 0.2—0.3 之间，存在着平均主义倾向。90 年代以来，我国基尼系数呈迅速扩大的趋势，2000 年升至 0.414。据中国人民大学和香港科技大学的联合调查，2004 年中国的基尼系数已达 0.53。另据 2004 年联合国人类发展报告的数据，中国的基尼系数已高达 0.45—0.53，高于美、英、德、日、法的 0.3—0.4，接近俄罗斯、伊朗的 0.46—0.53，低于巴西和南非的 0.59。改革开放前，中国人基本上都是穷人。目前，资产超过 10 亿美元的中国富豪已达 146 名；中国亿万富翁超过 1.8 万人；千万富翁超过 44 万人；百万富翁约占人群总数的 3.3%。这些数据都表明，改革开放以来我国居民贫富差距拉得过快、过大①。

前不久国家统计局公布了近 10 年的中国全国居民收入的基尼系数引起诸多争论②。根据公布结果，中国全国居民收入基尼系数 2003 年是 0.479，2004 年是 0.473，2005 年是 0.485，2006 年是 0.487，2007 年是 0.484，2008 年是 0.491；2009 年是 0.490，2010 年是 0.481，2011 年是 0.477，2012 年是 0.474。这个数据显示，2008 年以后基尼系数开始逐步回落，表明中国整体收入差距开始缩小③。这一官方数据与 2012 年底西南财经大学（Southwestern University of Finance and Economics）研究人员发表的一项调查结果不相符。那项调查发现，中国的基尼系数已在 2010 年大幅升至 0.61，远高于世界银行（World Bank）在 2005 年发表的 0.425，使中国接近世界上一些最不平等的国家，如南非；中国最高收入 10% 的家庭在总收入中的比例为 57%，最高收入 5% 的家庭收入占总收入的 44%——这一水平明显偏高，不仅高于美国 49%、巴西 45% 的水平，即使国内一直诟病的拉丁美洲国家，平均也仅为 40% 左右④。而在一份发表于 2010 年、得到广泛引用的报告中，中国经济改革研究基金会国民经济研究所副所长王小鲁试图掀开面纱。他发现，中国最富有的 10% 城市家庭拥有金额巨大的隐性收入⑤，

---

① 范昌年：《我国收入分配差距现状原因与对策》，http://yingyu.100xuexi.com/HF/jj/fazhanjingjixue/。

② 由于国家统计局在 2000 年公布最后一个官方数据：0.414，以后长达 13 年没有再发布其基尼系数。2013 年 1 月 18 日，国家统计局一次性公布了自 2003 年以来十年的全国基尼系数，相信是为了回应此前民间统计的资料。

③ 权衡：《收入分配：重要的不仅仅是基尼系数》，上海社会科学院研究员 http://www.ftchinese.com/story/001049262? page＝1，2013 年 03 月 06 日 07：31 AM。

④ 徐瑾：《收入分配改革与藏富于民》，英国《金融时报》，http://www.ftchinese.com/story/001047500＃adchannel＝NP_Other_story_page，2012 年 11 月 15 日 07：39 AM。

⑤ 大量的灰色经济必然会产生大量的灰色收入。而在大量的灰色收入当中，人数少却居于优势位置的社会群体必定会占据一个高比例的份额。这样一来，中国社会的贫富差距问题必定会被加重。现在公布的中国基尼系数一般为 0.46 左右。如果再将灰色收入的因素考虑进去，中国目前的基尼系数当在 0.5 以上。正如经济学家刘国光所指出的那样，已公布的基尼系数，难以计入引发人们不满的不合理、非规范、非法的非正常收入。如果把这些因素计算在内，则基尼系数又会加大，在原来 0.4—0.5 之间又上升 0.1 左右，即比现在公布的基尼系数增大 20% 以上。另外，2003 年，中国人民大学与香港科技大学的合作调查也显示，大陆的基尼系数是 0.53 或 0.54 左右（吴忠民：《中国经济时报》，http://view.news.qq.com/a/20060810/000051.htm，2006 年 07 月 10 日 17：00）；北大的一项社会调查显示，中国家庭贫富差距高达 234 倍。有学者指出，若将高收入家庭，尤其是中国官员的存款、灰色收入及转移到海外的钱都算上的话，中国的贫富差距比 234 倍还高；贫富差距巨大是政策造成的。北京大学"中国社会科学调查中心" 18 号发布的《中国家庭追踪调查》报告显示，2012 年收入最低的 5% 的家庭收入总和占所有家庭总 （转下页）

他们的实际年收入达到官方数据的 3 倍多①。此外，国民经济研究所调查发现，最富裕 10％人群的人均收入达到 9.7 万元人民币，为最贫穷 10％人群收入的 65 倍。在该机构 2005 年进行的研究中，这一比率为 55 倍。而国家统计局 2008 年计算得出的这一比率也达到 23 倍，足以使中国的基尼指数排名（贫富悬殊的衡量标准）与美国不相上下。非官方的数据意味着中国的贫富悬殊达到了南美国家的程度②。中国青年报社会调查中心近日进行的一项调查显示，98.3％的人感觉和十年前相比，贫富差距变得更大了③；84.6％的人认为，目前的这种贫富差距，已经让人不能接受④。

据 2009 年福布斯中国财富排行榜统计，前 400 名富豪中，房地产商占 154 名；在前 40 名巨富中，房地产商占 19 名；在前 10 名超级富豪中，房地产商占 5 名。房地产行业已经成为中国财富的主要集中地。中国社会科学院研究员唐钧认为，房地产业的基本要素就是土地，卖房子实际上是卖土地。而对于土地，按现行土地用途管理政策，政府和房地产商既是"垄断买方"，又是"垄断卖方"，一方面从农民手里低价征地，另一方面向群众高价售房。房地产业产生的级差暴利，除了地方政府财政收入外，都被

（接上页）收入的 0.1％，而收入最高的 5％的家庭收入占所有家庭总收入的 23.4％。收入最低的 5％的家庭人均收入为 1000 元，收入最高的 5％家庭的人均收入为 34300 元。234 倍的贫富差距已经相当惊人，但实际的中国贫富差距更大（（http：//club. china. com/data/threads/1011/）；中国经济改革研究基金会国民经济研究所副所长王小鲁长期研究"灰色收入"问题，几年前，他曾对全国几十个市县的 2000 多名不同收入阶层居民的家庭收支情况做了调查，发现部分高收入居民存在大量"隐性收入"。调查证明，城镇居民收入中没有被统计到的收入估计高达 4.8 万亿元，遗漏主要发生在占城镇居民家庭 10％的高收入户，占全部遗漏收入的 3/4（新华网，我国贫富差距正在逼近社会容忍"红线"，http：//news. sohu. com/s2005/shishi. shtml，2010 年 05 月 10 日 09：44）。

　　① 欧阳德：《中国贫富差距在缩小？》，英国《金融时报》，http：//www. ftchinese. com/story/001048586＃adchannel＝NP_Other_story_page，2013 年 01 月 21 日 07：35 AM)

　　② Lex：《灰色收入突显中国贫富差距》，英国《金融时报》，http：//www. ftchinese. com/story/001034205＃adchannel＝NP_Other_story_page，2010 年 08 月 20 日 06：13 AM。

　　③ 有人算过一笔账，按照年收入人民币 625 元，相当于每天生活费 1.71 元，而在沿海城市，一碗米饭的价格是 2 元，也就是说，在中国不住房、不穿衣，每天能吃上大半碗米饭就算脱贫了。如果按人均年净收入 865 元人民币为贫困线标准计算，全国的贫困人口就增加到 9000 万人。将 865 元人民币分成 12 个月，每月 72 元，即每天开支不足 2.5 元人民币，而在沿海城市，2.5 元也就是一瓶矿泉水的价钱。也就是说，每天有超过一瓶矿泉水的收入和生活开支也算是"脱贫"了。这些仅靠价值一瓶矿泉水的生活资料维持生存的所谓"脱贫"人口被"保障"过了吗？（朱卫华，贫富差距现实面前，岂能掩耳盗铃！光明网，http：//view. news. qq. com/a/20060811/000060. htm，2006 年 08 月 11 日 12：53）

　　④ 《第一财经日报》，http：//view. news. qq. com/a/20060811/000071. htm，2006 年 08 月 08 日 14：30。

少数房地产商拿走了。唐钧说，随着房价暴涨，"没有房子的人"已被远远甩出财富形成的大门之外。不可再生的矿产资源也被少数人占据、利用并迅速暴富。在全国产煤大县山西左云，近年来这里诞生了数以百计、身家亿万的"煤老板"，但当地农民人均纯收入只有 4359 元，比全国平均水平还低 400 多元。"资源要素分配不公，加剧了社会财富的分配不公。"国家发改委宏观经济研究院常修泽教授说，这与我国矿产资源产权制度缺失有很大关系，突出表现在资源价格成本构成不完全，资源税额低、开采成本低、不承担环境恢复责任……这是"煤老板"超常致富的"秘诀"，也是分配手段调节失灵、贫富差距拉大的"症结"①。

根据香港地区政府统计处 6 月中旬出版的一份最新报告（《二零——年人口普查主题性报告：香港的住户收入分布》）显示，在过去的十五年里，香港收入最低及最高的住户数目双双增加，中等收入住户比例却逐年萎缩，家庭收入差距显著走向两极化。分析显示，全港每月家庭总收入高于 6 万元的住户比例，由 1996 年的 6.9％ 显著增至 2011 年的 12.2％，达 28.75 万户；月入 4000 元以下的住户比例由回归前的 6.7％ 增至 9.1％，达 21.4 万户。而月收入 1 万元至 4 万元之间的所谓中产家庭住户，却由 61.2％ 跌到了 52.8％。（注：1996 年数据来源于香港政府统计处《二零零六年中期人口统计主题性报告：香港的住户收入分布》）

虽然由于香港的人口调查缺乏社会流动性（social mobility）方面的数据，并不可得出贫者愈贫的结论，但香港的贫者愈多，却是事实。从基尼系数［按原本住户每月收入（original monthly household income）计算］来看，香港已经由 1981 年的 0.451 增加至 2011 年的 0.537。香港 2011 年的贫穷人口亦超过 120 万人，是自 2001 年以来的第二高数字，贫穷率为 17.8％。贫穷住户数目则为 46 万户，为过去十年来最高数字（根据香港政府的定义，贫穷人口指生活于低收入住户的人口，而低收入住户指按不同住户人数划分，收入少于或等于全港相同人数住户入息中位数一半的住户，2011 年按住户人数划分入息中位数一半的数额为，一人家庭：3450 元、二人家庭：7500 元、三人家庭：10575 元、四人或以上家庭：12875 元）。虽然香港家庭月收入中位数，已经由 1996 年的 17500 元增加至 2011

---

① 我国贫富差距正在逼近社会容忍"红线"，新华网，http://news.sohu.com/s2005/shishi.shtml，2010 年 05 月 10 日 09：44。

年的 20500 元，增幅达 17.1%，但香港同期间的通胀率却也高达12.5%[①]。

台湾地区最高 10% 与最低 10% 人口个人所得金额的差距，20 世纪 90 年代初为 19 倍，2002 年达到 39 倍，最富有的 20% 家庭拥有全地区财富的41%，最低收入的 20% 只拥有 6%。2006 年，台湾"行政院主计处"有一份"最新家庭收支调查"说，过去 5 年，台湾 23 个县市中，13 个县市的家庭越来越穷。陈水扁的家乡台南县，一位老太太因为欠债，亲手杀死两个孙子然后自杀。难怪国民党首脑连战如此讥讽陈水扁，说正是他，使台湾"贫富差距拉至最大"[②]。

（2）国外。

美国国会预算办公室（CBO）在近来一份有趣的调查中指出，收入最高的 1% 人口——平均税后实际家庭收入在 1979—2007 年间增长了275%[③]——占总收入的比例已达到了 17%[④]。而对于收入最高 20% 人群中的其他人而言，平均税后实际家庭收入增幅为 65%。处于中间的 60%（21% 至 80%）人口，平均税后实际家庭收入增长略低于 40%。最贫困的20% 人口，平均税后实际家庭收入增幅为 18% 左右。根据加州经济学家伊曼纽尔·赛斯（Emmanuel Saez）的估算，2008 年，美国最富裕 1% 人口的收入下降了 19.7%，而剩下 99% 的美国人的收入则下降了 6.9%。但皮

---

①　严飞：《贫富悬殊扩大下的 M 型香港》，英国《金融时报》，http：//www. ftchinese. com/story/001045542＃adchannel＝NP _ Other _ story _ page，2012 年 07 月 18 日 05：49 AM。

②　《国际先驱论坛报》2004 年 2 月 13—19 日。［转引自唐宴《贫富两极分化全球化——新自由主义全球化别名考》（下），http：//globalview. cn/old. htm］

③　这些趋势中最重要的是：市场带给少部分人的回报，与大多数人的所得相比，差距有所拉大。美国国会预算办公室（Congressional Budget Office）最近的一份研究显示，剔除通胀因素后，中产阶级的收入仅增长了 40%。即使是这个令人沮丧的数字，也对一般美国人的处境有所美化，因为无法找到工作或放弃寻找工作的人数也增加了。1965 年，25—54 岁的男性公民中，只有二十分之一没有工作，而到 2020 年底，即使周期性经济复苏来临，这个比例也可能会达到六分之一。（美国国家经济委员会前主任、哈佛大学教授劳伦斯·萨默斯：《如何缩小贫富差距？》，英国《金融时报》，http：//www. ftchinese. com/story/001041960 ＃ adchannel ＝ NP _ Other _ story _ page，2011 年 11 月 29 日 07：20 AM）

④　《经济学人》杂志（The Economist）的詹尼·明顿·贝多斯（Zanny Minton Beddoes）在近期的一篇文章中写道："这个世界上的大多数公民，目前生活在富人阶层与其他社会群体间的差距较上一代显著扩大的国家中。"这一趋势在西方最为显著。贝多斯指出，在美国，"最富裕 1% 人群在国民收入中所占比重，由 20 世纪 70 年代的 8% 增长至 2007 年的 24%，增了两倍"。（吉迪恩·拉赫曼：《仇富情绪蔓延全球》，英国《金融时报》，http：//www. ftchinese. com/story/001046028＃adchannel＝NP _ Other _ story _ page，2012 年 08 月 15 日 06：07 AM）

尤研究中心（Pew Research Centre）的一项调查显示，三分之二的美国人认为，政府过去两年的政策，是以牺牲穷人和中产阶级的利益为代价来帮助富人①。经合组织（OECD）表示，"在过去 30 年收入增长中，大部分落入了美国最富有人群的囊中。"此外，该机构还指出，这些收入增加的部分大多流向了企业高管和金融从业人员的腰包。过去 20 年中，英美两国在上述两方面表现得都十分相似。比如说，不平等状况在荷兰和德国要轻微得多，而法国则在过去 20 年里基本上没有加剧。2005 年，最顶端 1% 人群占税前收入的比例，荷兰为 5.6%，丹麦和瑞典为 6.3%，加拿大为 12.7%，英国为 14.3%，而美国为 17.4%。政策和社会偏好——尤其是顶层人群在股票相关回报和金融服务业所扮演的角色方面——造成了非常大的差异②。而在超级富豪群体中，最顶级富豪的表现甚至更为出色。1990 年至 2005 年间，收入最高的 1% 的富豪所占的收入比例增长了 2.3%，而其中整整两个百分点流向了收入最高的 0.1% 人群③。

在坦桑尼亚首都德累斯萨拉姆，一位当地官员说：你可以看到穷人有多穷，却不知道富人有多富。饥饿的失业者到处流浪。有一个埋在垃圾堆里的铁皮屋，月收入 2 万先令（合人民币 200 元），已经算是小康了。但是铁皮屋包围着的，却是 9 层的希尔顿饭店和价值上百万美元的别墅；在那里来往和定居的，要么是外国人，要么是本国的权贵富商。

法国一家报纸写到塞内加尔，那里一方面耸立起有白色围墙、一座比一座花哨的别墅，街道上拿着手机的花花公子无所事事地来回游荡，另一方面是拥挤着的乞丐人群。"富人越来越富，穷人越来越穷。多数塞内加尔人并没有感到生活条件有什么改善。"④

博茨瓦纳的主要经济收入来自旅游业。但是所有旅游服务设施都属于外国人。大商店老板、旅馆饭店经理、大小厂家和公司经理，直到高级技术人员，基本上都是白人。20% 的人拥有全国 80% 的财富，5% 的人拥有

① 如今崇尚低调"贪婪"，吉莲·邰蒂，英国《金融时报》，http://www.ftchinese.com/story/001035079#adchannel=NP_Other_story_page，2010 年 10 月 19 日 06：23 AM。

② 马丁·沃尔夫：《英国比美国更平等？》，英国《金融时报》，http://www.ftchinese.com/story/001042509#adchannel=NP_Other_story_page，2012 年 01 月 04 日 07：12 AM。

③ 克里斯·贾尔斯：《危机让富人更富？》，英国《金融时报》，http://www.ftchinese.com/story/001039586?page=1，2011 年 07 月 14 日 06：06 AM。

④ 《塞内加尔在失望中走出危机》，法国《回声报》1998 年 1 月 5 日。［转引自唐枭《贫富两极分化全球化——新自由主义全球化别名考》（下），http://globalview.cn/old.htm］

全国 75％的牛羊，80％的穷人却一无所有。部长月薪 1 万普拉以上，工人最高 800 普拉，牧童则为 25 普拉，折合 20 千克玉米面。

南非种族隔离制度的最大特征，是巨大的贫富差距。1994 年结束这种隔离制度，然而那里不仅白人和黑人之间的差距，而且黑人之间的差距，都在继续扩大。据 2000 年的数字显示，白人占总人口的 20％，其收入高于占人口 76％的黑人。在黑人的全部收入中，20％最富裕者拥有 58.9％，20％的贫困者只占 2.6％。得到好处的是黑人资本家，黑人贫民则更为贫困。从 1991 年到 1996 年，最贫困的 40％黑人家庭的收入，减少了 20％[①]。

《福布斯》和《世界财富报告》提供的世界富人名单中，无论百万富翁还是亿万富翁，几乎每年都会增加亚洲人的名字。2005 年的《世界财富报告》就写着，亚洲地区 2004 年百万富翁 180 万人，比 2001 年增加 10 万人，他们的资产总额达到 5.7 万亿美元。然而亚洲是世界贫困人口最多的地区。全球 70％的贫困人口在亚洲。他们每日的生活费用不足 1 美元。更多的人也仅仅 2 美元。大约 19 亿人的生活费用与世界贫困线齐平或者低于这个贫困线。这个数量，已经超过第二次世界大战以前亚洲人口的总数。1997 年金融危机使一些国家社会动荡、经济凋敝、出现严重衰退，受害者首先是下层人民。然而危机尚未过去、国家尚未走出困境，1998 年，亚洲拥有 100 万美元以上资产的富人们的资产，又增加了 10％，达到 4.4 万亿美元[②]。

韩国 1994 年在 13—24 岁青少年中进行过一个调查，83.7％的人认为"贫富差距很大"，85.9％的人认为"富人应该交纳更多的税"，88.4％的人认为"贫富差距问题比南北统一问题更为重要"[③]。

世界银行培植和支持泰国的这样一种发展战略："故意把农民的生存支柱抽空"。这是英国"圈地运动"的 20 世纪泰国版。城市的两极分化已经十分严重，农村人则把儿子送去打工，把女儿送去当妓女。于是在经济的快速增长中两极分化愈演愈烈，人口中 20％的富有者控制国民收入的

①《南非：贫富差距仍然很大》，法国《热带与地中海市场》周刊 2000 年 8 月 4 日；路透社约翰内斯堡 2000 年 2 月 8 日电。[转引自唐枭《贫富两极分化全球化——新自由主义全球化别名考》（下），http：//globalview.cn/old.htm]

②《新亚洲的两个阶级：富人和穷人》，香港《亚洲新闻》周刊 1999 年 8 月 27 日。[转引自唐枭《贫富两极分化全球化——新自由主义全球化别名考》（下），http：//globalview.cn/old.htm]

③《消除贫富差距比统一更重要》，韩国《经济人》周刊 1994 年 12 月 7 日。[转引自唐枭《贫富两极分化全球化——新自由主义全球化别名考》（下），http：//globalview.cn/old.htm]

56%，底层的40%只占12%到17%①。

印度1976年人均收入为150美元，排名世界第13位。新自由主义入侵的印度，以信息产业闻名于世，主要是西方媒体好话连篇，真要算起账来，经济增长速度不能说不快，自己的人民却并未受益。印度百万富翁、亿万富翁不断见于《福布斯》和《世界财富报告》。2004年世界第三富翁拉克希米·米塔尔即印度人，家产250亿美元。他的一处豪宅价值1.2亿美元，女儿婚礼耗费6000万美元。然而印度贫困人口不仅在亚洲，而且在全球都首屈一指。3亿印度人每日生活费不足1美元。孟买郊区有世界最大的贫民窟，生活着全国70%的贫民。1/3农村人口得不到清净的水，50%儿童营养不良。印度经济学家、诺贝尔经济学奖获得者阿马蒂亚·森说得不错：“即使有100个班加罗尔和海得拉巴，仅靠它们的力量也不可能解决印度顽固的贫困问题和深层次的不平等问题。”②

俄罗斯人口中最富10%同最穷10%的年收入之比，1991年为4.5倍，1992年为8倍，1999年为13倍，2003年为14倍。俄罗斯科学院院士、莫斯科大学第一副校长弗·伊·多博列尼科夫2003年10月27日在中国社会科学院报告举出的数字是：1999年，俄罗斯最富10%人口与最穷10%人口的收入之比，已经达到80倍。这就出现俄罗斯经济部2003年公布的数字：5%的富人掌握全国75%的银行存款，71%的人口掌握3%的存款，40%的家庭几乎没有存款。直到2005年，另一位院士利沃夫指出，西方国家收入低于平均收入的人在总人口中的比重大约为20%，俄罗斯为80%，人数达到1.15亿。按照可比价格计算，目前俄罗斯人的平均工资还没有恢复到苏联时期的水平③。

2. 穷国、富国差距加大。

随着经济全球化加速发展，世界穷国和富国之间的差距不断加大，贫穷国家负债累累，不堪重负。据统计，目前全球仍有10亿人生活在极端贫困线以下，160个发展中国家的总债务已高达2.5万亿美元。沉重的债务

① 威廉·格雷德：《资本主义全球化的逻辑》，社会科学文献出版社2003年版，第440、443页。[转引自唐枭《贫富两极分化全球化——新自由主义全球化别名考》（下），http://globalview.cn/old.htm。

② 《当全球化将民众抛下》，美国《国际先驱论坛报》2006年2月12日。[转引自唐枭《贫富两极分化全球化——新自由主义全球化别名考》（下），http://globalview.cn/old.htm]

③ 《俄罗斯社会贫富分化日益严重》，法国《欧洲时报》2005年4月16—18日。[转引自唐枭《贫富两极分化全球化——新自由主义全球化别名考》（下），http://globalview.cn/old.htm]

负担成为制约发展中国家摆脱贫困、实现自身发展的主要因素之一。其中，非洲的贫困问题尤为突出①。

据经济历史学家的研究统计，19 世纪初，在世界上最富和最穷的国家之间，人均实际所得的比率是 3∶1，1900 年是 10∶1，到 2000 年则上升到 60∶1。1870 年，英美两个最富裕的工业国家的人均收入大约是最贫困国家的 9 倍。可是，到 20 世纪末，美国的人均收入是乍得和埃塞俄比亚的 45 倍；从全球范围看，1870 年 17 个最富裕国家的人均收入平均是其他国家的 2.4 倍，到第二个千年结束时，已上升到 4.5 倍。

现今，世界人均国民生产总值为 4890 美元；其中高收入国家为 25730 美元，而撒哈拉以南国家仅为 500 美元。有关资料统计，占全球人口不到 1/5 的发达国家，控制着世界总产值的 3/4，而占全球人口 3/4 的发展中国家，仅拥有世界总产值的约 1/5。北方富、南方穷是当今世界的一个显著特点。在科技飞速发展的时代，由于发达国家拥有世界总产值的大多数份额，在国际分工体系中又处于主体和支配地位，因此在国际竞争中占据有利位置。且发达国家还是国际金融、贸易等方面"游戏规则"的制定者和操纵者，主要的国际经济组织实际上也是由发达国家控制。南北差距还有进一步拉大的趋势②。

采用汇率尺度计算，世界上最富的 20％人口的收入与最穷的 20％人口的收入比率从 1970 年的 33.7∶1 扩大到 1999 年的 70.4∶1；最富的 10％人口与最贫穷的 10％人口的收入比率从 1970 年的 51.5∶1 扩大到 1999 年的 127.7∶1。按美元购买力平价计算，1993 年，全世界最富的 1％人口的收入相当于最穷的 57％人口的收入；全世界最穷的 10％人口收入仅是最富的 10％人口收入的 1.6％。联合国贸发会议发表的《2002 年度最不发达国家报告》指出，全球最贫穷的 49 个国家的人民经济状况继续恶化。每天生活费用不到 1 美元的人数已达到 3.07 亿，到 2015 年会增加到 4.2 亿。据世界银行《2003 年世界发展报告》，目前世界上最富裕国家的平均收入已经是最贫穷的 20 个国家的 37 倍。富国和穷国之间的差距及生活在脆弱土地上的人口总数在过去 40 年都增加了 1 倍。联合国大学世界发展经济研究

① 于希，国际在线，http：//gb.cri.cn/3821/2005/06/15/401@584586.htm，2005 年 6 月 15 日 15：04：53。

② 王和兴：《南北差距还有进一步扩大的趋势》，http：//news.anhuinews.com/system/2002/05/10/000014850.shtml。

所发布的《全球家庭财富分配情况》报告显示，世界财富分配极不均衡。2000 年包括家庭财产和金融资产在内的全球财富人均为 2.05 万美元。但最富有的 1% 成年人口拥有世界财富的 40%，最富有的 10% 成年人口拥有世界财富的 85%。而世界底层的半数人口仅仅拥有世界财富的 1%。从区域分布来看，财富高度集中在北美、欧洲和亚太地区高收入国家，这些国家拥有全球财富的 90%，从人口分布来看，北美、欧洲及亚太地区高收入国家的人口相对较少，却拥有世界财富的大多数。相反，人口众多的中国、非洲、印度和其他亚洲低收入国家只拥有较少的世界财富份额[①]。

20 世纪五六十年代，发达国家收入集中的程度在稳定下降，这一趋势一直持续到 70 年代中后期。此后，这种趋势在大多数国家或地区已经中止或逆转。只有爱尔兰和意大利的不平等程度一直在下降，并延续到 1992 年。目前，经济合作与发展组织（OECD）国家按美元购买力平价计算的人均收入已达 22000 美元，但也有 1.3 亿以上的人收入微薄，3400 万人失业，成人半文盲率为 15%。在 OECD 国家中，从 20 世纪 80 年代末期至 90 年代末期，除丹麦有所下降外，其他 OECD 国家的收入差距都不同程度地扩大了。各国的工资差距也呈扩大趋势。20 世纪 70 年代后期到 90 年代中期，在大多数经合组织国家中，位于第 10 个百分位与第 90 个百分位劳动者之间的工资差距逐渐扩大。美国工人的收入差距增长了 29%，比其他国家收入差距的增长幅度都要大，同时，英国也增长了 27%，新西兰增长了 15%，意大利增长了 14%，加拿大增长了 9%。一些国家收入差距扩大较小，如荷兰仅增长了 3%，法国增长了 1%。只有两个国家的差距在缩小：挪威减少了 4%，德国减少了 6%。由此可见，绝大多数 OECD 国家工资分配不平等程度在扩大[②]。

欧盟统计局在 18 日公布的一份统计报告中，把欧盟 25 国分为 254 个地区，并以"人均国内生产总值（GDP）"（以实际购买力来计算）来衡量相互间富裕程度的差异，结果发现，最高的英国伦敦中心区，以人均 6 万欧元高居榜首；而最低的波兰 Lubelskie 地区，仅为 7200 欧元。欧盟最富和最穷的地区，相差达到了 9 倍。根据统计数据，西欧地区才是真正欧盟

---

① 我国贫富差距正在逼近社会容忍"红线"，新华网，http：//news. sohu. com/s2005/ shishi. shtml，2010 年 05 月 10 日 09：44。

② 《全球收入分配差距扩大及其原因分析》（上），《教学与研究》，http：//www. sinosure. com. cn/sinosure/xwzx/rdzt/tzyhz/gjxsfx/default. html。

的财富所在，名列前茅的 4 个富裕地区：英国伦敦中心、比利时布鲁塞尔首都大区、卢森堡和德国汉堡，都属于西欧。而 2004 年新入盟的东欧国家，则成了西欧的"穷亲戚"，其中以波兰最"穷"——有 16 个地区的人均 GDP 低于欧盟平均水平的 75％。2004 年欧盟东扩，由 15 国扩大为 25 国，人口增加了 20％，而国内生产总值只增加 5％。东扩后欧盟的人均 GDP 则减少了 12.5％[①]。

1990 年以来，东欧和独联体国家的收入大幅度下降。16 个国家的人均收入都出现了下降，其中，有 4 个国家下降了一半以上。俄罗斯收入下降的趋势在 20 世纪 90 年代末极其明显。在 1995 年收入最高类别的家庭中，到 1998 年由将近 60％下降到较低的等级，7％下降到收入最低的等级。2000 年，最富裕的 20％人口占有全部收入的 51.3％，最贫困的 20％人口占有全部收入的 4.9％；基尼系数达到 0.456。最近几年，转型国家的收入分配差距又发生了一些新的变化。俄罗斯的收入分配差距已经缩小，而中国的收入分配差距仍在扩大。2007 年，世界银行发布了两份报告。第一份是关于俄罗斯经济状况的报告，报告指出，俄罗斯经济增长是符合穷人利益的经济增长。第二份报告是世界银行于 2007 年 12 月 1 日发布的《贫困评估报告》的初步研究结果，报告显示 2001—2005 年，中国 10％贫困人口的实际收入下降 2.4％[②]。

世界银行的经济学家通过分析发现，在中国经济高速发展的同时，中国的穷人更加贫穷了，不是相对贫穷，而是绝对贫穷。世界银行说，中国的贫穷人口已经不再集中在一些特定的地区，而是分散在全国各地。新的调查结果显示，中国贫穷人口中超过半数的人不是生活在官方划定的穷困村庄，现在的贫困人口不仅分布在农村地区，而且已经蔓延到城市，在各个发达地区和发达的城市均有存在[③]。

拉丁美洲和加勒比是世界上收入分配差距最大地区。除了乌拉圭和阿根廷之外，在 20 世纪 50 年代早期，拉丁美洲的基尼系数在 0.45—0.60 之间变动，成为当时世界上基尼系数最高的地区。20 世纪 70 年代，除了采

---

① 《欧盟的穷国与富国：254 个地区贫富差距高达 9 倍》，浙商网，http：//www.zjsr.com/，2006 年 05 月 23 日。

② 《全球收入分配差距扩大及其原因分析》（上），《教学与研究》，http：//www.sinosure.com.cn/sinosure/xwzx/rdzt/tzyhz/gjxsfx/default.html。

③ 同上。

取新自由主义极端改革的几个国家外，这一地区的大多数国家的不平等程度有所缓解，而到了 80 年代后期所有大中型拉美国家的收入集中度都超过了 50 年代早期。在具有 20 世纪 90 年代数据的 20 个国家中的 13 个国家，最穷的 10％人口的收入不到最富的 10％人口的收入的 1/20。巴西是世界上收入分配差距最大的国家。1995 年巴西的基尼系数为 0.601，1997 年为 0.591。1995 年最穷的 20％家庭占有全部收入的 2.5％，最富有的 20％家庭占有 64.2％；1997 年其相应数据分别为 2.6％、63.0％。墨西哥的收入分配差距仅次于巴西。基尼系数由 1992 年的 0.503 上升为 1996 年的 0.519。最穷的 20％家庭占全部收入的比重由 1992 年的 4.1％下降为 1996 年的 4.0％；同期，最富的 20％家庭的收入由 55.3％上升为 56.7％[①]。

日本的平等神话已经破灭，收入分配差距急剧扩大。长期以来，日本被认为是平等社会，日本对此引以为豪，至少日本被认为是与欧美资本主义具有不同性质的国家。也就是说，大家都相信，与欧美各国相比，日本的收入分配平等性高，并没有太大的贫富差距。在日本，大企业给人们提供终身职业，相对工资几乎完全取决于资历而非个人的技能或价值，人们的收入差距比美国小 50％。这种收入分配格局到 20 世纪 80 年代后期至 90 年代前半期倒转了过来。从原始收入上看，日本的基尼系数 1980 年为 0.349，1992 年上升为 0.439[②]。

20 世纪 60 年代，东亚和东南亚地区相对均衡的收入分配格局被经济学家称为库兹涅茨倒 U 形假设的一个"例外"。这些经济体在 20 世纪 60 年代经济迅速增长的同时，收入分配并没有恶化，反而得到明显改善。在 1965—1966 年间，亚洲"四小"经济体家庭收入的基尼系数，新加坡为 0.498、中国香港特别行政区为 0.467、中国台湾地区为 0.358、韩国为 0.344。1981—1982 年间，新加坡、中国香港特别行政区、中国台湾地区和韩国的基尼系数分别为 0.443、0.453、0.308 和 0.357。期间，除韩国有所上升外，其他经济体的收入差距都是趋于缩小的。但是，20 世纪 80 年代中期以后，上述经济体的收入差距出现了逆转。1984 年新加坡的基尼系数上升到 0.474。中国台湾地区的基尼系数从 1953 年的 0.558 下降到

---

① 《全球收入分配差距扩大及其原因分析》（上），《教学与研究》，http：//www. sinosure. com. cn/sinosure/xwzx/rdzt/tzyhz/gjxsfx/default. html。

② 同上。

1964 年的 0.321。1964—1970 年，居民收入的基尼系数进一步下降，从
0.321 下降到 1980 年的 0.277。然而从 1980 年开始，随着人均收入的快速
增长，基尼系数也开始上升，从 1980 年的 0.277 上升到 1993 年的 0.316。
20％最高收入家庭与 20％最低收入家庭比率 1960 年为 8.72 倍，1970 年为
4.58 倍，1980 年为 4.17 倍，1985 年为 2.50 倍。但进入 20 世纪 90 年代
以来收入分配差距迅速扩大。到 2001 年，最穷的 20％家庭占有全部收入
的 6％，最富的 20％家庭占有全部收入的 41％，两者之间的差距由 1991
年的 4.97 倍扩大为 6.39 倍[①]。

据西班牙《起义报》2013 年 7 月 23 日报道，由于资本主义政治的激
进化，最近 20 年世界最富的人的收入增加了 60％。300 个最富的人积累的
财富超过 30 亿穷人的财富。这是英国经济学院教授、反对不平等斗争的规
则运动的顾问杰森·希克尔日前说的。经济学家希克尔引用非政府组织牛
津饥荒救济委员会最新的一份研究报告说，"我们引用这些数字是因为它
向我们提供一个清楚的和给人印象深刻的比较：最富有的 200 人拥有近
2.7 百亿亿（10 的 18 次方）美元，超过 35 亿人的总收入（2.2 百亿亿美
元）"。该研究报告题为"世界财富的不平等"表明在不同的国家随着时间
的推移社会不平等增加的情况。在殖民地时期，富国和穷国的差距为 3：1
至 35：1，从那时以来，两者的差距增加到 80：1。希克尔认为，上述差距
的增加部分是由于国际机构，如世界银行、国际货币基金组织、世界贸易
组织等最近几十年来强加给发展中国家的新自由主义经济政策的结果。
"这些政策的设计是为了用强力使市场自由化，目的是为跨国公司空前地
得到廉价的土地、资源和劳动力。但是代价很高：穷国每年失去它们国内
生产总值的 5000 亿美元"[②]。

3. 城乡、区域差距加大。

（1）城乡差距。

数据显示：中国城镇居民人均可支配收入与农民人均纯收入之比从
2000 年的 2.79：1 扩大到 2008 年的 3.31：1，行业间差距创造新高达到了
15 倍之多。居民收入的基尼系数 2000 年超过 0.4 的国际警戒线之后，呈

---

① 《全球收入分配差距扩大及其原因分析》（上），《教学与研究》，http：//www. sinosure. com. cn/sinosure/xwzx/rdzt/tzyhz/gjxsfx/default. html.

② 管彦忠，人民网—国际频道，http：//news. eastday. com/gd2008/world/index. html，2013 年 7 月 24 日 03：06。

不断扩大的趋势，2008 年达到 0.47，而目前正向 0.5 靠近①。

中国社会科学院在北京发布的 2013 年社会蓝皮书——《2013 年中国社会形势分析与预测》显示，中国收入分配不平等程度总体上仍在继续提高，城乡居民收入差距有反弹的风险。我国是世界上城乡收入差距最大的国家之一，城乡差距大是收入分配结构失衡的最突出体现。蓝皮书提示，2011 年，城镇居民家庭人均收入是农村居民家庭人均收入的 3.13 倍，比 2010 年有所缩小。但 2012 年 1—9 月城镇居民家庭人均收入实际增长幅度同比明显提高，农村居民家庭人均现金收入实际增长幅度同比则有所回落，按照这种态势，2012 年城乡居民收入差距确实有反弹迹象，值得关注。中国是世界三个城乡收入比高于 2 的国家之一，而世界绝大多数国家城乡人均收入比小于 1.6。1980—2010 年，中国城乡收入比，由 1.8 升到了 3.23，而这两年由于农产品价格上涨、外出务工人员最低工资增加和城市职工尤其是城市公务员和事业单位员工工资没有调整等原因，这个比率有所下降。但这种下降恐怕很难说明城乡收入差距在缩小，现在这种下降又有反弹的风险②。

当前中国的城乡差距主要表现在七个方面：城乡居民收入差距、城乡教育差距、城乡医疗差距、城乡生活消费差距、就业差距、政府公共投入差距和社会保障差距。①城乡居民收入差距。城市居民收入增长速度远远快于农村。从改革开放到 2009 年，城镇居民家庭人均可支配收入增长到 17175 元人民币，而农村居民的人均可支配收入只有 5153 元人民币。可见，农村居民收入的增长速度远远落后于城市，非常缓慢。城乡居民收入之比成扩大趋势。改革开放以来，我国城乡居民收入差距经历了一个先缩小后扩大、再缩小再扩大的过程。近年来，在国家采取多种惠农措施的情况下，城乡收入比例已经从改革开放之初的 2.55∶1，扩大到 2009 年的 3.33∶1③。②城乡教育差距。城镇居民的总体受教育程度远远好于农村。

---

① 易鹏：《难以缩短的贫富差距》，北京大学人力资本研究所研究员，http：//www. ftchinese. com/story/001037464 # adchannel＝NP＿Other＿story＿page，2011 年 03 月 14 日 11：18 AM。

② 王昕晨：《中国城乡收入不平等问题严重收入差距有反弹风险》，http：//finance. eastday. com/economic/m1/20121218/u1a7071246. html，2012 年 12 月 18 日 19：26。

③ 如果把农村居民收入被高估的水分挤掉，把城镇居民享有的各种隐性福利和优惠折算成收入，那么，城乡居民事实上的收入差距在 6 倍左右。经济发展水平同我国大体相当的国家，城乡居民收入差距大体上是 1.7 倍。按照世界银行的有关报告，世界上多数国家城乡收入的比率为 1.5∶1，中国是世界上这一比率超过 2 的三个国家之一。难怪有人说中国的"城市像欧洲，农村像非洲"。城乡差距对当前我国收入差距的贡献占 30%—40%。（国家统计局课题组，2006）

2006 年城镇高中、中专、大专、本科、研究生学历人口的比例分别是乡村的 3.4 倍、6.1 倍、13.3 倍、43.8 倍、68.1 倍，尤其是大专以上的人口，城乡之间存在巨大差距。相对城市来说，农村教育升学率明显偏低。城市已经普及了九年义务教育，小学升入初中的比例已经达到 98％ 以上，而农村还有 10％ 左右的学生由于各种各样的原因不能或不愿升入初中。农村教育基础设施、师资等方面和城市相比有很大差距。在农村，义务教育阶段的学校基础设施落后，很多必要的教学设施没有能够得到及时的更新换代，在一定程度上影响了农村教育的发展。③城乡医疗差距。农村医疗卫生设施条件差，难以满足人们的需求。农村医疗设施陈旧、设备老化，医疗卫生人才缺乏、流失严重，由于公共卫生供给短缺，医疗价格大幅度攀升，农村不少地方出现了因病致贫、因病返贫的现象。农村医疗保障制度不健全，参与医疗保险的比例低。2004 年城市居民没有任何医疗保障者比例为 32.3％；小城镇居民没有任何医疗保障者比例为 59.9％；农村居民没有任何医疗保障者比例为 79.4％。④城乡生活消费差距。城乡居民的人均消费水平差距较大，城镇消费的增长快于农村。2009 年农村居民消费 28833.6 亿元，占比 23.8％；城市居民消费 92296.3 亿元，占比 76.2％。从人均消费量上分析，2009 年城镇居民年人均消费性支出为 15025 元，农村居民年人均生活消费支出为 4021 元，城镇居民消费高出农村水平 11004 元。同时从居民消费增速的角度看，城镇居民消费水平的提高也快于农村。城乡居民消费结构差异明显。农村居民的消费是为了满足日常所需，而城市居民更多是为了追求更高层次的生活水平。2009 年，城市恩格尔系数为 36.5％。农村恩格尔系数为 41％，比城市高 4.5 个百分点。⑤城乡就业差距。城乡就业结构存在明显差距。农村居民主要的就业方向是务农及外出打工，而城市居民有多种就业渠道，就业前景良好。农村失业人口高于城市。2009 年城市劳动人口的登记失业率为 4.3％，农村劳动人口的失业率没有人计算得出，抛开进城务工的 1.3 亿劳动力不算，留在农村 4 亿劳动力的利用率也只有 50％ 左右。由此可见，农村现在还有大量失业人口。城市居民的就业环境优于农村居民的就业环境。农村进城务工人员的工作环境差，不能得到应有的待遇。⑥城乡政府的公共投入差距。国家财政资源在城乡之间分配严重不公平。国家各级财政用于农业的支出占财政支出的比重，1978 年为 13.43％，1980 年为 12.20％；1989—1994 年在 9.2％—10.26％ 之间；1995—1999 年，除 1998 年由于增发国债达到

10.69％外，其余年份在 8.23—8.82％之间；2000—2003 年则从 7.75％降至 7.12％，2004 年上升到 8.28％。2009 年固定资产投资，城镇为 193920.4 亿元，占比 86.3％，比上年增加 30.4％；农村为 30678.4 亿元，占比 13.7％，比上年增加 27.3％。在处理农村与城市关系问题上，仍存在"重城轻乡"的观念，甚至以牺牲农民利益来换取城市和工业的发展。⑦城乡社会保障差距。养老保险制度的差距方面，城镇企业职工养老保险制度与农村社会养老保险制度的一个很大区别在于，前者强调风险共担，较多地体现了社会保险原则；后者突出个人的养老责任，以土地保障和家庭保障为主[①]。

（2）区域差距。

东、中、西和东北四大区域是中国区域的总体划分，也是区域政策的作用对象，由于四大区域之间在自然、地理及经济基础等多方面存在显著差异，其经济发展水平也有着较大的差别。人均 GDP 相对水平的变化清楚地反映了四大区域整体发展水平的相对变动趋势。1990 年以前，东北地区的人均 GDP 水平高于东部地区，但 1978—1990 年东北地区相对于东部地区的人均 GDP 水平不断降低，中部和西部地区相对于东部的人均 GDP 水平也略有下降。1990—2000 年，东部地区相对于其他地区的差距明显扩大，1990 年东北、中部、西部地区人均 GDP 水平分别相当于东部的 1.01、0.57 和 0.53，到 2000 年分别为 0.76、0.45 和 0.40，相对于东部地区的人均 GDP 水平有显著降低。2000 年以后四大地区的人均 GDP 水平之比的变化比较小，2006 年东北、中部和西部地区相对于东部地区的比分别为 0.66、0.45 和 0.40。2009 年东北、中部和西部地区相对于东部地区的比分别为 0.7、0.49、0.45，有所回升。从增长速度看，20 世纪 80 年代四大地区的人均 GDP 增长率互有高低，没有明显的差别。但 1990 年以后，东部地区的经济增长速度明显快于其他地区，尤其是 20 世纪 90 年代前期，这种区域间增长率的差距比较大，如 1990—1997 年间，东部地区增速高于其他地区 3.1—5.1 个百分点。2000 年以后东部地区增长速度仍然普遍高于其他地区，但差别显著缩小。2006 年，西部、中部、东北地区的增长速度都略高于东部地区。

总之，从数据的比较看，中国四大区域之间的差距在 20 世纪 80 年代

---

① 资料和数据来源：城乡差距的现状分析，http://wenku.baidu.com/view/9bdbc73610661ed9ad51f3f3.html；《中国统计年鉴》（2008、2012）。

有所缩小，这主要是由于东北和东部地区差距不断缩小。在随后的 90 年代，特别是 90 年代前期，四大区域间的差距显著扩大，2000 年以后，四大区域间的差距仍然有所增长，但变化的速度已经较为平缓，2004—2009 年四大区域人均 GDP 的差距基本保持稳定。

改革开放以来，不同地区之间的收入差距呈不断扩大的趋势。1978 年，人均收入东部分别是中部、西部的 1.16 倍和 1.37 倍；2005 年，人均收入东部是中、西部的 1.55 倍和 1.55 倍；2009 年，人均收入东部是中、西部的 1.49 倍和 1.49 倍（城镇）、1.45 倍和 1.65 倍（农村）。1978 年，人均财政收入东部分别是中、西部的 1.42 倍和 2.66 倍；2003 年为 2.04 倍和 1.93 倍；2009 年为 2.74 倍和 2.35 倍。据有关专家估算，1988 年我国东、中、西三大地区之间的收入差距大约占全国收入差距的 7.5%，而到了 1995 年已上升到 9.3%。地区收入差距对我国收入差距的贡献为 18.15%[①]。

4. 产业升级与财富极化。

目前在西方发达国家的三次产业中，各次产业的产值在国内生产总值中的比重是：第一产业约为 10%，第二产业约为 20%，第三产业约为 70%。据世界银行世界发展指标数据库的数据，在主要发达国家的非农业就业人口中，服务业从业人员的比例在 2001 年时美国是 63.9%，英国是 73.4%，法国是 74.1%，德国是 64.7%，日本是 63.9%[②]。如表 5—1 所示，从世界整体的国内生产总值三次产业构成看，农业增加值占国内生产总值比重由 2000 年的 3.5%下降到 2008 年的 2.8%，工业增加值占国内生产总值比重由 2000 年的 28.7%下降为 2008 年的 26.3%，服务业增加值占国内生产总值比重由 2000 年的 67.7%上升为 2008 年的 70.9%；高收入国家同样顺序的数据分别由 1.8%下降为 1.3%、27.5%下降为 24.4%和 70.8 上升为 74.3%；中等收入国家农业增加值占国内生产总值比重由 2000 年的 11.4%下降为 2011 年的 9.7%，工业增加值占国内生产总值比重由 2000 年的 35.5%下降为 2011 年的 34.7%，服务业增加值占国内生产总值比重由 2000 年的 53.1%上升为 2011 年的 55.6%；中低收入国家同样顺序的数据分别为 12%下降为 10%、35.1%下降为 34.4%和 52.9%上升

---

① 资料来源：杨承训：《"深化收入分配制度改革"的经济学解析》，《经济学动态》2008 年第 1 期；2005 年、2008 年、2012 年中国统计年鉴；范昌年：《我国收入分配差距现状原因与对策》，http://yingyu.100xuexi.com/HF/jj/fazhanjingjixue/。

② 何自力：《产业变迁与资本主义的衰落》（上），《政治经济学评论》2012 年第 4 期。

为 55.5%；低收入国家同样顺序的数据分别为 33.8% 下降为 2008 年的 24.7%、20.9 上升为 2008 年 25.3% 和 45.3% 上升为 2008 年 50%；中国农业增加值占国内生产总值比重由 2000 年的 15.1% 下降为 2011 年的 10%，工业增加值占国内生产总值比重由 2000 年的 45.9% 上升为 46.6%，服务业增加值占国内生产总值比重由 2000 年的 39% 上升为 2011 年的 43.3%。

表 5—1　　　　　　　　国内生产总值的三次产业构成　　　　　　单位：（%）

国家和地区	农业增加值占国内生产总值比重（Agriculture as Percentage of GDP）		工业增加值占国内生产总值比重（Industry as Percentage of GDP）		服务业增加值占国内生产总值比重（Services as Percentage of GDP）	
	2000	2011	2000	2011	2000	2011
世　界	3.5	2.8①	28.7	26.3①	67.7	70.9①
高收入国家	1.8	1.3①	27.5	24.4①	70.8	74.3①
经合组织高收入国家	1.8	1.3①	27.2	23.8①	71.1	74.9①
非经合组织高收入国家	2.0	1.6①	34.8	40.8①	63.2	57.6①
中等收入国家	11.4	9.7	35.5	34.7	53.1	55.6
中等偏下收入国家	20.1	17.1	33.2	30.9	46.7	52.1
中等偏上收入国家	8.9	7.4	36.2	35.9	54.9	56.7
中低收入国家	12.0	10.0	35.1	34.4	52.9	55.5
东亚和太平洋	14.9	11.3	44.5	45.1	40.6	43.6
欧洲和中亚	10.7	7.2①	34.5	32.3①	54.7	60.6①
拉丁美洲和加勒比	5.6	6.3	29.6	30.1	64.8	63.6
中东和北非国家	12.4	11.6②	43.4	40.6②	44.1	47.9②
南　亚	23.7	17.9	25.7	26.4	50.6	55.7
撒哈拉以南非洲	16.2	10.8	29.4	30.8	54.4	58.8
低收入国家	33.8	24.7①	20.9	25.3①	45.3	50.0①
最不发达地区	32.2	22.7①	24.0	28.3①	43.8	48.9①
重债穷国	30.6	24.2①	24.3	27.9①	45.1	47.8①
中　国	15.1	10.0	45.9	46.6	39.0	43.3
中国香港	0.1	0.1③	11.6	7.4③	88.3	92.6③
孟加拉国	25.5	18.4	25.3	28.6	49.2	53.0
文　莱	1.0	0.8①	63.7	66.8①	35.3	32.5①
柬埔寨	37.8	36.0①	23.0	23.3①	39.1	40.7①
印　度	23.1	17.2	26.1	26.4	50.8	56.4

续表

国家和地区	农业增加值占国内生产总值比重 (Agriculture as Percentage of GDP)		工业增加值占国内生产总值比重 (Industry as Percentage of GDP)		服务业增加值占国内生产总值比重 (Services as Percentage of GDP)	
	2000	2011	2000	2011	2000	2011
印度尼西亚	15.6	16.9	45.9	44.9	38.5	38.3
伊　朗	13.7	10.1②	36.7	44.9②	49.5	45.0②
日　本	1.5	1.2①	31.1	27.4①	67.4	71.5①
哈萨克斯坦	8.7	5.3	40.5	44.3	50.8	50.4
韩　国	4.6	2.6①	38.1	39.3①	57.3	58.2①
老　挝	45.2	30.8	16.6	34.7	38.2	34.5
马来西亚	8.6	10.6①	48.3	44.4①	43.1	45.0①
蒙　古	30.9	15.3	25.0	36.3	44.1	48.3
缅　甸	57.2	36.4①	9.7	26.0①	33.1	37.6①
巴基斯坦	25.9	21.6	23.3	25.3	50.7	53.1
菲律宾	14.0	13.0	34.5	30.0	51.6	56.9
新加坡	0.1		34.5	26.6	65.4	73.4
斯里兰卡	19.9	13.7	27.3	27.8	52.8	58.5
泰　国	9.0	12.4	42.0	43.5	49.0	44.1
越　南	24.5	19.7	36.7	40.6	38.7	39.7
埃　及	16.7	13.9	33.1	36.7	50.1	49.3
南　非	3.3	2.4	31.8	30.6	64.9	67.0
加拿大	2.3	1.9②	33.2	32.0②	64.5	66.1②
墨西哥	4.2	3.7	28.0	34.1	67.8	62.2
美　国	1.2	1.2①	23.4	20.0①	75.4	78.8①
阿根廷	5.0	9.1	27.6	26.3	67.4	64.6
巴　西	5.6	5.5	27.7	27.5	66.7	67.0
捷　克	3.9	2.4①	38.1	37.6①	58.0	60.0①
法　国	2.8	1.8③	22.9	19.1③	74.2	79.2③
德　国	1.3	0.9①	30.5	28.2①	68.2	71.0①
意大利	2.8	1.9①	28.2	25.2①	69.0	72.9①
荷　兰	2.6	2.0①	24.9	23.9①	72.4	74.1①
波　兰	5.0	3.5①	31.7	31.6①	63.3	64.8①
俄罗斯联邦	6.4	4.0①	37.9	36.7①	55.6	59.3①

国家和地区	农业增加值占国内生产总值比重（Agriculture as Percentage of GDP）		工业增加值占国内生产总值比重（Industry as Percentage of GDP）		服务业增加值占国内生产总值比重（Services as Percentage of GDP）	
	2000	2011	2000	2011	2000	2011
西班牙	4.4	2.7①	29.3	26.0①	66.3	71.3①
土耳其	11.3	9.2	31.5	27.1	57.2	63.8
乌克兰	17.1	8.3	36.3	31.4	46.6	60.3
英 国	1.0	0.7①	27.3	21.7①	71.7	77.6①
澳大利亚	3.5	2.3①	26.9	19.8①	69.6	77.9①

资料来源：世界银行 WDI 数据库。

注：①2008 年数据；②2009 年数据；③2007 年数据。

结合前文中收入分配、贫富差距、穷富国差距及城乡差距和区域差距等，从上表中可以看出，随着产业升级，财富极化效应明显。从世界范围看，财富正在不断地向产业层次高的西方发达国家集聚；从一国范围内看，财富也正在随着产业升级向高一级的产业集聚。从世界银行关于财富的界定看，用国内生产总值计算的产出资本显然是向发达国家和第三产业极化的。自然资本和人力资本就需要结合国际贸易的数据来认识，实际上发展中国家在世界产业结构和市场分工中所充当的恰恰是出卖廉价的自然资源和劳动力的角色，也就是说，自然资本和人力资本也正在源源不断地化成初级产品流向发达国家。至于制度资本，从社会公平和居民的生活质量上来看，显然也是向发达国家集聚的。从上表中也可以看出，中国作为一个发展中大国，目前仍然还是靠自然资本和人力资本发展经济的，也就是说，在三次产业中，第一、二产业尤其是第二产业所占比重太大。如果要实现产业结构的合理化和财富创造的可持续，就必须大力发展第三产业。

第四节　小结

通过本章对中国土地资本化、财富极化问题的实证，可以得出如下的基本观点和结论。

1. 由于土地产权缺陷（尤其是农地），中国的土地资本化变成了各级政府财政收入的主要支柱，这种土地财政容易导致政府的惯性和惰性行为，加上不完善的行政管理体制和特殊的政绩考核需要，使得各级政府走向对土地的盲目和短期性开发，造成土地的不可持续利用。改革开放后土地价值的重新发现（货币化或资本化）使得各级政府一夜之间财富"爆棚"，巨大的利益诱惑导致了政治权力和经济权力的普遍寻租，也产生了众多的上至正部级下至小小村官的贪污腐败现象。这一切不仅快速使得财富向少数既得利益者集聚，在将贫富差距和城乡差距推向世界范围最不合理区间的同时，也严重败坏了执政党的形象和公平公正的社会环境。中国的土地资本化仍然走的是西方发达国家和当今一些发展中国家的旧路，不能因为是社会主义国家就视而不见或者讳言如斯。从根本上看，这一切的产生除了因为"大包大揽"的行政管理体制外，一个主要的原因就是土地产权安排不合理。正如在前面章节中已经从理论上论证过的，对于土地财产而言，它是针对土地所有权的。因此，从这一角度看，居民尤其是农民压根就被剥夺了土地财产权和土地发展权。如果不彻底改变这种困境，关于土地的各种贪腐、强拆和强征案件肯定还会在中华大地上继续"熊熊燃烧"下去。这是很让人"无奈"和"揪心"的严重的经济社会问题，它直接关系着我们"以人为本"的有中国特色社会主义的顺利实现。

2. 伴随产业升级的财富极化是显而易见的。但问题不仅仅于此，世界范围内财富分配正在大幅度向极少数的超级富豪倾斜。无论是发达国家、发展中国家还是极端贫穷国家，个人收入分配和贫富差距的不断拉大都成了一种共同的事实。所谓"二八法则"已经不足以描述目前财富极化的程度了。我们需要反思的是，为什么这个世界"默认"了这种"法则"和现实，甚至将其视作社会经济规律，还有那么多所谓专家学人"尽其所能"地对此"合理性"加以论证？要寻找答案，就必须从资本的源头说起。如果这个世界承认"资本为王"，推崇"丛林法则"，这种财富极化就被冠以自然性和合法性。这也恰恰是本书要提出资本第二性（派生性）的原因所在。因为正是从这一视域，我们才能够发现资本由异化走向主导土地和劳动的过程。这就是事情的全部。如果不解决资本被异化的问题，也就无法解决资本培育和形成的主导性制度，财富流向个人则终将无解。这也是前面章节所说的"走向崩溃的系统"的原因。

第六章 结论

本书的主要研究结论如下。

1. 土地和劳动是第一性的，资本是派生和第二性的。土地和劳动具有自然性和社会性双重属性，先是劳动的自然性，其次才是劳动赋予土地社会性，资本则只有社会性，社会性应该服务于自然性。财富同样是伴随着劳动的社会性出现的，但却要远远早于资本。财富的起源和土地、劳动是同位一体的，各个不同的社会经济形态对财富的看法不同，但归根结底，"土地乃财富之母，劳动乃财富之父"。西方主流理论将资本和财富混为一谈的做法是不对的，这与其将土地、劳动和资本等看作无差别的生产要素是紧密相关的。资本的出现，在很大程度上增大了财富创造的速度，但同时也给作为财富本身的土地和劳动造成了伤害。从资本的产生和发展来看，既有合理性，也有过渡性。但过渡性并不必然意味着资本的消亡。资本实际上是规模不断扩大后联合生产的一种制度安排，这种联合生产方式不仅仅为资本主义社会需要，也同样为社会主义社会需要。我国在建设有中国特色的社会主义进程中应充分利用和发挥资本的作用，但同时也要清楚地认识到资本的负面性，并通过制度设计将这种负面性降到最低。在生产范畴之中，应该肯定劳动主体的主导作用，这是符合人本主义思想的。在收入分配理论中，以各要素边际贡献为依据的分配是没有科学依据的。资本对剩余的占有并非基于联合生产，而是基于制度设计，这与奴隶社会和封建社会的分配并没有本质的区别，其共同特征即在于对生产资料所有权的占有。

2. 财富是一个与经济社会发展阶段紧密相关的范畴，不同的经济社会形态对财富的看法不同。进入工业文明尤其是知识经济时代，生态财富和可持续发展财富观已经成为人们的共识。生产要素也是与经济社会发展阶段相关的。尽管资本成了所有生产要素的主导者，但包括资本的其他生产要素都可以归结到土地和劳动。生产要素的自由流动需要清晰的产权安排和自由市场两个制度平台，只有如此，资本才能够按照自己的意志主导生产要素的流向，财富也才能够源源不断地流向发达区域和发达国家。在资本主义生产方式下，这种流动与财富的可持续发展是相互对立的，容易造成落后区域和发展中国家"资源诅咒"的困境。如果不改变资本主义生产方式，就很难实现财富的可持续发展。在产业升级过程中，第一产业尤其是农业具有基础财富的作用，但由于其大部分产品（粮食等）缺乏弹性，加上自由市场下要素选择权的增大，第一产业往往不受资本青睐。城乡差距的不断加大使得产业之间的财富鸿沟愈益严重，从而形成"贫穷陷阱"。资本的逐利本性不可能主动解决城乡差别的问题，只能是"富者愈富，穷者愈穷"。因此，必须针对第一产业的产品特性进行价格规制和政策干预。从财富极化的角度看，贸易的本质就是生产要素（主要是土地和劳动）或者说财富（主要是自然财富和人力财富）从落后区域和发展中国家向发达区域和发达国家基于全球市场的流动。在资本主义生产方式主导下的区域或国家间的这种非平等和非均衡的贸易格局是很难改变的。如果落后区域和发展中国家不从自身的经济发展战略和"后发优势"出发，对生产要素的自由流动进行规制，就可能失去发展的最后机会。产业升级在带来财富极化的同时，也带来了财富的虚拟化和异化。对于不可再生的有限自然财富和人的全面发展来说，财富的虚拟化有可能导致生产要素的错误配置，从而使财富受到损失；而财富的异化则是与人类社会的最终发展目标和人的全面发展背道而驰的。但这一切都符合资本的逻辑。在一个资本统摄所有经济社会制度并且这一制度就是资本本身时，出现财富泡沫是必然的，但这一系统走向崩溃也是必然的。落后区域和发展中国家的执政党必须清醒地认识到资本的危险性，从而用其所长，控其所短，避其所害。

3. 土地资本化是在土地的不同用途基础上的价值再发现，是伴随着产业升级而出现的。在土地产权清晰的框架下，由土地资本化所产生的土地级差收益归宿是明确的。中国特殊的土地产权尤其是农地产权安排使得政府成了土地资本化的最大受益者，土地财富的急剧集中容易促使政府出台非理性的经济发展措施。土地所有权是土地产权的核心，土地财产权和土地发展权归属于土地所有权主体，这正是导致中国土地财富极化和"大拆大建"的城市化模式出现的根本原因。城市化应该是产业升级过程中一个"水到渠成"的经济现象，尽管政府引导和前瞻性的安排也是有必要的，但不能违背城市发展的基本规律。政府垄断土地财产权和发展权的直接后果就是非理性的、以房地产业为主的城市化的快速发展，这种城市化是缺乏产业支撑和不可持续的。农村改革使农民从过去的没有自由到获得有限自由，之所以是有限自由，因为农民没有土地财产权和发展权，被赋予的仅仅是一定年限的土地使用权，从自由的财产基础上而言是有限的。但农民获得了劳动选择的自由。正是这种自由才为工业化和城市化扩张提供了充足的廉价劳动力资源，农村空心化问题也变得日益严重了。在土地资本化过程中，收入分配是一个十分重要和值得讨论的问题。而要探讨收入分配问题，就必须重新审视价值理论。人的社会系统亟须重建以劳动为纽带的人与人之间的平等合作关系，这也是自然正义对社会正义建构的一个基本法则。因此，无论是理论上还是实践中，对第一次收入分配和第二次收入分配的规制都是必要的。世界上不存在没有任何限制的自由，资本所主导的自由是为资本服务的，在发挥资本联合生产比较优势的同时，要警惕其对上层建筑直至国家权力的控制。

4. 我国农村和城市产权改革的非平衡主要表现在对土地这一重要生产要素产权安排的不同上。由于土地在农业生产中的特殊性，这种产权安排不利于传统农业向现代化农业转变过程中市场主体和企业化的形成，无法从制度上破解农业经济"低效率陷阱"的困境。产权改革的一个主要目的在于提高经济主体的劳动和市场效率，国企改革如此，农村产权改革更是如此。从生产力和生产关系的角度分析，农村产权改革实际上仅仅是一个对生产力的有限解放，生产关系则并没有得到根本性的触及。代理者要通过对土地的主导权寻求可能的制度收益，农民则通过短期化经营或土地抛荒实现自己的理性化选择。这样的一种产权安排及其演变过程从源头上就注定了其非市场化特性，农民很难成为真正的市场主体。农村产权改革本质上是在所有权关系基本不变的前提下生产经营方式的调整，与城市产权改革相比，农村产权改革实际上处于一种"锁定"困境。这种"锁定"主要导源于管理体制、要素特性、理论局限和功能取向等多方面因素。其中，管理体制与农村土地集体所有的相互绑定是当前阻碍农村产权改革进一步深化的主要原因。作为农业生产经营主体的农民与管理主体之间不存在激励相容条件。他们之间不存在合力（或合作）的制度约束基础，加上我国这种由计划经济延续而来的具有强大控制力的金字塔式的管理体制，农民在农地的最终处置上则基本没有任何抗争的权利和习惯。这就只能导致机会主义盛行和大量的"贪渎"出现。我国农村产权改革已经走到了亟须进一步深化的临界点。以农地国家所有取代农地集体所有，赋予农民永久的农地使用权，鼓励和培育拥有清晰农地产权的农民个体重新走向联合，建立新的集体，实现真正的民主管理，从根本上转变农村基层管理体制与农村经济"政企不分"的局面应该是符合中国国情的可信选择。

5. 据测算在 1999—2011 年的 13 年中，中国土地出让收入累计为 12.9 万亿元，相当于 2011 年国民生产总值的 27.3%。这 12.9 万亿元使得地方政府得以维持高速增长的基础设施投资和地方债务链条。中国的土地资本化变成了各级政府财政收入的主要支柱，这种土地财政容易导致政府的惯性和惰性行为，加上不完善的行政管理体制和特殊的政绩考核需要，使得各级政府走向对土地的盲目和短期性开发，造成土地的不可持续利用。巨大的利益诱惑导致了政治权力和经济权力的普遍寻租，"十一五"期间全国共发现违法用地行为 49 万多件，2011 年全国发现违法用地行为 7 万件，2012 年全国共发现违法用地行为 6.2 万件，产生了众多的上至正部级下至小小村官的贪污腐败现象。从根本上看，这一切的产生原因除了"大包大揽"的行政管理体制外，一个主要的原因就是土地产权安排不合理。居民尤其是农民压根就被剥夺了土地财产权和土地发展权。如果不彻底改变这种困境，关于土地的各种贪腐、强拆和强征案件就很难杜绝。伴随产业升级的财富极化是显而易见的。从世界整体的国内生产总值三次产业构成看，农业增加值所占国内生产总值的比重由 2000 年的 3.5% 下降到 2008 年的 2.8%，工业增加值所占国内生产总值的比重由 2000 年的 28.7% 下降为 2008 年的 26.3%，服务业增加值占国内生产总值的比重由 2000 年的 67.7% 上升为 2008 年的 70.9%。但问题不仅仅在此，世界范围内财富分配正在大幅度向极少数的超级富豪倾斜。据西班牙《起义报》2013 年 7 月 23 日报道，由于资本主义政治的激进化，最近 20 年世界最富的人的收入增加了 60%，300 个最富的人积累的财富超过 30 亿穷人的财富。尽管中国官方公布的全国居民收入基尼系数 2012 年为 0.474，但 2012 年底西南财经大学（Southwestern University of Finance and Economics）研究人员发表的一项调查结果发现，中国的基尼系数已在 2010 年大幅升至 0.61，远高于世界银行（World Bank）在 2005 年发表的 0.425，使中国接近世界上一些最不平等的国家。无论是发达国家、发展中国家还是极端贫穷国家，个人收入分配和贫富差距、城乡差距及区域差距的不断拉大都成了一种普遍现象。如果这个世界承认"资本为王",推崇"丛林法则",这种财富极化就被冠以自然性和合法性。这也恰恰是本书要提出资本第二性(派生性)的原因所在。因为正是从这一视域,我们才能够发现资本由异化走向主导土地和劳动的过程。如果不解决资本被异化的问题,也就无法变革资本培育和形成的主导性制度,财富流向个人或者说财富由落后区域流向发达区域、发展中国家流向发达国家的问题则终将无解。

参考文献

Ahmad, E and A. Hussain. Social Security in China: a Historical Perspective. in E. Ahmad et al (eds.). *Social Security in Developing Countries*. Oxford Clarendon Press, 1991.

Chao, Kang. *Man and Land in Chinese History*. An Economic Analysis. California: Stanford, 1986.

Choi, Songsu. China Urbanization Conference. World Bank. 2000.

Dong, X. Two – Tier land System and Sustained Economic Growth in Post – 1978Rural China. World Development. 24 (5): 915—928. 1996.

George W. J. Hendrikse & Cees P. Veerman. *On the Future of Cooperatives: Taking Stock, Looking Ahead, In Restructuring Agricultural cooperatives* (Hendrikse. eds.). Erasmus University Rotterdam, 2004.

Giles, J. *Off farm Labor Markets, Insecurity, and Risk Aversion in China*. Mimeo. Department of Economics. University of California. Berkeley. 1998.

Jean C. Oi. Two Decades of Rural Reform in China: An Overview and Assessment. *The China Quarterly*. Issue 159. September 1999.

Rozelle Scott, Brandt, Loren, Jikun Huang, Guo Li. *Land Rights in China: Facts, Fictions, and Issues*. China Economic Review, No. 47, 2002.

Simpson, S. R. *Land Law and Registration*. Cambridge University Press, Cambridge, 1976.

Turner, M. L. Brandt and S. Rozelle (2000). "Local Government Behavior and Property Right Formation in Rural China." Working Paper, Department of Economics, University of Toronto.

A. 爱伦斯·斯密德：《财产、权力和公共选择》，上海三联书店 1999 年版。

A. 恰亚诺夫：《社会农学的基本思想与工作方法》，《恰亚诺夫选集》（4），海牙 1967 年版。

卞耀武：《中华人民共和国土地管理法释义》，法律出版社 1998 年版。

蔡昉：《论农业经营形式的选择》，《经济研究》1993 年第 1 期。

蔡昉：《合作与不合作的政治经济学》，《中国农村观察》1999 年第 5 期。

蔡继明：《马克思的按劳分配理论与社会主义实践的矛盾》，《南开经济研究》1988 年第 3 期。

蔡继明：《按生产要素贡献分配理论：争论和发展》，《山东大学学报》（社会科学版）2009 年第 6 期。

蔡好东、史建民、岳中铭：《可持续利用与制度创新—四荒资源的产权运作及管理模式》，经济管理出版社 2002 年版。

陈东琪主编：《中国经济学史纲（1900—2000）》，中国青年出版社 2004 年版。

陈锡文：《中国农村改革：回顾与展望》，天津人民出版社 1993 年版。

陈锡文：《关于我国农村的村民自治制度和土地制度的几个问题》，《经济社会体制比较》2001 年第 5 期。

陈志刚、曲福田：《农地产权结构与农业绩效：一个理论框架》，《学术月刊》2006 年第 5 期。

陈剑波：《人民公社的产权制度》，《经济研究》1999 年第 7 期。

陈剑波：《制度变迁与乡村非正规制度》，《经济研究》2000 年第 1 期。

陈良、张云：《农村土地利用中的问题及对策》，《农村经济》2004 年第 1 期。

陈占安、孟志中：《邓小平农村改革思想及其现实启迪》，《北京行政学院学报》2005 年第 2 期。

陈汉能、崔军、乔俊果：《中国农地使用制度的变迁及其现实选择》，《当代经济》2006 年第 8 期。

崔朝栋等：《在家庭联产承包责任制基础上推行土地股份合作制》，《学习论坛》1998 年第 8 期。

曹子坚：《中国农村改革正在酝酿"第三次浪潮"》，《甘肃理论学刊》2005 年第 5 期。

道格拉斯·C.诺斯：《经济史中的结构与变迁》，上海三联书店 1999 年版。

邓小平：《邓小平文选》第二、三卷，人民出版社 1993 年第 1 版。

邓大才：《家庭承包土地的价值分析及确认》，《农业经济学》2001 年第 5 期。

杜润生主编：《中国农村改革决策记事》，中央文献出版社 1999 年版。

杜鹰：《走出乡村》，经济科学出版社 1997 年版。

丁关良：《物权法中"土地承包经营权"条文设计研究》，《浙江大学学报》（人文社会科学版）2005 年第 2 期。

戴中亮：《农村土地使用权流转原因的新制度经济学分析》，《农村经济》2004 年第 1 期。

弗雷德里克·卡尔等：《中国农村改革的新视野》，崔存明、贺蓉摘译，《国外理论动态》2006 年第 12 期。

冯开文：《论中国农业合作化制度变迁的格局与方向》，《中国农村观察》1999 年第 3 期。

发展研究所综合课题组：《中国的发展：财富增长与制度适应》，《经济研究》1988 年第 5 期。

范恒山：《土地资源配置：市场、政府与产权》，《中国土地科学》1995 年第 4 期。

范辉、董捷：《试论农地发展权》，《农村经济》2005 年第 6 期。

傅强：《对深化行政划拨土地使用权改革的思考》，《中国土地科学》1997 年第 5 期。

谷书堂、蔡继明：《按劳分配理论与现实》，《中国社会科学》1988 年第 2 期。

谷书堂、柳欣：《新劳动价值论一元论》，《中国社会科学》1993 年第 6 期。

国际经济研究中心编：《制度分析与发展的反思》，商务印书馆 1992 年版。

全国人大常委会法工委办公室编：《关于土地承包经营权立法的几种观点》，《法制参考资料》（52）。

甘藏春、崔岩、张婉丽：《土地管理体制改革势在必行》，《中国土地科学》1998 年第 2 期。

葛本中：《美国中西部开发中土地政策的应用》，《中国土地科学》1995 年第 2 期。

国土资源部土地利用司调研组：《土地市场制度建设调研总报告》，《国土资源通讯》2002 年第 3 期。

国土资源部土地利用司调研组：《创新制度规范流转》，《国土资源通讯》2002 年第 3 期。

〔美〕亨利·乔治：《进步与贫困》，吴良健、王翼龙译，商务印书馆 1995 年版。

H. 范里安：《微观经济学：现代观点》，上海人民出版社 1994 年版。

何炼成：《也谈劳动价值一元论——简评苏、谷之争及其他》，《中国社会科学》1994 年第 6 期。

何伟、韩志国：《试论中国社会主义市场经济的全方位开放》，《中国社会科学》1986 年第 2 期。

何晓星、王守军：《论中国土地资本化中的利益分配问题》，《上海交通大学学报》2004 年第 4 期。

何自力：《产业变迁与资本主义的衰落（上）》，《政治经济学评论》2012 年第 4 期。

何芳、魏静：《城市化与城市土地集约利用》，《中国土地》2001 年第 3 期。

黄宗智：《华北的小农经济与制度变迁》，中华书局 2000 年版。

黄宗智：《长江三角洲小农家庭与乡村发展》，中华书局 1992 年版。

黄季焜：《中国农业资源配置效率的变化及评价》，《中国农村观察》1999 年第 1 期。

黄少安：《从家庭承包制的土地经营权到股份合作制的"准土地股权"》，《经济研究》1995 年第 7 期。

黄祖辉：《农民合作：必然性、变革态势与启示》，《中国农村经济》2000 年第 8 期。

黄贤金、尼克·哈瑞柯、鲁尔特·卢本、曲福田：《中国农村土地市场运行机理分析》，《农业经济学》2001 年第 9 期。

黄顺康：《论地方政府研究的若干基本问题》，《理论月刊》2005 年第 5 期。

胡寄窗：《西方经济学说史》，立信会计出版社 1991 年版。

洪名勇：《论马克思的土地产权理论》，《经济学家》1998 年第 1 期。

韩俊等：《农村市场经济体制建设》，江苏人民出版社 1998 年版。

侯华丽、杜舰：《土地发展权与农民权益的维护》，《农村经济》2005 年第 11 期。

加里·S. 贝克尔：《人类行为的经济分析》，上海三联书店 1999 年版。

J. 迪克逊等：《扩展衡量财富的手段——环境可持续发展指标》，张坤民等译，中国环境科学出版社 1998 年版。

江平主编：《中华人民共和国合同法精解》，中国政法大学出版社 1999 年版。

金文成：《全国农村土地流转情况、问题和建议》，《农村经济文稿》2001 年第 74 期。

靳相木：《中国乡村地权变迁的法经济学研究》，中国社会科学出版社 2005 年版。

姜志德：《关于我国土地产权制度建设问题的几点思考》，《荆门职业技术学院学报》2002 年第 5 期。

姜爱林、陈海秋：《农村土地股份合作制研究述评——主要做法、成效、问题与不足》，《社会科学研究》2007 年第 3 期。

贾小玫、卢凤、贾秀兰：《城市土地管理制度的国际比较及启示》，《统计与决策》2006 年第 2 期。

康芒斯：《制度经济学》，商务印书馆 1997 年版。

柯武刚等：《制度经济学》，商务印书馆 2000 年版。

孔凡文：《论农地制度改革与农村经济发展》，《中国土地科学》1998 年第 5 期。

孔径源：《中国农村土地制度：变迁过程的实证分析》，《经济研究》1993 年第 2 期。

《论语·里仁》。

《论语·阳货》。

《论语·卫灵公》。

理查德·桑德斯等：《产权改革与中国改革进程》，崔存明摘译，《国外理论动态》2008 年第 5 期。

罗伊·普罗斯特曼等：《中国农村土地制度改革：实地调查报告》，《中国农村经济》1995 年第 3 期。

罗必良：《农业性质、制度含义及其经济组织形式》，《中国农村观察》1999 年第 5 期。

刘守英译：《财产权利与制度变迁》，上海三联书店 1991 年版。

刘守英：《中国农地制度的合约结构与产权残缺》，《中国农村经济》

1993 年第 2 期。

刘守英：《集体土地资本化与农村城市化——北京市郑各庄村调查》，《北京大学学报》（哲学社会科学版）2008 年 06 期。

刘伟：《经济改革与发展的产权制度解释》，首都经济贸易大学出版社 2000 年版。

刘书楷：《国外与台湾地区土地使用管制和农地保护的经验》，《中国土地科学》1998 年第 6 期。

刘文海：《关于深化土地租税费制度改革的思考》，《中国土地科学》1997 年第 3 期。

刘永湘、杨继瑞：《论城市土地的资本化运营》，《经济问题探索》2003 年第 3 期。

刘江：《二十一世纪初中国农业发展战略》，中国农业出版社 2000 年版。

刘学侠：《土地股份制：中国农村土地制度改革的方向》，《农业经济问题》2007 年第 7 期。

刘广栋、程久苗：《1949 年以来中国农村土地制度变迁的理论和实践》，《中国农村观察》2007 年第 2 期。

刘长容：《拨开迷雾看土地——访国务院发展研究中心研究员刘守英》，《学习月刊》2006 年第 3 期。

林毅夫：《论制度、技术与中国农业发展》，上海三联书店 1992 年版。

林毅夫、李周等：《中国的奇迹：发展战略与经济改革》，上海三联书店 1994 年版。

林毅夫：《再论制度、技术与中国农业》，北京大学出版社 2000 年版。

林毅夫：《后发优势与后发劣势——与杨小凯教授商榷》，《经济学季刊》2003 年第 4 期。

林岗等：《诺斯与马克思：关于制度的起源和本质的两种解释比较》，《经济研究》2000 年第 6 期。

林培、聂庆华：《美国农地保护过程、方法和启示》，《中国土地科学》1997 年第 2 期。

林善浪：《中国农村土地制度与效率研究》，经济管理出版社 1999 年版。

李秉玉：《土地经济理论的核心是地租理论》，《中国土地科学》1995 年第 6 期。

李仁方：《浅谈农村土地制度中存在的问题及对策》，《农村经济》

2002 年第 1 期。

李正华：《论邓小平的"三农"思想对中国农村改革的重大意义》，《当代中国史研究》2005 年第 2 期。

李玲：《和谐社会经济发展与佛教的财富观》，《世界宗教文化》2006年第 4 期。

李昌庚：《新路径视野下的农村集体土地所有权的反思与重构——兼评〈物权法〉第五章》，《学术论坛》2007 年第 7 期。

柳欣主编：《中国经济学 30 年》，中国财政经济出版社 2008 年版。

梁慧星主编：《中国物权法研究》（下），法律出版社 1998 年版。

陆南泉：《转轨国家产权改革值得研究的几个问题》，《科学社会主义》2007 年第 2 期。

骆友生、张红宇：《家庭承包责任制后的农地制度创新》，《农业经济》1995 年第 1 期。

卢海元：《走进城市：农民工的社会保障》，经济管理出版社 2004 年版。

马克思、恩格斯：《马克思恩格斯全集》（第 2、18、23、46 卷等），人民出版社 1972 年版。

马克思：《资本论》（第一、二、三卷），人民出版社 1975 年版。

马克斯·韦伯：《经济与社会》（上册），商务印书馆 1997 年版。

马尔科姆·吉利斯等：《发展经济学》，经济科学出版社 1989 年版。

马晓河等：《工业化中阶段的农业政策研究——国际经验与中国的选择》，《农业经济问题》1999 年第 8 期。

莫凡：《马克思财富观研究综述》，《理论视野》2008 年第 6 期。

农业部农研中心编：《中国土地改革研究》2000 年版。

农业部软科学委员会课题组：《中国农业发展新阶段》，中国农业出版社 2000 年版。

潘志强、陈银娥：《关于斯密与李嘉图劳动价值论的比较分析》，《经济评论》2006 年第 1 期。

乔·B. 史蒂文斯：《集体选择经济学》，上海三联书店 1999 年版。

曲福田等：《中国土地制度研究》，中国矿业大学出版社 1997 年版。

屈茂辉：《农村承包经营权改革初探》，《农业经济问题》1998 年第 3 期。

钱明复：《物权法原理》，北京大学出版社 1994 年版。

钱世明：《按劳分配市场化》，《上海经济研究》1998 年第 12 期。

钱文荣：《试论我国农地利用及保护中的市场缺陷与政府不足》，《浙江社会科学》2000 年第 5 期。

钱忠好：《中国农村土地制度变迁和创新研究》，《中国土地科学》1998 年第 5 期。

钱忠好：《中国农村土地制度变迁和创新研究》，中国农业出版社 1999 年版。

齐江：《关于土地双重所有权理论的历史渊源》，《中国土地科学》1998 年第 3 期。

全国农村固定观察点办公室：《当前农村土地承包经营管理的现状及问题》，《农村经济研究参考》1998 年第 5 期。

全国人民代表大会常务委员会：《中华人民共和国土地管理法》，《国务院公报》2005 年第 2 期。

R. 科斯、A. 阿尔钦、D. 诺斯：《财产权利与制度变迁》，上海人民出版社 1994 年版。

盛华仁：《坚持依法治国方略全面实施〈土地管理法〉——在纪念〈土地管理法〉颁布 20 周年座谈会上的讲话》，《国土资源通讯》2006 年第 13 期。

盛洪主编：《中国的过渡经济学》，上海三联书店 1994 年版。

盛洪：《局部均衡、一般均衡与制度分析》，《经济研究》1997 年第 2 期。

苏星：《劳动价值论一元论》，《中国社会科学》1992 年第 6 期。

苏志超：《台湾地区农地权益制度与农地生产效率》，《中国土地科学》1998 年第 6 期。

宋洪远等：《改革以来中国农业和农村经济政策的演变》，中国经济出版社 2000 年版。

沈守愚：《论设立农地发展权的理论基础和重要意义》，《中国土地科学》1998 年第 1 期。

史继红：《论家庭联产承包责任制下的农村土地的适度规模经营》，《理论导刊》2007 年第 8 期。

世界银行：《1992 年世界发展报告——发展与环境》，中国财政经济出版社 1992 年版。

孙泽学：《1978—1984 年农村改革之中央、地方、农民的互动关系研究——以包产到户、包干到户为中心》，《中国经济史研究》2006 年第 1 期。

孙宪忠:《论我国土地权利制度的发展趋势》,《中国土地科学》1997年第 6 期。

孙国峰:《我国农地制度安排与经济系统演进过程中的原始积累问题》,甘肃民族出版社 2005 年版。

孙国峰:《土地作为基础财富的积聚效应与产业演进中原始积累的显性向隐性转化分析》,《当代经济研究》2007 年第 3 期。

孙国峰:《我国农村经营模式、农地产权与农地可持续利用的创新机理分析》,《改革》2007 年第 7 期。

孙国峰:《组织、产权安排与农地可持续利用:一个理论框架及变量解释》,《中央财经大学学报》2007 年第 9 期。

孙国峰:《我国农村产权改革的"锁定"原因分析》,《当代经济研究》2008 年第 3 期。

孙国峰:《农地可持续利用的变量解释及实证分析》,《湖南农业大学学报》2008 年第 2 期。

孙国峰:《我国城市和农村产权改革的非平衡性问题》,《福建论坛》2008 年第 7 期。

孙国峰:《农地集体所有与农地可持续利用能够双赢吗?》,《农村经济》2012 年第 12 期。

孙国峰:《价值理论的正义性辨析》,《福建江夏学院学报》2012 年第 3 期。

孙国峰:《我国产权改革停滞的原因分析》,《生产力研究》2013 年第 6 期。

孙国峰:《价值理论的意识形态本质》,《学术研究》2013 年第 9 期。

谭崇台:《西方经济发展思想史》,武汉大学出版社 1993 年版。

谭秋成:《集体农业解体和土地所有制重建:中国与中东欧的比较》,《中国农村观察》2001 年第 3 期。

汤志林:《我国土地发展权构建:优化城市土地管理的新途径》,《中国地质大学学报》(社会科学版)2006 年第 5 期。

唐亦功:《论我国城市土地资源的可持续利用》,《陕西师范大学学报》2006 年第 4 期。

唐文静:《我国农村土地环境问题研究》,《经济纵横》2007 年第 14 期。

陶然、刘明兴、章奇:《农民负担、政府管制与财政体制改革》,《经济研究》2003 年第 4 期。

铁小军:《论集体土地所有权主体地位的不足及其法律调整》,《中国土地科学》1995 年第 3 期。

V. N. 巴拉舒伯拉曼雅姆等编：《发展经济学前沿问题》，中国税务出版社 2000 年版。

V. 奥斯特罗姆、D. 菲尼、H. 皮希特：《制度分析与发展的反思》，商务印书馆 1992 年版。

文贯中编：《中国当代土地制度论文集》，湖南科技出版社 1994 年版。

文贯中：《中国农地的社区所有，纯农户的收入困境和农村的逆向淘汰趋势》，《世纪经济报道》2004 年 8 月 17 日。

温铁军：《中国农村基本经济制度研究》，中国经济出版社 2000 年版。

温铁军：《形成稳固的受惠群体——关于农地制度创新的思考》，《中国土地》2001 年第 7 期。

卫兴华：《简评社会主义劳动力商品论》，《光明日报》1986 年 9 月 27 日。

卫兴华：《我国现阶段的个人收入分配制度问题》，《中国流通经济》2003 年第 17 卷第 12 期。

卫兴华：《按贡献参与分配的贡献是什么》，《政治课教学》2003 年第 5 期。

汪洋主编：《"十五"城镇化发展规划研究》，中国计划出版社 2001 年版。

汪丁丁：《财富的性别》，《数字财富》2002 年第 9 期。

王珏：《劳者有其股与收入分配》，《中国工业经济》2000 年第 2 期。

王小映：《土地制度变迁与土地承包权物权化》，《中国农村经济》2000 年第 1 期。

王卫国：《中国土地权利研究》，中国政法大学出版社 1997 年版。

王有贵：《均衡、效率与制度选择》，《天则双周文稿系列》2001 年第 19 期。

王景新：《新世纪中国农村土地制度安排与法律建设》，《中国农村经济》2000 年第 4 期。

王永红：《尊重农民土地财产权——各地集体土地制度创新活动透视》，《中国土地》2001 年第 7 期。

王甲午、曹颖：《农村土地纠纷的成因及对策》，《农业经济》2005 年第 7 期。

王曦：《论我国农村土地所有权制度改革的目标与核心问题》，《南京师范大学学报》（社会科学版）2007 年第 4 期。

王磊荣：《当前我国农村土地违法案件存在的原因和对策》，《农业经济问题》2007年第6期。

伍山林：《制度变迁效率评价》，《经济研究》1996年第8期。

文伯屏：《关于改革土地集体所有制、所有权法律制度的建议》，《中国土地科学》1995年第3期。

万宝瑞主编：《中国农村改革理论与实践》，中国农业出版社1999年版。

万劲波、叶文虎：《论财富观与人类文明的协同演进》，《环境保护》2008年第12B期。

魏莉华：《美国土地用途管制制度及其借鉴》，《中国土地科学》1998年第3期。

西奥多·W.舒尔茨：《改造传统农业》，商务印书馆1987年版。

西奥多·W.舒尔茨：《论农业中的经济学与经济学的冲突》，杰拉尔德·M.迈耶主编《发展经济学的先驱理论》，云南人民出版社1995年版。

亚当·斯密：《国民财富的性质和原因的研究》，中文版，上卷，商务印书馆1974年版。

项东、年四华：《论邓小平财富观》，《中共合肥市委党校学报》2005年第1期。

谢任荣等：《沿海经济发达地区工业化进程中农地租赁问题及管理》，经济管理出版社2000年版。

谢平：《关于农民征地补偿费分配问题研究》，《农业经济》2006年第8期。

向韶：《论耕地保护和城镇发展》，《中国土地科学》1998年第1期。

Y.巴泽尔：《产权的经济学分析》，上海三联书店1997年版。

于光远：《中国社会主义初级阶段的经济》，广东经济出版社1998年版。

杨瑞龙：《论制度供给》，《经济研究》1993年第8期。

杨瑞龙：《论我国制度变迁方式与制度选择目标的冲突及其协调》，《经济研究》1999年第5期。

杨学成等：《关于农村土地承包30年不变政策实施过程的评估》，《中国农村经济》2001年第1期。

杨承训：《"深化收入分配制度改革"的经济学解析》，《经济学动态》2008年第1期。

杨长云：《美国19世纪末至20世纪初的城市改革研究概述》，《社会科学》2007年第8期。

杨刚桥：《土地产权的理论探析》，《华中农业大学学报》2000年第1期。

姚洋：《非农就业结构与土地租佃市场的发育》，《中国农村观察》1999 年第 2 期。

叶文虎、陈国谦：《三种生产论：可持续发展的基本理论》，《中国人口·资源与环境》1997 年第 2 期。

叶艳妹、吴次芳：《土地利用管理》，地质出版社 2000 年版。

应瑞瑶等：《农村土地承包资源立法若干疑难问题研究》，《中国农村经济》2000 年第 1 期。

严金明、李玉英：《美国农田保护政策及启示》，《中国土地科学》1995 年第 3 期。

詹姆斯·M. 布坎南：《自由、市场和国家》，北京经济学院出版社 1988 年版。

詹姆斯·A. 道等编著：《发展经济学的革命》，上海三联书店 2000 年版。

张五常：《佃农理论》，商务印书馆 2000 年版。

张晓山：《创新农业基本经营制度发展现代农业》，《农业经济问题》2006 年第 8 期。

张晓山：《农村改革建设在爬坡》，《江苏农村经济》2007 年第 5 期。

张卓元主编：《论争与发展：中国经济理论 50 年》，云南人民出版社 1999 年版。

张宇燕：《经济发展与制度选择》，中国人民大学出版社 1992 年版。

张军：《中央计划经济下的产权和制度变迁理论》，《经济研究》1993 年第 5 期。

张椿年：《文艺复兴时期反封建的财富观》，《炎黄春秋》2002 年第 9 期。

张二勋、秦耀辰：《论可持续发展时代的财富观》，《河南大学学报》（社会科学版）2003 年第 5 期。

张红宇等：《土地家庭承包制的现状判断与变革设想》，《经济研究》1988 年第 11 期。

张红宇：《中国农村的土地制度变迁》，中国农业出版社 2002 年版。

张岳顺：《农民上访的行动逻辑和政府行为选择——善治语境下的农民上访消解研究》，《中共云南省委党校学报》2009 年第 6 期。

张蔚文等：《集体土地使用权抵押的现状及其立法建设》，《中国农村经济》2000 年第 12 期。

张克难：《作为制度的市场和市场背后的制度》，立信会计出版社 1996

年版。

张双根、张学哲：《论我国土地物权制度》，《中国土地科学》1997年第3期。

张仁德、王昭凤：《元制度设计与中国国有企业产权改革》，《经济社会体制比较》2005年第5期。

张士功、纪纯：《刍议2004版〈土地管理法〉值得商榷之处》，《中国农业资源与区划》2006年第4期。

张新光：《当前中国农村改革进程的基本判断与前瞻》，《河北学刊》2006年第3期。

张新光：《中国近30年来的农村改革发展历程回顾与展望》，《中国农业大学学报》（社会科学版）2006年第4期。

张磊、刘新、王娜：《农地发展权与农村土地资源保护》，《农村经济》2007年第8期。

张跃进：《农村土地使用权资本化的几个理论问题》，《江西财经大学学报》2004第5期。

周其仁：《中国农村改革：国家与土地所有权关系的变化——一个经济制度变迁史的回顾》，载周其仁《产权与制度变迁》，社会科学文献出版社2002年版。

周业安：《中国制度变迁的演进论解释》，《经济研究》2000年第5期。

周诚：《论我国土地产权构成》，《中国土地科学》1997年第3期。

周建春：《农地发展权的设定及评估》，《中国土地》2005年第4期。

邹至庄：《中国经济》，南开大学出版社1984年版。

朱春燕：《西方主流收入分配理论与马克思收入分配理论比较》，《山东社会科学》2005年第2期。

褚俊英、周家荣：《中国古代伦理财富观的内涵与现代意义》，《贵州大学学报》（社会科学版）2007年第2期。

中华人民共和国农业部等编：《中国农村40年》，中原农民出版社1989年版。

中国社会科学院法学刊物权法研究课题组：《制定中国物权法的基本思路》，《法学研究》1995年第3期。

中华人民共和国统计局：《中国统计年鉴》2008年版。

中华人民共和国统计局：《中国统计年鉴》2012年版。

后 记

本书是我主持的国家社科基金项目"资本第二性、土地资本化与产业升级的财富极化效应研究"的最终成果。自 2011 年立项到两年后结题，思想的磨砺和写作的艰辛，于今回想，感慨良多。在网络和知识快餐化、泡沫化的时代，思考诸如土地、劳动、资本这些早已被西方主流理论界视若敝履的"古老"话题，无疑是一种"知识陈旧"的表现。当下的中国学术生态，也愈以丧失了对根本性"原问题"的探索。资本作为一种联合生产的制度必然，正将隐匿其后的人的自利"学术化"为一种"普世价值"，土地和劳动则成了被主导和"奴役"的对象。这是一个"赢者通吃"的扭曲了的"黑洞型"发展模式，其最终标志是资本从对经济权力的控制走向对政治权力的完全控制。本书的警醒意义在于，在中国改革面临前所未有的困难之际，无论是理论和实践，都应该清醒地认识到，资本存在着对国家权力的"渗透"直至"窃夺"的可能性。这是一个关乎中国特色社会主义未来走向的"生死攸关"的问题，理应得到学术和实践的足够重视。

感谢中国社会科学出版社郭晓鸿女士为此书顺利出版付出的艰辛工作，我的第一个国家社科基金课题成果也是由她负责出版的。感谢在本书的思考写作过程中给予我无私帮助和善意提醒的各位师长和朋友，他（她）们的理解和支持给了我克服困难的决心和勇气。最后，我要感谢我的爱人唐俐俐女士对我的研究工作的默默支持和对家庭的无私奉献，没有她的付出和牺牲，我是无法全身心地投入研究工作的。

孙国峰

2014 年 6 月 11 日于福州大学